中国农业大学"985 工程"
人文社会科学优秀学术专著

穷人的生计资产：

特征、获得和利用

中国农业大学“985 工程”
人文社会科学优秀学术专著

穷人的生计资产：特征、获得和利用

唐丽霞 著

中国农业大学出版社
· 北京 ·

内 容 简 介

本研究以甘肃省定西市水村的全体农户作为研究对象，在农户家计调查问卷资料和个案访谈资料的基础上，对水村的贫困特征、农户的资产禀赋和结构、资产的获得性和资产的利用等内容进行了深入的分析和讨论。研究发现，甘肃水村的农民的生计目标从粮食自给转变为增加收入；农户各种资产之间具有明显的相关性，贫困农户的资产不足往往表现为多种资产的同时不足，富裕农户的资产优势也往往表现为多种资产的同时优势；贫困农户和富余农户在先天资产的获得性上差异不显著，但在后天资产的获得性上差异非常大；农户的生计策略受到自身资产条件的影响，特别是自然资产和人力资产两种最重要的基础性和工具性资产的影响。

图书在版编目(CIP)数据

穷人的生计资产：特征、获得和利用/唐丽霞著. —北京：中国农业大学出版社，2013.8

(中国农业大学“985工程”人文社会科学优秀学术专著)

ISBN 978-7-5655-0769-4

Ⅰ.①穷… Ⅱ.①唐… Ⅲ.①农村-贫困问题-研究-定西市 Ⅳ.①F323.8 ②F327.423

中国版本图书馆CIP数据核字(2013)第158803号

书　名 穷人的生计资产：特征、获得和利用
作　者 唐丽霞 著

策划编辑 汪春林　潘晓丽　　**责任编辑** 潘晓丽
封面设计 郑　川　　**责任校对** 陈　莹　王晓凤
出版发行 中国农业大学出版社
社　址 北京市海淀区圆明园西路2号　　**邮政编码** 100193
电　话 发行部 010-62818525，8625　　读者服务部 010-62732336
编辑部 010-62732617，2618　　出 版 部 010-62733440
网　址 http://www.cau.edu.cn/caup　　**e-mail** cbsszs@cau.edu.cn
经　销 新华书店
印　刷 涿州市星河印刷有限公司
版　次 2013年9月第1版　2013年9月第1次印刷
规　格 787×1 092　16开本　17.75印张　205千字
定　价 35.00元

总序

近代以前的中国社会，重文轻技是主流的教育观念。私塾、书院这类授业解惑的传统教育场所提供的是识字断文、填诗赋词、说史辨理直至治国安邦的文韬武略，而技术传授是以民间作坊私相授受的方式传承的。现代大学传入中国后，长期被视为“奇伎淫巧”的自然科学技术才作为学科传授登堂入室。从此，文理学科构成清末与民国时期我国大学的学科双轮。纵观世界，尽管每所大学有自己特色见长的学科，但文理学科并设是绝大多数大学的学科架构。

1952年以后的中国却走上了一条仿效前苏联模式以专科性为特征的大学学科架构之路，即使像曾经拥有梁启超、陈寅恪、王国维、赵元任、李济、吴宓、冯友兰、张岱年、金岳霖、陈岱孙、潘光旦等一众人文社会学科宗师泰斗和曾经培养出汤用彤、梁实秋、钱端升、萧公权、钱钟书、曹禺、季羡林、吴晗、夏鼐、费孝通等无数影响社会的名家大腕的清华大学也被政府整塑成一所理工科大学。人文社会学科成了少数综合性大学或文科大学的特属品。大学的这种学科割裂设置使一大批大学缺失了人文学科熏陶和传承，被称之为“有技术无文化”的学校，影响了一代又一代的毕业生。由于当时主流意识和政策将“科学”窄化为自然科学，年轻学子们也就自然而然地被打上了“重理轻文”的烙印，当时最激励我们的话是“学好数理化、走遍天下都不怕”，误以为社会只需要能创造有形物质的自然科学。与此同时，即使在有限的人文社会科学空间中也被实行了“过滤”政策,使得原本应当“百花齐放、百家争鸣”的人文社会科学园地变成了“一花独开、万马齐喑”。

每所大学应当有自己的特色,虽不需要包罗万象地开办全部学科,但也绝对不应当在学科大类上极端地偏忽人文社会学科或自然学科。在社会和经济发展的进程中、在学科发展和人才培养的进程中,文理学科互补和渗透是教育发展的规律,否则是不利于学科发展、人才培养和文化传承的。

人文社会科学的作用虽然难以像自然科学成果那样容易以看得见、摸得着的物质形式展现,但人们依然能感受到其对精神和思维方面的巨大作用。从塑造个人来说,哲学能帮助人们形成世界观、人生观和方法论;史学能帮助人们以漫长的历史长河为背景、以发展的眼光看待事物;文学能帮助人们更深刻、更准确地认识和表达;经济学能帮助人们以投入产出效率、资源最佳配置来思维;法学能帮助人们在社会秩序中依法行事;社会学能帮助人们更关注人类公平和疾苦;……人文社会科学的这类作用,弗朗西斯·培根在 1597 年发表的《随笔录(论读书)》中就作了脍炙人口的表述:读史使人明智,读诗使人灵秀,数学使人周密,自然哲学使人深刻,伦理学使人庄重,逻辑修辞学使人善辩。若说到人文社会科学对社会的影响,孔孟之道、老庄哲学不仅影响中国数千年,还深深影响着东亚,甚至远渡重洋影响到欧美和整个世界;又如朱子理学、阳明学说至今仍被很多人信奉;成于明清时代的四大名著在中国家喻户晓、老孺皆知,“少不看《水浒》、老不看《三国》”这句民间俗话就透发出其对社会的影响。放眼国外,从古代的泰勒斯、苏格拉底、柏拉图、亚里士多德、伊壁鸠鲁等,到近现代的斯密、李嘉图、卢梭、康德、黑格尔、马克思、孟德斯鸠、凯恩斯、伏尔泰等,无不对人类社会的发展做出了巨大的贡献。

北京大学王岳川教授讲述过这样一个例子:第二次世界大战时,德国图林根大学的一位校长向全校训话时说,学自然科学的孩子们抬起你们的头,你们是这个时代的列车。于是,学自然科学的学生得意洋洋,人文科学的学生们都低下了头，感到很没面子。突然，校长说，学人文科学的同学们，请昂起你们的头，高昂你们的头！因为你们是这个时代列车上的司机。回首最近半个多世纪的神州历程，重大“失误”基本上是发生在人文社会科学领域。批马寅初先生的“新人口论”导致后来不得不强制性地实行计划生育政策，搞“大跃进”导致随后的全国大饥荒，闹“文化大革命”导致全面摧毁中华传统文化和拖垮国民经济。如果说自然科学影响社会的进步速度，那么，人文社会科学则影响社会的兴衰成败。

从人类思维角度来说，人文社会学科的显著特征之一是具有浓烈的批判性思维和辨证逻辑思维，这也恰恰是人文社会科学对自然科学帮助最大的地方，有助于培养和提升人们的思维精神。中外历史表明，当一个社会缺失或扼杀了批判性思维精神和辨证逻辑思维精神时，这个社会就往往会堕落成一个奴性的愚昧社会或一个失去理性的过激社会。

马斯洛的人类需要论将人的需要划分为五类：生理需求、安全需求、感情需求、受尊需求、自我实现需求。从中可见，人类需求既有物质层面的，也有精神层面的。显然，物质层面的需求主要由自然科学成果来满足，而精神层面的需求主要由人文社会科学的成果来满足。当今社会中，人们经常能听到这样一种说法：物质生活富裕了，精神生活空虚了。这表明人类不仅需要物质享受，也需要文化精神大餐。因此，时代的发展不仅需要自然科学的进步，更需要人文社会科学的繁荣。

值得庆幸的是，随着改革发展和中外交流的不断深入，中国的大学逐渐开始形成一种共识：以文理学科环境培养人才，以广博的人文底蕴濡染人才。今天，中国正在弥补人文社会学科环境和教育的缺失，很多大学逐渐恢复或设置了一些人文社会学科专业，开设了一批人文社会学科课程。党和政府意识到了人文社会科学对经济和社会发展的重要性。中国共产党十六大报告中明确提出：“坚持社会科学和自然科学并重，充分发挥哲学社会科学在经济和社会发展中的重要作用”，教育部于2003年2月10日印发了《关于进一步发展繁荣高校哲学社会科学的若干意见》,宣布启动“高校哲学社会科学繁荣计划”。这样的政策导向和支持无疑有利于改善高校人文社会科学的发展环境,为形成“百花齐放、百家争鸣”的人文社会科学繁荣局面提供了首要的学术空间。

中国农业大学是一所以农业学科、生物学科、农业工程学科见长的大学,在学科发展和学生培养中深深感到人文社会学科的重要性和必要性,在完善学科结构和提升学生素质的过程中,努力弥补着人文社会学科和文化氛围的不足。学校在总体发展规划和学科发展规划上,确定了“促进人文社会科学学科群的振兴与发展”的方针,专门设立了“哲学社会科学繁荣计划”,引导全校师生积极开展人文社会科学研究;在资金上,拨出专款资助人文社会科学研究和鼓励发表人文社会科学研究成果;在组织体制上,科研管理部门中单独设置了人文科学处,成立了全校哲学社会科学专家委员会;在队伍建设上,大力支持人文社会学科人才引进和师生国内外交流。

2011年,中国农业大学设立了“‘985工程’人文社会科学优秀学术专著出版专项”,为师生搭建了一个出版人文社会科学优秀学术专著的平台,鼓励师生开展人文社会科学研究和多出高质量的成果。这个专项也是展示中国农业大学人文社会科学面貌、传播中国农业大学人文社会科学精神与文化的窗口。从呈献在这里的学术专著丛书,可以感受到中国农业大学对发展和繁荣人文社会科学所付出的辛勤和努力。愿人文社会科学的朵朵奇葩盛开怒放!

何秀荣

2013年春节

前言

本研究以甘肃省定西市水村的全体农户作为研究对象，在农户家计调查问卷资料和个案访谈资料的基础上，对水村的贫困特征、农户的资产禀赋和结构、资产的获得性和资产的利用等内容进行了深入的分析和讨论；在分析方法上采取了可持续生计发展分析框架，在资产的划分上采用了自然资产、人力资产、社会资产、物资资产和金融资产五大资产划分方法，具体的研究结论如下：

第一，在过去的30年里，水村的贫困特征和致贫原因发生了显著的变化，贫困特征从普遍性的绝对贫困转变为普遍性的相对贫困，获得更多的收入成为农户的主要生计目标。致贫原因从普遍性的结构性因素向临时性的风险性因素转变。在农村家庭结构日益核心化的背景下，空巢家庭和单亲家庭等家庭往往是社区中最为贫困的群体；在一个社区内，不同类型的家庭构成了一个相对稳定的社会结构，不同类型农户结构位移较少，这意味着贫困农户跨越贫困陷阱并不容易。在农户的视角中，生活水平处于后30%的农户被认定为贫困户。

第二，从资产禀赋来看，富裕农户的资产禀赋要优于贫困农户。从资产指数来看，富裕农户的各项资产指数都要高于贫困农户，富裕农户的资产结构呈现出外扩趋势，贫困农户的资产结构呈现出内缩特征，农户的资产结构和是否贫困之间呈现出极强的因果关系。农户各种资产之间具有明显的相关性,贫困农户的资产不足往往表现为多种资产的同时不足,富裕农户的资产优势也往往表现为多种资产的同时优势。

第三,不同资产对农户的生计意义不同,自然资产、社会资产和人力资产更多意义上是工具性资产,而物资资产和金融资产则更多意义上是目标性资产,是农户生计策略的目标,工具性资产是目标性资产获得的前提,目标性资产反过来又是工具性资产优化的必要条件。

第四,不同类型农户在资产获得性上表现出来的特点是:贫困农户和富裕农户在先赋资产的获得方式上并没有差异,而后天资产的获得方式和获得性上贫困农户和富裕农户则表现出明显的差异。

第五,农户的生计策略受到自身资产条件的影响,特别是自然资产和人力资产两种最重要的基础性和工具性资产的影响,不同类型的农户在生计策略上呈现出不同的特征,这种差异具体表现在农业生产品种的选择、外出务工、对社会互助的依赖以及风险应对等各个方面。

本研究从开始确定研究主题到最后形成终稿,得到了很多人的支持和帮助,借此书出版之际,我想在这里表达一下我的感谢。首先要感谢我的导师李小云教授,师从李小云教授已经10年,我仍然记得第一次在李老师的办公室征求他是否愿意招我为研究生时的场景,李老师痛快地应允开启了我进行农村发展学习的大门,第一篇专业英语论文的翻译、第一次参与国际发展项目、第一次独立地进行研究活动、第一次撰写规范的研究报告、第一次独立组织大型的学术会议……李老师用他独特的培养风格给我创造了绝佳的学习和研究空间,让我实现了人生的几次跨越:学士、硕士、助教、讲师、博士……感谢叶敬忠教授将我引入了农村发展学习的殿堂,如果不是叶老师的建议和推荐,孤陋寡闻的我可能是无法发现这值得我用一生去探索的殿堂。感谢左停教授给我提供了应用专业知识的机会,至今我还无法忘记左老师推荐我在内蒙古项目点上当专家的经历,无法忘记每次在他的办公室讨论论文、学习和工作上遇到的困难和问题时他的循循善诱。感谢齐顾波教授给我提供了宽松信任的学习环境和工作空间，齐老师适时的鼓励和夸奖总是在我陷入低谷、失去信心的时候让我重新找回自信和乐观。感谢农村发展与管理系的王德海教授、刘永功教授、简小鹰教授、李鸥教授、高启杰教授、罗泮教授、王伊欢教授、汪力斌教授、刘晓昀教授、武晋教授、申建为副教授、张克云副教授、刘林副教授、周学军副教授、周圣坤副教授、王海民副教授、张雪梅副教授、刘燕丽副教授等对我亦师亦友的指导、关心和照顾。感谢徐秀丽、于乐荣、李鹤、刘启明、董强、龚利、饶静、王研蕾等年轻有活力的同事们的相互交流、相互支持。特别要感谢陆继霞老师，在共同的博士学习过程中相互鼓励和相互支持成为我度过最艰难的博士论文写作过程中的强劲动力。感谢从硕士阶段就开始悉心照顾我的武晋贤老师，感谢同处一屋为我提供了很多便利的葛慧琴老师，感谢为我解决了很多生活中难题的马淑琴老师，感谢人文与发展学院所有的同事。

在博士论文完成的各个环节，很多老师对论文的研究设计、论文结构和内容提出了很多非常中肯有用的意见和建议。感谢参加论文开题的左停教授、叶敬忠教授、朱启臻教授、齐顾波教授和王伊欢教授，是他们启发性的建议让我能够顺利地完成研究，少走弯路；感谢匿名评阅我的论文的专家学者们，虽然我不知道他们是谁，但他们提出的建设性意见让我受益匪浅；感谢参加我论文答辩的答辩委员会的成员，他们的提问和建议给我指出了完善论文的方法和今后继续研究的方向。

在论文实地调研中，我曾经多次前往水村，水村的生活是艰苦的，如果没有学生的陪伴，我独自一人是难以完成每天在不同村社间的奔波，感谢刘竹青、何大贵、白强、张杰、张梅珠和我一起去实地进行调研。博士学习期间，苟天来、柴浩放、饶小龙、何君、毛绵逵、张丽等和我一起度过四年的岁月，和他们的讨论交流中思想和心灵的撞击成为我不断向前的动力。论文的实地资料全部来源于水村的农户毫无保留的无私的不厌其烦地回答我的各种提问，感谢他们对我的支持，特别感谢村书记和他爱人为我提供了良好的食宿,让我在村里的生活能够非常顺利。感谢原甘肃省扶贫办的任燕顺副主任、马晋武处长,定西市扶贫办的吴主任和王主任,感谢他们为我的博士研究推荐了如此理想的研究地点,并且给我提供了很多研究上的支持。特别要感谢凤镇的所有政府工作人员。最后,感谢中国农业大学"985 工程"人文社会科学优秀学术专著出版资金的资助,感谢何秀荣教授的支持,让我多年的劳动能够付梓出版。

唐丽霞

2013 年 6 月

目录

图表目录

第1章 导论

1.1 研究背景

从16世纪空想社会主义者开始注意到私有制是贫困问题产生的根源开始，贫困研究日益成为经济学、社会学、发展实践、政治学等学科研究的重要领域；近年来，国际社会在贫困研究方面取得了显著进展，贫困研究呈现出以下几个趋势：①贫困研究从静态研究转向动态研究，从开始关注静态的收入不足到关注穷人的生计以及如何应对风险；②贫困研究从注重短期贫困研究转向对长期贫困的研究，开始关注贫困的生命周期和代际传递；③贫困研究开始从对贫困的结果的研究转向对贫困的过程研究，贫困研究从研究收入等资源匮乏的贫困状态到现在开始更多关注贫困产生的原因以及陷入贫困陷阱的过程研究，并且开始关注反贫困过程分析；④贫困的测量从单一的货币指标转向多维指标，从客观测量转向主观评价；⑤贫困的研究方法从发展经济学的注重定性分析，转为注重数量分析，以及定量和定性相结合的分析方法；⑥贫困研究开始从单一的经济学视角转向运用和注重社会学、人类学、政治学等多学科相结合的视角;⑦贫困研究的范围从宏观的整体性贫困转向微观的个体贫困,更多关注儿童、妇女、老人等弱势群体(何晓琦,2004)。此外,由于贫困问题的现实意义,贫困研究一直都将理论探索和实践行动紧密结合在一起,贫困研究的理论观点直接影响到实践领域内发展目标的形成。Gerald M. Meier(2004)在总结发展的思想时曾经总结到发展的目标经历了"追求国内生产总值→实际人均国内生产总值→非货币人类发展指标→减缓贫困→权利与能力→自由→可持续发展"等这样的阶段,从这个过程上可以明显看到:其实无论发展的目标是如何表述的,其最根本的目的都是为了消除贫困,这个发展目标的演变轨迹也正是贫困内涵研究的发展路径。

虽然贫困研究不断发展和日益繁荣,但是国际反贫困发展的现状和前景让人无法乐观。联合国两个十年和世界银行推行的结构调整计划、华盛顿共识的相继失败,以及目前仍然还在不断地争议和讨论中调整的重债穷国计划迟迟难以达成共识,国际社会用于反贫困领域内的资金正在逐年上升,但是全球贫困人口的下降速度仍然十分缓慢,如果按照每天 1.25 美元生活费的贫困线标准,2005 年,全球贫困人口数量为 14 亿人(世界银行,2008),占全球总人口的 22%左右。世界银行的数据还表明,如果没有中国过去 30 年在缓贫方面的巨大贡献,全世界的贫困人口从 1981 年到 2005 年不仅没有减少,反而还将增加将近 1 亿人。2000 年,联合国提出了千年发展目标,国际社会都在推动着千年发展目标的实现进程,但监测数据显示,其进展不容乐观。

由于国际反贫困收效甚微,中国在过去 30 年的发展成就,尤其在缓贫方面所取得的成就使得国际社会无法不关注中国发展的"奇迹",世界银行从 1978 年开始出版的《世界发展报告》中几乎每年都要将中国的发展作为证明其观点的有效依据,从宏观发展战略、经济制度、教育和公共卫生发展、农业发展、公共财政制度、就业政策和国家政府的作用等各个方面分析了中国缓贫与发展的基本要素。虽然国际社会也一直对中国采取的官方贫困线持质疑态度,对中国发展的不公平性和环境能源依赖性表示担忧,但是所有的机构在其报告中都强调了中国在缓贫方面的进步,无论是用国际通用的1美元标准,人类发展指数还是千年发展目标,"中国的扶贫和发展的成就令人称羡"(世界银行,2009)。对于中国缓贫成就获得的原因和机制的研究成为全球范围内关注的热点和焦点,世界银行、Martin Ravallion、林毅夫、黄季焜等将中国的缓贫最主要的原因归结为中国20多年持续的高速经济增长以及经济结构有利于穷人等,2001年世界银行的国别报告《中国战胜贫困》中对中国政府的专门扶贫战略从扶贫的机构和资产安排、目标瞄准战略、扶贫计划的实施与管理等方面进行了高度的评价;2004年上海扶贫大会则对中国过去实施专项扶贫计划、教育、交通、饮水、卫生、环境治理以及国际发展项目等对缓贫的影响进行了评估;2005年中国政府组织了对"中国扶贫开发纲要"的实施效果的中期评估,从整村推进、龙头企业、劳动力输出转移培训、自愿移民以及扶贫资金的使用等对缓贫的影响进行了评价,这一系列的评估对中国政府的反贫困战略都保持积极的态度和评价。此外,中国学者也积极进行着中国反贫困战略的研究,这些研究大部分集中于国家贫困战略的变迁(李小云、唐丽霞,2007;王永成,2006;林卡、范晓光,2006;高炎琼、唐忠义,2006;苗齐、钟甫宁,2006)和现有的贫困政策评价(侯军岐、员晓哲,2006;陈端计等,2006;郭鹏等,2006)等内容以及反贫困手段的分析,很多学者对各种扶贫方式的效果和问题进行了分析,人力资源开发扶贫、参与式扶贫、教育扶贫、财政扶贫、异地扶贫开发、产业化扶贫、农村科技扶贫、劳动输出扶贫等都是关注的热点。

虽然从国家层面的监测和数据统计上来看,中国的缓贫成就令人欣慰,但是这并不意味着中国贫困问题已经完全解决,如果按照国际贫困标准计算,中国的贫困人口数量仍然十分庞大;西部地区、山区、少数民族地区和边境地区等仍然是贫困人口比较聚集的地方;灾害的频繁发生以及缺乏有效的社会安全网机制,农村人口的生计呈现出脆弱的特点,返贫情况十分突出;这也就意味着中国的贫困已经从宏观上的普遍性贫困转变为微观的特殊性贫困,贫困不再是国家发展的主导性特点,而是部分地区和部分人群的发展不足。因此,这也就意味着对于中国贫困问题的研究需要“重心下沉”,对微观层面的多样化的贫困问题进行研究,本研究从微观的社区出发,来研究贫困问题。

从微观研究贫困,主要有两种视角,一种是群体的视角,一种是农户的视角。群体的视角是指对具有特定的人口学特征或者社会经济特征的群体作为贫困群体或者是弱势群体进行研究,如女性人口、儿童、老年人、进城农民工、少数民族人口和残疾人口等往往被认为是中国的贫困群体或者是弱势群体的主体,他们的弱势地位具体体现在(楚凤梅,2006;韩卫平 2006;姜素红,2006;关丽、费艳颖,2006;彭静雯、胡华秀,2006):①经济层面的弱势:主要表现为弱势群体在经济利益上所面临的共同困境;②政治层面的弱势:表现为他们常常被隔离在社会权利之外,表达和追求自己利益的能力较低;③文化层面的弱势:主要是弱势群体低下的教育程度以及技能、思想、心理等方面的弱势,随着我国高等教育向大众化阶段的迈进,社会弱势群体受高等教育不公平问题也越发凸显;④心理上的弱势:主要是指物质贫困导致精神贫困,相对剥夺感在很大程度上已经成为弱势群体的基本心理特征。农户的视角是指以家庭为单位来研究中国的农村贫困问题,过去对中国贫困问题的关注总是以区域视角为主,但是随着贫困发生率下降,贫困集中度也趋于下降(世界银行,2009),因此农户视角关注贫困则可能更为有效,世界银行在最新的报告中就开始使用了农户视角来分析中国的农村贫困,并且把贫困家庭分成了低工作能力、远离城市、土地稀缺、高依存度、居住少数民族地区、土地生产率低和其他 7 种类型。本研究将采用农户的视角来对贫困问题进行研究。

对于中国农村贫困家庭的研究其实并不新鲜,尤其是在经济学研究中,如黄宗智(1986)利用满铁的调查资料对中国华北地区的小农经济的研究,其分析框架是把小农看作既是一个追求利润者,又是维持生计的生产者,也是受剥削的耕作者。“是在一定程度上直接为自家消费而生产的单位,他在生产上所作的抉择,部分地取决于家庭的需要,其次他也像一个追求利润的单位,因为在某种程度上他又为市场而生产,必须根据价格、供求和成本收益来作出生产上的抉择,最后小农是一个阶级社会和政权体系下的成员,其剩余产品被用来供应非农业部门的消费需要”①。沈红等(1992)在内蒙古、贵州、甘肃、河北等省(自治区)6个县60个村的农户进行抽样调查的数据基础上,以农户的行为为框架对处于边缘地带的小农进行的研究,涉及生产、消费、积累、投资等经济行为以及生育、婚姻、社区参与等社会行为,揭示了边缘地带小农如何在种种微观合理的情形中陷入了整体的贫困状态之中。此外,颜廷武(2005)曾以农村固定观察点1986—2003年的时序数据等为基础,对中西部贫困地区农户的投资、消费、储蓄与借贷以及技术应用等主要经济行为进行了实证分析。这些研究为本研究提供了非常有启发性的思考,尤其是对农户生计行为的概述有着很好的参考价值,但是这些研究虽然在其研究过程中将其研究对象都称为“小农”或者“贫困农户”,但是基本上都是以区域来界定贫困农户的,将中国贫困地区的农户统称为贫困农户来进行研究,其贫困的界定是非常模糊的,从而忽视了贫困区域内部不同发展程度农户之间行为的差异性,本研究将选择具体的社区,对社区内不同发展程度的农户进行分类讨论,从而以适应目前我国贫困问题发展的现状和特征。

在对农户视角的研究上,虽然经济学上的经济行为方法和社会学、人类学的社会行为研究都有很好的研究成果和方法,但是似乎都无法满足本研究对农户进行综合考察的需求,而可持续生计发展分析框架则为综合研究

① 黄宗智:华北的小农经济与社会变迁,中华书局,1986年版,第1页。

农户的生计行为提供了有效的研究工具。实际上,在对微观农户层面的贫困研究的分析框架主要有社会排斥分析框架、脆弱性分析框架和可持续发展框架 3 种,这 3 种框架从不同的角度来研究微观贫困群体的贫困成因和所处的生活状态,是对贫困理解的社会评价层面和社会后果层面,超越了从基本需求层面来理解贫困,是多元贫困思想的体现。这 3 种框架在分析贫困时又各有侧重,社会排斥分析则从个体(农户、社区)所处的环境出发,强调分析对象在常态下所处的状态;脆弱性分析框架则从个体(农户、社区)面临的风险出发,强调不同类型的风险对于分析对象的影响,研究的是一种突发情境下贫困发生的情况;可持续生计分析框架虽然也将脆弱性作为贫困分析的重要背景条件,但是其核心是从个体(农户、社区)拥有的各种资产出发,强调内在要素在贫困过程中的主导作用。由于可持续生计发展框架的全面、可操作等优势,本研究将采用其作为研究的主要分析框架。

综上所述,本研究将顺应贫困研究的发展趋势,对微观社区的贫困问题进行深入的剖析,采用参与式贫富分类的主观识别穷人的方法,用可持续生计发展框架来具体分析一个社区中不同发展程度农户的资产禀赋和结构特点、资产的获得以及资产的利用等生计策略,从而发现不同类型农户的生计策略的特点。

1.2 研究目标和内容

根据前面的研究背景,本研究的总目标为:本研究将利用可持续生计发展框架对我国农村贫困问题进行基础性研究,以农户为具体研究单位,对选定的贫困社区的不同发展程度的农户生计策略进行分析,从资产视角来看中国不同类型农户的生计发展状况和特征,并在此基础上,分析影响农户生计策略的影响因素和生计结果差异的原因。

依据以上研究目标，本书将选择在甘肃省定西市的水村作为实地调研地点，对全村农户进行全样本问卷调查和关键人物访谈等，围绕以下几个方面的内容进行深入研究：

(1)水村的贫困特征。主要是要从历史变迁、家庭结构、地理分布等不同的方面对水村农户贫困状况与分布的全景式描述和分析。

(2)水村农户的资产特征。主要是在农户资产存量数据的基础上，计算并比较不同类型农户的资产指数，从而探讨不同类型农户的资产结构特点。

(3)水村农户的不同资产的获得性研究。主要是分析不同类型农户在人力资产、自然资产、金融资产、物资资产和社会资产等方面的获得性和结果。

(4)水村农户对资产的利用研究。主要是分析不同类型农户对自然资产、人力资产和社会资产的利用，同时也分析在面临风险时，不同类型农户在物资资产利用上的差异。

1.3 本书结构

围绕研究目标和研究内容，本研究从以下 8 章展开讨论：

第 1 章导论，主要包括研究背景、研究目标、研究内容、书稿结构和研究创新与不足。

第 2 章国内外研究进展。本章从宏观和微观两种不同的研究视角对国内外的贫困研究进行了分析和评述，其主要内容围绕以下几个方面展开：①什么是贫困，即贫困的概念，包括内涵和外延。②如何识别贫困，即贫困的测量。③为什么贫困，即贫困的原因。④如何缓解或消除贫困，即反贫困的战略从4个方面展开,通过对文献的回顾和评论,从而总结出目前国内外对贫困研究的几个转变:关注静态的收入不足转变为关注穷人的生计以及如何应对风险;关注对贫困的结果的研究转变为对贫困的过程研究;关注货币化和客观性贫困测量转变为关注多维度和客观性贫困测量;关注贫困研究的定量分析转变为定量和定性相结合的分析;关注贫困的视角从单一经济学视角转向多学科综合性视角;关注宏观整体性贫困转向微观个体贫困等。最后指出本研究将顺应贫困研究的发展趋势,对微观社区的贫困问题进行深入的剖析,采用参与式贫困评价的主观识别穷人的方法,用微观贫困分析方法对社区的贫困农户的特征、产生的原因以及贫困农户的生计策略进行深入的研究。

第3章研究方法和分析框架。本部分系统介绍本研究拟采取的分析框架(DIFD提出的可持续生计发展框架)、研究的相关概念(资产、生计和生计策略等)、研究对象(甘肃省定西市的一个叫水村的贫困村的农户)和分析单位(农户)、研究社区的选择和基本情况介绍(定西市、城关区[①]、水村)以及具体的研究过程和资料收集及分析方法等。

第4章水村的贫困特征——时间、空间和家庭的分布。本部分在参与式贫富分类的基础上,从3个方面对水村的贫困的分布进行详细的论述。第一是贫困农户的地理分布,即水村的贫困农户主要分布在哪些村、社,这些村、社具有什么样的典型特征;第二是水村贫困农户的家庭结构分布,即水村农户主要存在于什么样的家庭结构中;第三,水村农户的流动,即水村贫困农户跨越贫困陷阱的流动特征。本章希望通过这样一个对水村农户贫困状况与分布的全景式描述和分析,对水村的发展有一个初步的认识,从而为后面章节的分析奠定基础。

第5章农户的生计资产特征和结构。本部分主要根据DFID提出的农

① 考虑到对研究地点的尊重和保护,这里从县以下开始采用别名来代替真实的地名。

户资产的结构(人力资产、物资资产、自然资产、社会资产和金融资产)的分析方法对水村不同类型的农户(贫困户、中等户和富裕户)的资产特征,借用Kay Sharp的资产指数方法对农户的资产组合和不同农户的资产状况进行比较,用数学模型的方法筛选了计算农户资产的指标,用德尔菲法确定了各种指标的权重,从而使得不同农户资产之间的可比性。得出以下结论:①从资产存量来看,不同类型农户户均耕地面积、家庭总合劳动力、劳动力总合受教育程度、住房的间数、耐用消费品的数量、农用生产工具、人均现金收入以及社会网络等方面都存在着明显的差异,富裕农户在资产禀赋方面要优于贫困农户。②从资产指数来看,富裕农户的各项资产指数都要高于贫困农户,富裕农户的资产结构呈现出外扩趋势,贫困农户的资产结构呈现出内缩特征,农户的资产结构和是否贫困之间呈现出极强的因果关系。③通过对农户是否贫困、资产指数以及农户所属村社之间的因果关系检验,发现直接观察所得的水村贫困农户的空间分布具有明显的地理特征的判断并不正确,农户的贫困和所处的社区之间并没有直接的相关关系。④农户各种资产之间具有明显的相关性,贫困农户的资产不足往往表现为多种资产的同时不足,富裕农户的资产优势也往往表现为多种资产的同时优势。因此,造成农户富裕和贫困的核心问题不是单资产的不足,而是资产结构组合的优劣,只有具有优良的资产组合,农户才有可能成为相对富裕的农户。因此,贫困农户要跨出贫困陷阱,则要形成优良的资产组合,尤其是要具有优势的决定性的资产要素。

第6章农户的生计策略——资产的获得。本章和第7章借鉴了Ellis(1999)提出的生计策略的概念来分析不同类型农户的生计策略。本章主要是从资产的获得方面来分析不同农户的资产的可获得性和结果。在对不同类型农户的人力资产、自然资产、金融资产、物资资产、社会资产等获得性和结果进行分析的基础上,得出以下结论:①贫困户和富裕户并不是在每一种资产获得上都存在差异,劳动力数量、耕地、以地缘和亲缘为基础的社会资产获得并没有农户类型选择性,在同一个社区其获取途径是相似的,但是其结果存在差异,而这些差异也许就是农户是贫困还是富裕的重要原因。②不同类型农户的生育观念并无显著差异,家庭劳动力数量供给从生育角度来看并无差异,但是不同类型家庭由于在营养供给、饮水条件以及对待小病的方式等方面存在明显差异,贫困农户患大病的风险高于富裕农户,同时由于农户家庭积累上的差异,因病致贫情况也容易在中等农户家庭出现。并且受制于婚姻价格和婚姻中女性流动性等因素,贫困农户家庭娶亲难,从而造成家庭结构的不完整,劳动力资源配置难以达到平衡,进而也影响了贫困农户以姻缘为基础等社会资本的积累。贫困农户和富裕农户在先赋资产的获得方式上并没有差异,而后天资产的获得方式和获得性上,贫困农户和富裕农户则表现出明显的差异。③在分家制度安排下,水村在 1981 年之后新出现的家庭由于家庭人口结构和流动上的差异,同时由于缺乏制度上的土地分配调整,造成了农户耕地拥有上的差异,但是这种差异将随着计划生育后的新增下一代人口的家庭的组建,农户在耕地拥有上的差异将不会继续扩大。④从资产的获得性来看,自然资产、社会资产和人力资产是和家庭相伴相生的,物资资产和金融资产则是家庭对自然资产、社会资产和人力资产利用的直接后果。也就是说,在农户的资产组合中,自然资产、社会资产和人力资产更多意义上是工具性资产,而物资资产和金融资产则更多意义上是目标性资产,是农户生计策略的目标。农户如何利用其自然资产、社会资产和人力资产来实现物资资产和金融资产的最大化则是农户生计策略的重要内容。

第 7 章农户的生计策略——资产的利用。本章承接第 6 章,对农户生计策略中资产利用进行了系统分析,分析的重点是不同类型农户对自然资产、人力资产和社会资产的利用,同时也分析在面临风险时,不同类型农户在物资资产利用上的差异。其基本结论为:①每一种类型农户都有自己的生计策略,其生计策略受到自身资产条件的影响,生计策略在其特定的资产结构中处于农户自身可接受的最优状态。②在相似的自然资产结构和特征下，不同类型在自然资产的利用上皆以传统的旱作农业为主，种植品种选择趋于一致，并未出现现代农业生产方式，农业生产经营仍然是土地和人力密集型，并未出现资本密集型特点。富裕农户在农业生产上所表现的创新能力仍然要高于贫困农户，在新品种的选择时间上要先于贫困户，新品种的利用程度上也要高于贫困户，从而能够更多获得新品种带来的收益。③不同类型农户在人力资产的利用上除了传统的家庭经营性生产外，也开始寻找其他的途径，外出务工成为其最主要的选择。由于不同类型农户在外出务工的时间上不同，外出务工越早的家庭其富裕的可能性就越高，不同类型农户在外出务工的时间、地点和从事的行业上并没有表现出显著的特征，但是在外出务工的获得工作途径、工作性质和工资水平上差异明显，富裕农户更多地依靠亲朋介绍找到工作，更多地从事技术性的工作，工资水平相对较高；贫困农户更多地依靠自己找工作，更多从事体力性的工作，其工资水平相对较低。④社会资产虽然不能直接转化成农户生计目标所希望的金融资产和物资资产，但是也的确成为农户发展生计的必要资产准备。农户间建立在社会资产基础上的劳务互助、生产工具互助、种子和信息互助以及资金互助成为农户生计策略的重要前提和必要条件。在相对封闭的生产和生活系统中，不同类型的农户对社会资产都表现出高度的依赖性特征，富裕农户和贫困农户的差异也仅仅体现在不同利用方式的频率上。⑤在遇到风险时，富裕农户的应对能力显然高于贫困农户，不过当农户自身的金融资产的资金储备和社会资产的互助支持不能支撑其顺利渡过难关时，变卖物资资产成为很多农户的重要选择，而这也正是物资资产作为资产存在的意义。

第8章研究结论。此部分总结了本研究的结论。

第2章

国内外研究进展

对贫困问题的研究最早可以追溯到15、16世纪。从16世纪开始，空想社会主义者注意到资本主义弊端，他们将贫困看作是资本主义制度的产物，认为贫困的根源是私有制。后来，马克思主义经典作家通过资产主义商品生产、资产运行的分析，同样揭示出无产阶级贫困化的制度根源是资本主义私有制（胡彦成，2003），这些研究为后来发展经济学分析贫困问题奠定了基础，也是运用宏观视角来分析贫困问题的开始。英国政府《伊丽莎白济贫法》的颁布实施到后来的失败，表明对贫困现象的产生与发展规律需要进行系统的研究，于是布什（Booth）和朗特里（Rowntree）较早开始对贫困问题进行专门研究，他们从社会保障和社会救助的角度研究贫困问题，尤其是朗特里在英国约克郡的大量家计调查基础上撰写了《贫穷：对城市生活的研究》一书，提出“如果一个家庭的总收入不足以维持家庭人口最基本的生存活动要求，那么，这个家庭就基本上陷入了贫困之中”。朗特里的研究为后来福利经济学研究贫困问题开创了先河，并且也扩展了贫困研究的视角，自此，对贫困家庭和个体乃至社区的微观分析逐渐成为贫困研究的主流；这种研究视角的扩展为后来社会学、人类学以及发展学等社会科学进入贫困研究领域提供了基础。

有关贫困研究的文献是汗牛充栋，如何对于贫困研究进行一次清晰的梳理,2000 年沈红有一个很好的尝试,她参考胡格维尔特《发展中社会的社会学》的叙述框架,采用的“过程、互动和行动”三维框架对中国学者在贫困研究方面的文献进行了归纳和分析。一些西方学者在对贫困的研究进行概述时,通常从贫困研究的目标出发,将贫困定义作为核心内容,从历史发展的脉络来进行分析,如 Ravi Kanbur, Lyn Squire(2003)和 John Harriss(2006)等,将贫困研究的内容和方法以及主要的判断综合起来进行叙述。从众多的关于文献研究的综述文章来看,其共同的问题就是没有将贫困研究中的宏观视角和微观视角区分开来,从而造成了在理解贫困对象上的差异,把国家的欠发达、群体的贫困和个体的贫困相混淆,造成了很多理解上的偏差。本文将从宏观和微观两个层面来分别对贫困研究的文献进行综述,考虑到本研究是对贫困的微观分析,将其重点放在微观研究贫困方面。

纵观众多的贫困研究文献,从内容上来看,不外乎要解释“谁是穷人”的问题,将这一问题进行扩展,则为:①什么是贫困,即贫困的概念,包括内涵和外延;②如何识别贫困,即贫困的测量;③为什么贫困,即贫困的原因;④如何缓解或消除贫困,即反贫困的战略。本章将分别从这 4 个方面入手,来分别梳理贫困的宏观和微观研究成果和发现。

2.1 贫困研究的宏观视角

贫困研究的宏观视角是从第二次世界大战后关注发展中国家的经济发展开始兴起的。第二次世界大战结束以后,亚洲和非洲的殖民地国家开始了民族革命,纷纷独立成新兴的民族国家,这些国家因为长期受到原宗主国的剥夺,经济发展十分缓慢,人民生活贫困。曾经是这些国家的宗主国的欧洲国家开始对这些新独立的国家实施对外援助。以英国为例,英国颁发了

《出口保护法案》(Export Guarantee Act),向原殖民地国家提供无偿赠款、技术、优惠贷款等援助。战后的这种新型的国家关系吸引了经济学家对发展中国家贫困的原因以及摆脱贫困的出路问题的关注,这也直接促进发展经济学的发展,而这也是宏观视角研究贫困的主体阐述。

宏观层面的贫困研究的对象是发展中国家,贫困的内涵就是"发展中国家的欠发达状态"。对于发展中国家贫困原因,宏观层面的贫困研究则有3种不同的观点:以经济增长论和现代化理论为代表的"内因论"、以依附理论为代表的"外因论"和以世界体系理论为代表的"结构论"。

内因论认为,发展中国家由于自身内部原因未能实现从传统到现代的转化,仍处于欠发达的状态,其代表观点是经济增长理论和现代化理论。经济增长理论的基本假设是一个社会或国家的贫困或不发达的根源在于人均国民生产总值太低,社会发展就是国民生产总值增长的过程。他们认为,发展中国家之所以处于贫困状态,除了人口增长过快,生产的增长为人口的增长所抵消之外,重要原因是资产积累在供求两方面都受到限制,其代表人物和观点有早期的哈罗德和E·D·多马的"哈罗德-多马模型",钱纳里的"两缺口模型"以及罗斯托的"起飞理论"和刘易斯的"二元结构论"等;不过最有代表性的还要数纳克斯、纳尔逊和缪尔达尔。纳克斯在1953年出版的《不发达国家的资产形成》一文中系统考察了发展中国家的贫困问题,探讨了贫困的根源和摆脱贫困的途径,提出了著名的"贫困恶性循环"(Vicious Circle of Poverty)理论,他认为"低收入—低储蓄能力—低资产形成—低生产率—低产出—低收入"的贫困恶性循环是发展中国家贫困的根源。纳克斯的贫困恶性循环理论得到了纳尔逊的证实,他在《不发达国家的一种低水平均衡陷阱理论》中提出:发展中国家人口的快速增长是阻碍人均收入迅速提高的陷阱,必须进行大规模的资产投资,使投资和产出的增长超过人口增长,才能冲出"陷阱",实现人均收入的大幅度提高和经济增长。缪尔达尔在其1968年《亚洲的戏剧——南亚国家贫困问题研究》中通过对南亚地区国家经济、政治、就业、人口等方面的深入分析基础上提出了“循环积累因果关系”(Circular and Accumulative Causation)理论，他认为由于资产稀缺、资产形成不足以及收入分配制度上的不平等是发展中国家收入低下的重要原因，而收入水平低则是发展中国家贫困的根源。

经济增长理论主要是从资产不足的角度来分析发展中国家经济不发展的原因，现代化理论则强调非西方不发达国家之所以未能够实现现代化的原因，在于其社会内部缺乏进步的动力，即缺乏追求现代化的意志力，其根源在于本土文化的传统性，代表人物主要是麦克莱兰、英格尔斯和埃森斯塔德等。

20世纪60年代中期以后，在“资产战略”指导下的“产业计划”和“进口替代计划”并没有改变发展中国家的欠发达状态，这种发展事实使得发展经济学家对早期的发展理论进行反思，这种反思来自于两个方向。第一种反思是扩大对资产内容的关注，从过分强调物资资产向重视人力资产扩展，“人们越来越认识到，发展取决于生产作用的人的因素，这些人能够通过获得知识、良好的健康和营养状况以及技能的增加，提高总合要素生产率”①，其中以西奥多·舒尔茨对人力资产和经济发展关系的研究最具代表性，他认为改善穷人福利的决定性生产要素不是空间、能源和耕地，决定性要素是人口质量的改进和知识的增进，也就是说人力资产素质是导致贫困的重要因素。第二种反思则来自于依附学派和世界体系学派从外因论和结构视角来分析发展中国家的欠发达和贫困的原因。以依附理论为主要代表的“外因论”则认为发达国家和发展中国家建立在不平等的经济交换关系基础上的“中心-外围”结构导致了发展中国家对发达国家的商业依附、金融依附和技术依附是发展中国家欠发达和贫困的根源。依附理论认为西方国家在重商主义、殖民主义和新殖民主义时期，采取掠夺原材料、出售工业产品以及

① 引自杰拉尔德·迈耶:《老一代发展经济学家和新一代发展经济学家》，载于杰拉尔德·迈耶，约瑟夫·斯蒂格利茨主编《发展经济学前沿未来展望》中文版，中国财政经济出版社，2003年12月。

间接控制的新殖民主义等不同的方式对非西方不发达国家进行剥削和掠夺,把它们纳入到以自己为主导的不平等的国际政治经济格局,并使其长期依附于自己,是发展中国家欠发达的根源。

20 世纪 70 年代东亚国家的迅速发展以及当时结构主义思潮的兴起,发展经济学家开始反思现代化理论和依附理论对于发展中国家贫困的“内因”和“外因”的单维视角,开始从结构主义出发,将整个世界视为一个统一的整体,探讨其总体的发展规律,并从其总体的发展过程中分析作为部分的国家和社会的发展(张琢、马福云,2001),即世界体系理论。世界体系理论视世界体系为一个以经济为主体而涉及全球的世界性区域分工,各个国家都承担着不同的经济角色,在资本主义体系中,会自然发出世界体系的核心、半边陲和边陲 3 个不同层次,核心国家处于主导地位,可以控制和支配其他国家,边陲国家指那些受核心国家控制和支配的国家;半边陲国家则指那些介于二者之间,既可以在某种程度上控制边陲国家,又在某种程度上受控于核心国家的国家;而边陲国家的落后是由历史上形成的世界体系结构决定的,这一体系从 16 世纪开始形成,至今并无太大的结构变化。

经济增长论、现代化理论、依附理论和世界体系理论 4 种对发展中国家欠发达状态的不同的归因引发了其对发展中国家的发展路径的不同观点。经济增长理论和现代化理论认为发展中国家要获得发展,就要按照西方国家的发展模式,采取相似的产业发展计划来促进本国的经济发展,即“照搬西方模式”;依附理论则认为必须打破发展中国家和西方国家之间的依附关系,消除西方国家对发展中国家的经济剥削和掠夺,方能促进发展中国家的发展;世界体系理论则认为世界体系结构是相对稳定的,发展中国家难以依靠自己的力量实现“发展起飞”。虽然这 4 种理论对于发展中国家的发展路径有着不同的见解,但是这 3 种观点对于消除发展中国家的贫困问题都有一个共同的解释,即寄希望于一国经济的增长,通过其涓流效应,从而促进贫困问题的缓解。

综上所述,发展经济学对于贫困的关注主要是从宏观层面对一个国家的总体欠发达和贫困的分析,研究的对象是发展中国家的贫困落后的原因以及相应的对策,从具体判断上提出了资产不足(包括物资的人力)以及依附关系等是贫困的根源,对解决贫困问题开出的药方都是促进国家宏观经济的增长,但经济增长的战略确有所不同,如以“进口替代”和“出口导向”工业化战略、“均衡增长”和“不均衡增长”战略、“先增长、后分配”、“边增长、边分配”和“先分配、后增长”等社会发展战略。这些观点对于战后发展中国家的经济发展起到过积极的作用,并且也为贫困研究提供了理论基础和方法论的指导。但是这种宏观的贫困分析无法触及微观的贫困现象,从而忽视了对贫困现象本身的解释,并且寄希望于宏观经济增长来促进贫困缓解的理想也被后来社会发展的事实所打破。实践证明,经济增长不一定就能减少贫困,贫困和高度收入分配不平等的问题取决于经济增长的性质,即增长是如何取得的,参与者的构成、生产要素的占有形式,取决于所增加的国民收入是如何在人口中分配的政策和制度。联合国在 1994 年的一份报告中指出:“在经济增长的同时往往贫困和不平等也在加剧。因此,减少贫穷不但要求实现总体经济增长,而且要制定能确保广泛分享增长利益的经济和社会政策。”

2.2 贫困研究的微观视角

2.2.1 贫困的概念

2.2.1.1 贫困的内涵

19 世纪末英国社会贫困问题的日益突出引起了学者的关注,1899 年英国学者朗特里在约克郡对英国的城市贫困问题进行了深入的调查,并于1901年出版了《贫穷:对城市生活的研究》,提出了贫困就是"收入水平不足以维持生活必需品的满足"概念,这为后来学术界关注微观贫困问题提供了技术准备。对于贫困的概念,从其演变来看,贫困定义经历了逐步从一种简单的"相对较少的收入"和"生活必需品的缺乏"的经济贫困向多维度和多元化的"权利和机会被剥夺的"人类贫困再到"发展的自由缺乏"转变,需要指出的是,虽然将这种变化说成是"演变",但并不是一种更替的关系,而是将贫困概念不断扩展的过程。

英国的朗特里提出"如果一个家庭的总收入不足以维持家庭人口最基本的生存活动要求,那么,这个家庭就基本上陷入了贫困之中"的贫困的经典概念以后,此后一直到19世纪70年代,对贫困的"收入不足"解释都是贫困研究的主流思想,如S. G. Smith的"贫困是指生活必需品的缺乏",H. P. Fairchild的"贫困是相对较少(收入)的一种状态。"Lloyd G . Reynolds的"所谓贫困问题,是说有许多家庭,没有足够的收入可以使之有起码的生活水平。"G. L. Gilin的"贫困是因无适当收入或不善使用(开支),无法维持基本生活以及改善健康条件和精神面貌去做有用工作的一种社会状况"(胡彦成,2003)。随着贫困研究的不断发展,这种"收入不足贫困说"虽然早已经被认为"是不足以界定贫困","贫困不仅仅是收入不足"(阿玛蒂亚·森,1981),但是由于其在测量贫困方面的数据敏感、收集容易、直接易懂等优势,即便在现在贫困概念内容已经十分多维度化的今天,收入不足仍然是反贫困实践领域内的重要概念,如目前用于监测全球以及各个国家的贫困线仍然采用的是收入维度为主;同时收入贫困概念本身内容也在不断扩展。贫困本质上是一个相对的概念,收入不足的含义是指相对于某一种水平的收入不足,因此对于这"某一种水平"的界定则成为用收入来解释贫困的一个重要参考系。目前对于这"某一种水平"的提法主要有两种方式,其一是绝对贫困概念的范畴,即基本需求说;其二是相对贫困的范畴,即以一个社会的相对生活水平而言。

到了19世纪70年代，对于贫困概念的理解虽然没有跳出“缺乏”和“不足”的范围，但是对于缺乏和不足的原因以及内容有了很多的补充，如“资源缺乏”“能力缺乏”和“权利缺乏”等关于贫困的经典解释无不将贫困的内涵从“单一的经济维度”向“多元贫困”发展。1979年，汤森提出“所有居民中那些缺乏获得各种食物、参加社会活动和最起码的生活和社交条件的资源的个人、家庭和群体就是所谓贫困的”，同时他也指出这种生活状态也就是社会剥夺。汤森的观点不仅将贫困从收入贫困扩展到资源贫困，同时也结束了仅仅从“内因论”来解释贫困的理论范式，开始从“外因论”来理解贫困，认为贫困是社会剥夺的结果。此后，社会剥夺的概念逐渐演化成社会排斥，成为后来解释贫困的重要理论起点。随着社会排斥理论的不断发展，社会排斥成为解释贫困的重要话语，如郭熙保(2005)提出穷人在经济上被边缘化，往往在政治上和社会上也被边缘化了，他们在资源分配上没有发言权，他们缺乏法律的保护，不受尊重、被禁止利用新的经济机会，在社会上处于受排斥的境地；造成贫困的社会排斥包括经济排斥、政治排斥、社会关系排斥、文化排斥和福利制度排斥(曹群、魏雁滨，2004)。

1981年，阿玛蒂亚·森发表了《贫困与饥荒》一书，在这本书中，他最早阐述了贫困的“权利(entitlement)”假说，森认为饥荒更可能是由于权利分配不均造成的，这里权利是指包括以交换、生产、自身劳动能力、继承或转让为基础的4项权利。在后来的研究中，森将权利假说又进一步发展成为“能力(capability)”假说，在森看来，贫困意味着贫困人口缺少获取或享有正常生活的能力，贫困的真正含义是由于贫困人口获取收入的能力受到剥夺以及机会的丧失，低收入是导致贫困人口获取收入能力丧失的重要因素，但不是全部因素，疾病、人力资产不足、社会保障系统的失灵、社会歧视等都是造成人们能力不足的重要原因。1999年森将自己20多年关于贫困和发展的研究思想进行了一次系统的深化和总结，出版了《以自由看待发展》(Development as Freedom)一书,在这本书中,森进一步扩展了理解贫困的视角,森指出"发展是人不断扩大自由的过程",而自由则是能够享受人们所珍视的那种生活,也就是说自由包括免受困苦——诸如饥饿、营养不良、可避免的疾病、过早死亡等可行能力,以及关系到能够识字算数、享受政治参与、发表不受审查的言论等的自由,既包括人们能够过自己愿意过的生活的"可行能力(capability)",也包括"法权资格(entitlement)"。森还指出了促进发展的5种最重要的工具性自由:政治自由、经济条件、社会机会、透明性担保以及防护性保障。森的理论的提出是贫困理论研究中的一座里程碑,它引起了经济学家对人类发展的思考,将贫困的概念从收入贫困扩展到能力贫困和人类贫困,将对贫困原因的解释从经济因素扩展到政治、法律、文化制度等方面,将以往经济发展的战略拓展到人和社会发展的层面,认为只有让人们享有更大的行为自由,拥有更多的机会,做出更多的选择,才能消除贫困(郭熙保、罗知,2005)。

森对贫困的研究贡献被联合国开发计划署(UNDP)和世界银行(WB)两个在国际缓贫领域起着"领头军"作用的机构采纳,标志着多元视角和多维度看待贫困问题不仅仅只是理论上的分析和研究,也成为反贫困实践的理论根源。世界银行在《1990年世界发展报告》中指出:贫困是"缺少达到最低生活水准的能力",这里所谓的"最低生活水准"不仅要考虑家庭的收入和人均的支出,还要考虑那些属于社会福利的内容,如医疗卫生、预期寿命、识字能力以及公共货物或共同财产资源的获得情况。联合国开发计划署在《1996年人类发展报告》中提出了能力贫困的概念,能力贫困是指缺乏在教育、医疗和营养3个基本的人类发展方面的能力;1997年联合国开发计划署将能力贫困概念扩展到人类贫困,人类贫困是指"人们在寿命、健康、居住、知识、参与、个人安全和环境等方面的基本条件得不到满足,而限制了人的选择"。在此基础上,联合国开发计划署开发了人类贫困指数,来监测全球贫困状况的变化。

脆弱性分析最早运用于灾害学之中。20世纪70年代,灾害学家和工程技术人员用脆弱度指标来研究致灾因子,认为脆弱性应该是从0到1范围内的损失程度;随后,脆弱性分析成为灾害研究的一个重要的视角和途径。1975年,Gilbert F. White指出人口特征、房屋结构等社会因素同样能影响脆弱性,这标志着从自然属性理解脆弱性开始向社会属性理解脆弱性的转变。到了20世纪80年代,越来越多的研究者开始重视并探讨社会经济方面的脆弱性,1981年,Pelanda指出"灾害是社会脆弱性的表现",1982年Bolin分析了年龄和居住方式对脆弱性的影响,但这些研究仍然是在灾害学的研究范畴中(葛怡,2006)。1983年,Robert Chambers提出了脆弱性的"外部-内部"分析框架,从而将脆弱性分析视角运用到发展研究中,其在1995年对贫困人口的无助和孤立方面的研究更进一步地启发了研究者开始关注贫困群体的脆弱性,脆弱性成为贫困研究的关键概念之一,虽然在很多贫困文献中都对脆弱性有所界定,但是目前使用较广泛的定义仍然是世界银行提出的,脆弱性是指个人或家庭面临某些风险的可能,并且由于遭遇风险而导致财富损失或生活质量下降到某一社会公认的水平之下的可能,脆弱性高是贫困的特征之一。世界银行的定义表明了脆弱性包括两个方面,即受到的风险和抵御冲击的能力,一般来说,当受到的风险相同时,抵御能力强的脆弱性低,抵御能力弱的脆弱性高。从脆弱性的角度考察贫困有助于深刻分析贫困的历史成因以及今后的发展变化趋势,即能够动态地考察贫困问题,做出前瞻性的政策建议。对脆弱性的防范和消除,可以保持当前的福利水平,并减少各种冲击对未来新增福利水平的威胁,从而确保社会发展带来的生活质量和生活水平的提高(韩铮,2004)。

由于脆弱性会导致社区或家庭经历财产、人员等各种损失,并引起福利水平的下降,甚至下降到某一社会公认的水平之下而陷于贫困,通常情况下脆弱性与贫困有着伴生的关系,相互影响(韩铮,2004)。Martin Prowse(2003)曾经对贫困研究中关于脆弱性的理解进行过很好的综述,他从脆弱性和贫困的关系、脆弱性是贫困的特征、脆弱性是贫困的属性之一、脆弱性和风险等方面把 CPRC(长期贫困研究中心)所有关于脆弱性的理解进行了评述。目前对于贫困与脆弱性的关系的评述主要有以下几方面:①贫困导致较高的脆弱性,即当风险发生时,越贫困者越脆弱,遭受的福利水平的下降越严重。这是由于应对各种风险必须调动各种可获得的资源,而贫困人口最缺乏的正是对这些资源的拥有和支配能力。②脆弱性是贫困的重要表现。由于贫困人口缺乏应对风险的能力,在冲击出现时,他们往往表现为损失最大、恢复最慢,即呈现较高的脆弱性,"只要有钱,损失在一年之内就能弥补回来,可是没有钱的穷人却永远也翻不了身"(世界银行,2001)。③贫困人口在冲击发生以后由于恢复能力有限而很难在没有外界帮助的情况下恢复到原来的生活水平。贫困人口在冲击发生时往往不得不减少食物摄入量,或出卖牲畜、家产,甚至使子女辍学等来维持极低的生活水平,这就进一步使他们丧失了在冲击过后很快恢复的可能。特别是冲击导致的福利水平下降导致家庭对子女的投入减少,使下一代的健康和教育都受到严重影响,因而陷入脆弱—贫困—更脆弱—更贫困的恶性循环中(韩铮,2004)。

综上所述,贫困概念的内涵在不断地发展和演变,正如 Ravi Kanbur 和 Lyn Squire(2003)所说"贫困的定义从最初强调对市场上可以买到的物品的支配能力,现在则扩大到包括生活标准在内的其他方面,诸如寿命、读写能力和健康……贫困的概念已经进一步发展到反映一种对脆弱性和风险的关心,对没有权利和缺少发言权的担心"。但无论贫困概念如何演变和发展,都不会改变其 3 个最基本的特征:①缺乏性,贫困直接表现为低收入、缺乏物质和服务,直接有效需求不足;②相对性,不同社会的贫困标准是不同的;③综合性,贫困不仅体现在物质上,还体现在权利、能力、社会设置等多方面。因此,本研究将综合考虑贫困的各种定义和视角,将贫困定义为:**贫困是指个人或家庭的基本需求低于当地最低生活水平标准,缺乏基本的发展**

能力和权利，在社会生活中处于被排斥的边缘状态，在面临风险时，缺乏有效的应对机制，生计模式非常脆弱的社会现象。

2.2.1.2 贫困的外延

和贫困的内涵一样，对于贫困概念外延的理解，目前无论是在学术界还是在实践领域都有很多不同的路径和视角，总结起来主要有4类。

第一，是从贫困的程度来理解贫困。这是最早和最为普遍和重要的贫困的外延，早在朗特里最早提出贫困概念的时候就开始了，这种理解最早把贫困分为绝对贫困和相对贫困，绝对贫困是指缺乏维持生存所必需的最低生活标准的能力，维持生存的基本条件包括食品、住房和衣着等；相对贫困是指一个人或家庭的收入低于社会平均收入水平到一定程度时的生活状况。后来随着研究的不断深入，在二分法的基础上很多学者又发展成三分法，如莫泰基(1993)提出了绝对性贫困、基本性贫困和相对性贫困；Townsend(1993)提出了维持生存型贫困、基本需求贫困和相对遗憾贫困。虽然从解释贫困的准确程度上来说，三分法具有明显的优势，但是在反贫困实践领域内，通常采用的是绝对贫困和相对贫困的划分法，在发达国家，如英国、美国等，通常将相对贫困群体作为反贫困战略和行动的目标群体；在发展中国家，如斯里兰卡、印度等，则通常更关注绝对贫困群体；在中国，则同时使用了绝对贫困和低收入贫困(也称为相对贫困)来识别穷人。

第二，根据贫困产生的原因来理解贫困，这也是一种非常有效的并且能够直接对反贫困战略的形成起到指导作用的理解范式，在这方面的研究，我国的学者关注得比较多。康晓光(1995)根据贫困产生的原因将贫困分为制度性贫困、区域性贫困和阶层性贫困，他认为制度性贫困是指由于政治权利、分配制度、就业制度、财政转移支付制度、社会服务和分配制度、社会保障制度等因素决定的生活资源在不同社区、不同区域、不同群体和个人之间的不平等分配造成的某些社区、区域、群体或个体处于贫困状态;区域性贫困是由于在相同的制度背景下,不同区域之间由于自然条件和社会发展水平的差异,致使某些区域生活资源的供给相对贫乏,贫困人口相对集中从而陷入贫困;阶层性贫困是指在相同的制度环境中,在大约均质的空间区域或行政区域内,某些群体、家庭或个人由于身体素质较差、文化程度较低、家庭劳动力较少、生产资料缺乏、可以利用的社会资产少,竞争有限的生活资源的能力差,从而处于贫困状态。

第三,根据贫困现象延续的周期来理解贫困,通常把贫困分为长期贫困和暂时贫困。长期贫困研究中心(CPRC)一直都非常关注对长期贫困的研究,他们认为长期贫困是指在一段相当长的时间里都处于绝对贫困状态,长期贫困又根据其不同的特征分为3种类型:长期贫困,是指一个人和一个家庭在很多年里都处于贫困状态,并且似乎很难改变现状;生命周期贫困是指在整个人的一生中都处于贫困状态;代际贫困是指由于不能提供良好的教育等,贫困从父母这辈传递到下一代;暂时贫困是指在一段时间内处于贫困状态。李实(2001)则从收入和消费的角度来对长期贫困和短期贫困进行诠释,他认为暂时贫困是指处于这种状况的一部分人,从收入上看低于贫困线,但由于他们有储蓄或能够借钱,消费水准却高于贫困线。长期贫困是指处于这种状况的这部分人,无论是收入还是消费都低于贫困线,他们没有储蓄也无法借钱来维持高于贫困线的消费水平,因此在这两种贫困的基础上,他还增加了一种自愿贫困的说法,他认为自愿贫困是指一部分人的家庭收入虽然高于贫困线,但仍选择或必须把消费水平控制在贫困线以下。李实的研究将长期贫困和临时贫困的划分从时间的维度扩展到贫困的内涵,并且还引入了主观的视角,是研究贫困问题的一次有意义的探索。

第四,从贫困的层次来理解贫困,比较常见的有把贫困分为宏观贫困和微观贫困(郭熙保,2006),宏观贫困是区域意义上的贫困,即从整体角度来看待贫困，例如，国家贫困、地区贫困、农村贫困、城市贫困等。微观贫困是个体意义的贫困，即从个人和家庭角度看待贫困。

无论是从哪一种角度来解释贫困的外延，都是对贫困问题不同层面的关注，这些解释综合起来看，无非就是要弄清楚“谁因为什么原因而处于贫困状态，其贫困状态的特征是什么”，也就是常说的贫困的识别和测量问题，正是由于贫困概念和不断深入和外延的不断扩展，贫困的测量也成为贫困研究的重要内容。

贫困概念和实质反映到实践研究中，也就是要回答“谁贫困”和“如何贫困”的问题，也就是贫困的表现，关于这方面的研究是比较多的。关于“谁贫困”的研究主要集中于目前对弱势群体的界定上，女性（陈慧，2006；王越，2006）、老年人（乔晓春，2006；王琳，2006）、进城农民工（黄平，等，2006）以及农村人口，尤其是中西部地区农村人口和少数民族人口构成了我国弱势群体的主体，弱势群体的弱势地位体现在（楚凤梅，2006；韩卫平，2006；姜素红，2006；关丽、费艳颖，2006；彭静雯、胡华秀，2006）：①经济层面的弱势：主要表现为弱势群体在经济利益上所面临的共同困境；②政治层面的弱势：表现为他们常常被隔离在社会权利之外，表达和追求自己利益的能力较低；③文化层面的弱势：主要是弱势群体低下的教育程度以及技能、思想、心理等方面的弱势，随着我国高等教育向大众化阶段的迈进，社会弱势群体受高等教育不公平问题也越发凸显；④心理上的弱势：主要是指物质贫困导致精神贫困，相对剥夺感在很大程度上已经成为弱势群体的基本心理特征。

2.2.2 贫困的测量和识别

虽然贫困的概念在不断发生演变，其内容在不断扩展，研究视角也从客观表征分析转向内在原因分析，但是从来没有改变过的核心问题是“谁是穷人”(Ravi Kanbur,Lyn Squire,2003),无论如何去定义贫困,其目的都是为了更有效、更准确地识别出穷人,也就是常说的贫困的测量问题。从众多的关于贫困测量的文献以及在实践的运用中,将贫困的测量方法可以分成客观指标法和主观评价法。比较常见的客观指标法主要包括贫困线方法和贫困指数法,而主观评价法中最为普遍的是参与式贫困评价。

目前介绍贫困线方法的文章比较多,既有对某种特定方法进行详细分析,也有对不同方法进行综合比较分析,而对贫困线确定方法的简要系统回顾则是这些文章共同的切入点。骆祚炎(2006)认为贫困线的测定至少有6种方法:恩格尔系数法、基本需求法、比例法、马丁法、线性支出系统模型法、因子分子法和其他方法。刘福成(1998)则提出了贫困线的测定方法有4种:生活必需品法、营养构成法、马丁法、食品份额法等。刘建平(2003)提出恩格尔系数法、线性支出模型法、基本需求法、比例法、马丁法等是比较常见的5种贫困线测量方法。唐钧(1998)在进行中国城镇贫困线方法的探讨时,提到他比较赞同莫泰基在《香港贫穷和社会保障》一书提出的4种最常用的确定贫困线的方法:市场菜篮法、生活形态式方法、食费对比法和国际贫困标准法。童星、林闵钢(1994)则在《我国农村贫困标准线研究》一文中贫困线测算方法进行了目前所见文献资料中最为全面的论述,他们根据荷兰的奥迪·海根纳斯和克拉斯·得沃提出的3种贫困测量的视角,将贫困线测算方法分为3类12种,第一类为客观相对贫困标准测定类,包括收入等分定义法、收入平均数法和商品相对不足法3种具体方法;第二类为客观绝对贫困标准测定类,包括热量支出法、基本需求法、恩格尔系数法、超必需品剔除法、总支出与总收入之比法、编制贫困系数法、数学模型法7种方法;第三类为主观贫困标准测定类,包括主观最小收入定义法和主观最小消费定义法。

从各自对不同方法的介绍中,可以看到这些分类并不是互斥性分类,比如说马丁法和恩格尔系数法等基本原理和测算步骤都是一样的,区别在于食物贫困线和非食物贫困线之间关系系数的确定方法上的差异,恩格尔系数建议使用恩格尔系数对食物贫困线进行调整,从而测算出贫困线,马丁法则建议根据调查所得的数据回归所得的食物支出和非食物支出之间的关系系数,然后用该系数来计算贫困线,而这两种方法和线性支出模型法等都属于数学模型法。同时,这些对贫困线方法的分类虽然名字千差万别,但实质和内涵都是一样的,如刘福成提到的食品份额法、莫泰基提到的食费对比法其实就是恩格尔系数法;基本需求法和市场菜篮法指的也是同一种方法。无论如何,这些文献反映出来的共同信息是测算贫困线的方法很多,由于各种方法之间的联系性和差异性,对这些方法进行系统的分类比较困难。笔者根据测算出的贫困线的性质以及实践中运用的频率,认为贫困线测算方法大致可以进行如表 2-1 所示的分类。

表 2-1　贫困线的测定方法

方法	操作步骤	使用情况	优势	劣势
国际贫困标准法	国际经济合作与发展组织(OECD)提出:以一个国家或地区中等收入或社会中位收入的 50%～60%作为这个国家或地区的贫困线,但实际上有许多国家和地区的贫困线都只占本国或本地社会中位收入或平均收入的 30%～40%	OECD 国家常用	简单明了和容易获得,并且最具有动态性,容易及时调整	由于各个国家之间的平均收入水平差别很大,以此所代表的贫困信息不能进行国家间的比较,并且也无法对一个国家的缓贫进程进行判断
生活必需品法(营养构成法)	根据食品、衣着等的“基本需求”定义一个最小值,对每一项需求的最小数量进行确定后,然后利用市场价格,计算出购买这些商品所需的费用,即贫困线	理论上很好,是马丁法的基础	通俗易懂,能够保证贫困群体最起码的需要,理论上可行	但由于要追求统一性以及考虑到数据收集的困难性,一些基本需求可能就会被忽视,从而导致基本需求法确定的贫困线往往偏低

续表 2-1

方法	操作步骤	使用情况	优势	劣势
马丁法(恩格尔系数法)	先计算出贫困户的食品贫困线;再利用回归模型方法,找出收入等于食品贫困线的赤贫家庭,计算他们的非食品支出,作为最低非食品贫困线。同样,求出食品方面的消费等于食品贫困线的家庭,计算他们的非食品支出,作为最高非食品贫困线。食品贫困线加上最高或最低非食品贫困线,确定出最高贫困线和最低贫困线	发展中国家使用比较多	简单、可操作性强	但不同地区在食物结构上的差异和消费结构上的差异不能考虑
线性模型支出法	把居民的各类消费品支出看成是居民收入的函数。首先建立线性支出系统模型,然后利用现有的统计数据估计模型,从而导出模型中设定的各类消费品的基本需求支出以及总的基本需求支出,以此作为贫困标准	学者关注多,但实际应用不多		工作量大、计算复杂,未考虑财政支付对贫困线的影响

指数法主要是指联合国开发计划署提出的人类贫困指数的监测贫困的指标,其指标体系有两类:针对发展中国家的人类贫困指数Ⅰ和针对工业化国家的人类贫困指数Ⅱ。人类贫困指数Ⅰ使用的指标包括:今天出生而预期在40岁之前去世的人的比例($P1$)、成人文盲率($P2$),整个经济供给方面的匮乏程度($P3$)——以不能享受安全用水的比例($P31$)和保健服务的人的比例($P32$)以及体重不足儿童的比例($P33$)来表示。人类贫困指数考虑人类生活最基本的3个方面被剥夺的情况,即长寿、知识和体面的生活标准,其计算公式为:$I=[P1+P2+(P31+P32+P33)/3]/3$。人类贫困指数为多方面测量贫困提供了定量的工具,但在实际操作中也有一定的难度,例如,基础数据不足以及平均数后面不同地区、不同社区乃至不同农户之间的被剥夺程度存在巨大差异(郑宝华、张兰英,2004)。

虽然从理论上来说，还可以采用能力欠缺法、权利不足法、社会排斥法，但是从现有文献来看，对这些方法更多的是从分析框架上来说，而并未形成可以使用的贫困标准。森对权利法的缺陷分析，可以代表 3 种方法的难操作性，森(1981)指出权利法的缺陷为：①权利不容易被具体界定；②权利方法对于权利以外的其他因素有所忽视；③权利方法着重分析的是饥饿，针对性强，而对于饥饿中死亡的多种多样的原因没有进行研究；④权利方法重视的是一个社会既定法律框架中的权利，没有考虑一些不合法的权利。现在也有很多学者提出了多维测量贫困的概念，但是仍然处于理论阶段，目前更多的是对贫困群体的多维特征分析。

无论是货币法和指数法，还是仍然在理论探索中不断讨论的多维测量贫困方法，其出发点都是从贫困者的客观特征来考虑的，是“外来者”对贫困者的一种客观评价和考察。贫困线法在宏观层面主要用来监测一个国家和地区的缓贫进程，主要通过统计抽样调查来获得样本总体的贫困人口数量和贫困发生率；在微观层面虽然也能够通过标准化、结构化的问卷调查获得每个农户的家庭收支情况，从而识别贫困群体，但是这种调研往往需要大量的时间和资源，并且由于物价、不同农户的消费习惯、回忆式调查的数据误差等多方面的因素，会影响调查结果的可靠性。指数法一般只用在宏观监测一个国家和地区在缓贫上所取得的成就，和贫困线仅仅关注贫困农户不同，指数法是对一个国家和地区总体发展程度的监测，是一种平均水平上的变化，而并非只针对贫困群体。随着参与式和赋权思想在国际发展领域的不断深入人心，聆听“穷人的呼声”成为最基本的发展理念，这种理念也反映在了贫困的测量上面，因此有了贫困测量中的“幸福度(happiness)”测量，更为重要的是有了参与式贫困评价(Participatory Poverty Assessment，PPA)。参与式贫困测量是一种定性的贫困测量方法，起源于 20 世纪 90 年代初。参与式贫困评价不仅仅能够揭示贫困的基本特征，同时也能够提高穷人在制定反贫困战略中的参与程度，因而更具有实践意义。参与式贫困评价侧重于倾听贫困的受害者自身关于贫困的体验,不倾向于设定一个固定的指标体系,而倾向于采用一种更开放的、易于贫困人口所接受的方式和指标,来展示和反映他们亲身体会的真实的贫困的各个方面。因此,与货币法和指数法等定量的贫困测量方法相比,参与式贫困评价对于贫困的测量的有效性不取决于指标选择的科学性,而是参与式评价过程的设计。

参与式贫困评估旨在从穷人的角度来理解和认识贫困,是能够测量和识别不同层次贫困的最好方法(C. Palanivel Murugan 和 P. Adhiguru, 2003),其优势包括:①参与式贫困评估过程能够最大限度地吸引不同群体的参与,让不同的人在一起讨论和交流,获得更真实、全面的信息;②参与式贫困评估过程能够让参与讨论的人放松,能够在轻松愉悦的环境中表达自己的想法和观点;③参与式贫困评估过程不仅能够获得反映贫困群体的社会经济指标特征,还能获得空间、贫困的原因、分布以及产生的影响等多方面的信息;④参与式贫困评估可以增加参与者之间的互动和沟通,这为将来制定缓解贫困的行动和措施提供了前提;⑤参与式贫困评估能够最大限度地获得乡土信息。参与式评估有一套完整的工具系统,包括画图类、排序类、矩阵分析表等。具体如表 2-2 所示。

表 2-2　参与式贫困评估工具及要素

工具	要素或指标
社会图	社会结构、社会分层、社会服务设置
资源图	资源状况以及农户的可及性
流动图	家庭成员的流动特征及限制条件
历史演变图	自然事件、干预、社会事件以及发展变化的过程
时间趋势图	产量、价格、人口、区域等变化情况
生计分析	食物来源、收入来源以及食品安全等
矩阵打分	农户的偏好、需求和问题排序等
贫富排序	不同经济发展水平的农户分类

续表 2-2

工具	要素或指标
社会关系图	关系密切的社会关系、机构以及个体
每日活动图	每天在不同的时间点上的活动
生态剖面图	自然资源情况
影响分析图	对不同贫困层次的积极和消极影响
流程图	不同因素和指标之间的因果分析路径

资料来源：C. Palanivel Murugan，P. Adhiguru，Participatory Poverty Assessment：Can PRA Improve the Voices of the Poor，2003.

世界银行等机构十分重视参与式贫困评价的运用，2003 年世界银行发表了《穷人的呼声》，该报告收集了全世界 60 多个国家 6 万多人对于贫困生活的现实以及穷人需要什么来改善其生活状况的个人叙述，充分展示了从格鲁吉亚到巴西，从尼日利亚到菲律宾等穷人的生活，该报告记述了穷人的日常奋斗和愿望，记述了他们的生活如何受到某些共同的苦难的影响，这些共同的苦难包括饥饿、无能为力、社会孤立、政府腐败、男女不平等、地方官员粗暴无礼等。这本书引起了极大的反响，阿马特亚·森教授评价说："通过介绍处于社会底层的人们对发展前景的看法，有助于我们理解发展的实质。"坎特伯雷大主教乔治·卡尔在他对该书的评语中写道："这本书以一种强有力的方式论述了那些与穷人有直接联系的机构的腐败和往往不人道的行为。……穷人用他们朴素的语言向我们说明了价值导向的发展的真正意义。"《穷人的呼声》产生的强烈的社会反响证明了参与式贫困评价在贫困测量方面的力度和影响力，展示了"贫困远不只是收入低，贫困还意味着对于影响他们生活的关键决策没有发言权，在国家政治机构里没有他们的代表"。Siddique Rahman Osmani(2003)也曾经在亚洲开发银行的研究报告中充分肯定了这一点，他们指出"参与式贫困评价丰富了对贫困的研究和关注，扩大了参与者的范围，提供了快速、经济的贫困信息，为政策制定者、服务提供者和穷人之间创造了新的互动关系，更为重要的是赋权给了穷人"。

中国的一些学者也在一些研究中开始使用参与式贫困评价方法,如李小云(2001)、郑宝华(2003)等。

贫困测量方法的不断发展不仅反映了贫困的概念从收入贫困向多维贫困的转变,测量技术也从定量测量向定性测量转变,更重要的是反映了贫困测量不再是外来者的客观考察,更为重要的是贫困者自身的感受和认同,这种发展过程反映了赋权思想对贫困研究的影响,这种发展也直接影响了发展干预实践,尤其是在中国开展的很多发展项目中,体现参与式贫困评价的最直接的工具——参与式贫富分类,逐渐成为扶贫干预目标瞄准的基本保障机制,在中国14.8万个贫困村中制定的参与式村级发展规划中,参与式贫富分类成为最为关键的一步。

在反贫困研究和实践中,货币法(也就是贫困线法)、指数法和参与式贫困评价等贫困测量方法各有千秋,互相结合,货币法和指数法从宏观层面总体上监测着缓贫的进程,参与式贫困评价则在微观社区中识别出谁是穷人方面更具有可操作性和可信性,本研究是一个在微观水平上的贫困分析和研究,因此本研究将采用参与式贫困评价方法来对研究社区的贫困农户进行识别,在工具上将主要采用参与式贫富分类。

Gibbons在1999年曾经说过"我们感兴趣的是人们自己是如何看待贫困的,我们希望他们能够告诉在村中谁是极端贫困的人、谁比较贫困、谁并不贫困。"参与式贫富分类正好能够实现Gibbons的这种愿望,在参与式贫困评估过程中起着识别贫困群体的作用,是一种让社区群体自己识别社区中谁是穷人谁是富人的一种有效工具(Joseph Florent Feulefack, Manfred Zeller, Stefan Schwarze,2006),因此,近年来,参与式贫富分类越来越多地被使用在贫困农户的识别上。和建立在大规模的标准化社会经济指标调查基础上的贫困线方法相比,参与式贫富分类具有经济成本低、易操作等优势。此外,对于发展实践者来说,参与式贫富分类容易在社区范围内被接受,能够用于控制发展干预的瞄准,同时使用参与式贫富分类能够增强对贫困的理解，能够增强社区项目的透明性和公正性等。对于研究者来说，参与式贫富分类工具在识别贫困上具有非常高的可信度。Joseph Florent Feulefack 和 Manfred Zeller(2005)曾经在孟加拉的 8 个村庄用 1 660 户农户的数据证明了参与式贫富分类工具的信度，他们的研究表明，用参与式贫富分类工具识别出来的贫困群体和用社会经济指标调查识别出来的贫困群体有 80%都是相同的，并且他们研究还发现，如果在更微观的社区水平上，参与式贫富分类工具识别贫困群体的准确性则更高。无独有偶，James R. Hargreaves 等对南非的 8 个村庄的 3 393 户农户进行贫富排序和社会经济指标调查，将两种调查结果进行对比，发现用贫富排序方法得到的贫困发生率和用贫困线测量的贫困发生率高度相关；Van De Ruit 和 May(2003)在南非北方省的调查中也同样发现，用参与式贫富分类识别出来的贫困农户有 70%和用 CGAP 的贫困评估工具识别出来的贫困农户是相同的。这些研究证明了 Simanowitz 和 Nkuna(2000)提出的“用规范的参与式贫富分类来识别贫困群体是可行的”。

在中国，参与式贫富分类已经成为发展干预项目识别目标群体的重要技术性手段。李小云(2001)等在“参与式村级发展规划制定的程序和方法”中就建议：在村级层次通过参与式贫富分类来识别社区的特困群体和贫困群体；同时他还对参与式贫富分类工具进行了优化，将其发展成为参与式贫困指数，从而来识别贫困村。此外，张时飞(2003)曾在 2002 年尝试用参与式贫富分类的方法在江西省进行低保对象的识别，通过在 4 个行政村的参与式贫富分类的实践，他指出参与式贫富分类可以作为低保对象识别的技术手段，他还指出参与式贫富分类能够全面反映贫困的多样性和地区特征、以社区(自然村)为基本单元识别出来的最贫困家庭更准确和更具针对性、采用严格的多角度测量方法能有效确保研究结果的信度和效度、操作过程方便快捷及运作成本低廉，“参与式贫富分类方法是一种方便快捷、低成本高效益、有可持续能力的方法”。杨海民(2007)在讨论农村低保对象的确定时,也建议要采用"参与式贫富分类"方法,即依据农村居民对贫困的理解,将乡村中所有住户按贫富程度进行分类和排序,确定谁是乡村最贫困者。"这种方法重视农村居民的民主参与,充分发挥乡村邻里知根知底的优势,采用相互评议方法确保低保对象,不仅具有可信度,而且操作程序简明快捷,其附载的乡村贫困标准,如健康不佳、教育投资不足、缺乏劳动力、缺少家庭经济来源等,具有很高的准确性。"

2.2.3 贫困的原因

对于致贫因素和致贫机理的研究非常多,总体上来说,可以将其分为两大类,一类是从制度层面去解析贫困的原因;另一类是从非制度层面,也就是一些表征因素去解读贫困的产生。

从制度层面上解析贫困的原因,其中以福利经济学和制度经济学的分析最有代表性。1920 年,庇古《福利经济学》的出版标志着以研究经济资源在社会成员中的分配为主要研究对象的福利经济学的诞生。福利经济学的诞生为贫困研究提供了新的研究范式和分析框架,即从社会的福利水平与分配来研究贫困问题,其基本观点是社会分配不公是贫困的根源。早期的福利经济学认为个人与社会福利水平可以通过一揽子生产和消费的商品量来进行衡量的效用福利理论,因此贫困问题可以归因于某种福利的缺乏,而且这种福利缺乏可以用收入水平来确定衡量,改善社会福利分配机制是他们为缓解贫困开出的药方。但停留在经济福利或收入层面上的传统的贫困解释无疑忽略了许多重要的问题:①人的差异。它可以通过个人的特征如智力、年龄、性别、身体条件等及具体的社会环境条件如经济基础、社会准则、公共服务等来影响个人的功能。②选择和实现的自由度,一个人能够自由行动并且能够做出选择可以直接影响其福利(王春萍,2006)。

20世纪70年代末,受公共选择理论影响的福利经济学家阿玛蒂亚·森在贫困方面的研究扩展了早期福利经济学家对贫困的分析范畴。在他著名的《贫困与饥荒——论权利与剥夺》一书中提出20世纪40年代以来在印度、埃塞俄比亚和孟加拉国所发生的3次大饥荒的成因,并不是粮食供给出现的故障,而是粮食的分配不均,这种分配上的失败是由于"人民获得粮食的权利被破坏",这里权利是指包括以交换、生产、自身劳动能力、继承或转让为基础的4项权利。森的研究克服了早期福利经济学在解释贫困问题上的两个忽略,促进了对贫困的"收入"单维度解释向广义福利多维解释的发展,斯坦·林恩(2001)曾总结道贫困问题的研究是一种可称作福利问题的研究,但这里所说的福利不仅仅是经济福利或收入问题,而是广义的福利,"贫困应该被理解为多种福利问题的累积构成"。

随着制度经济学的发展,贫困的制度分析成为贫困研究的一个重要方法和分析框架,新制度经济学家诺斯在《制度、制度变迁与经济绩效》中写道:"我要揭示的是,制度在社会中起着更为根本性的作用:他们是决定长期经济绩效的基本因素。"瑞典经济学家冈纳·缪尔达尔认为收入水平过低是导致发展中国家贫困的重要原因之一,而产生低收入的原因有社会、经济、政治和制度等许多方面,其中一个重要原因是资产稀缺,资产形成不足,以及收入分配制度上的不平等。我国学者在贫困产生的制度性因素分析方面也得出一些基本的结论。李定轶(2006)指出我国现行土地制度和资源分配以及国民收入再分配的不合理是我国农村经济贫困村存在的制度根源,而城乡有别的户籍制度,农民在选举权与被选举权、结社权、劳动就业权、迁徙权、受尊重权、话语权等方面受到不同程度的限制甚至剥夺等造成了贫困群体权利的缺失,教育、医疗、养老等社会公共服务供给的城市优先制度则也是农村贫困产生的重要原因。熊滨(2006)则进一步从我国户籍制度、劳动社会保障制度和土地制度3个方面分析了我国农村贫困的制度原因。张伟(2006)从制度经济学的角度分析,中国农民贫困问题的现状源于产权制度的缺失、结构制度的差异、保障制度的偏颇、财政制度的歧视、法律制度的失灵、传统文化制度的禁锢。综上所述,对贫困产生的制度性因素分析不外乎对我国现行的土地制度、户籍制度、产权制度、公共产品供给制度等方面的分析。对于土地制度的分析中,失地农民的贫困问题成为制度性贫困的一个缩影,从而引起了很多学者的关注,李世平和李晓峰(2006)的研究对该问题进行了评述,其基本观点是由于农民权利的缺乏,失地成为农民贫困的一个重要原因。

同致贫因素制度性分析的同质性不同,对于致贫因素的非制度因素分析则更加多元化和多视角,这些分析更多来自社会学家和人类学家的努力。社会学家和人类学家丰富的贫困原因的解释理论主要包括:①社会分层论,代表人物是马克斯·韦伯,认为社会不平等的实质是社会资源或有价值物,如财富、收入、权力、声望、教育机会等,在社会成员中的不均等分配,而处在社会下层的贫困群体正是上述社会资源分配的匮乏者(王春萍,2006)。②个体主义贫困观,代表人物为米尔顿·弗里德曼和夫人罗斯,认为贫困是因为个体的原因造成的,主要包括个人在经济上的失败、家庭环境、道德品质以及个体的遗传因素。③贫困结构论,认为贫困是由于社会制度造成的,贫困作为社会结构性存在是无法消除的。④贫困文化论,代表人物为奥斯卡·刘易斯,认为贫困是由于贫困群体形成一套特定的生活方式、行为规范、价值观念体系等贫困文化,并且通过文化的传递而代代相传。⑤贫困环境论,代表人物是以查理斯·A·瓦伦丁、海曼·罗德曼和L·戴维森,认为贫困是由于贫困人口所处的环境造成的(叶普万,2001)。这些理论解释都跨出了经济指标解释贫困的范畴,主要从贫困群体的自身以及社会制度和环境来解释贫困产生的根源,这些研究丰富了贫困研究的理论基层。我国学者在致贫的非制度因素方面的研究是非常丰富的,归纳起来主要有环境、教育、地区特征、贫困群体的个人因素、文化、社会资产、社会分工、基础设施条件、健康等,一些学者对上述各因素进行了综合的分析(王璧玉、程黎军、赵学增，等，2006）。王璧玉（2006）认为自然生态环境恶化、基础设施薄弱、生活消费水平低、生产经营落后、劳动力转移面临着问题、教育落后、地区经济发展水平低下是我国农村贫困的主要原因；程黎军认为贫困是多种原因造成的，但制度与政策、资源与环境、生产与开发、人口与素质4个方面是农村贫困人口的致贫原因所在；赵学增（2006）则认为贫困本身、地理因素、人口和生产力相互压迫和个人不良行为等是导致贫困的主要原因。

此外，还有更多的学者针对个别因素进行了深入剖析。张艳萍（2006）和李锐（2006）的研究以西部地区为案例，剖析了西部地区人口受教育程度低、人力资产积累水平不高是贫困的重要原因；陈全功（2006）则进一步分析了农村贫困地区的教育长期发展相对滞后、教育体系和培养目标与农村实际不符以及教育投资不足和当前愈来愈严重的“教育不公”，促使教育的减贫作用无法发挥或者正在减弱。曹斌（2006）认为：一定的经济基础决定一定形态的文化。长期生活在贫困之中的一群人的经济状况决定他们特殊的意识形态，即贫困文化。这种意识形态反过来又阻碍贫困地区的经济和社会发展。贫困文化是与贫困经济相互对应的一个范畴，贫困文化反映了贫困经济的精神实质；贫困经济则从根本上决定了贫困文化的物质表现形式。贫困文化是造成贫困经济的一个重要精神原因，因此，改变贫困经济的状况，必须首先改造贫困文化的价值形态，克服意识形态上的贫困文化。唐圣春（2006）指出医疗消费（特别是大额医疗支出）给居民带来很大的经济负担，卫生筹资和医疗消费的公平性是影响卫生支出导致贫困的重要因素。

从上述文献来看，目前学界对于贫困原因的解读呈现出以下几个方面的特点：①对于贫困原因的分析主要是从整体性角度来考虑，从区域层面或者是群体层面来对贫困群体之所以贫困进行分析。②对于贫困原因的分析主要采用单因子分析法，对不同原因之间的交叉性很少涉及。这种分析能够从宏观视角来解释贫困的原因，但是对于在社区层面不同类型的家庭致贫原因所表现出来的复杂性则很难进行解释,本研究将分析在同一个社区内同样的发展环境下贫困产生的原因。

2.2.4 反贫困的行动研究

随着不同学科参与到贫困研究中去,贫困的概念和内涵和外延都发生了很多的变化,从单一的收入贫困向多维度贫困转变,这种转变过程使得贫困的外延更加丰富,贫困测量方法也更加准确和多元,这些变化也直接影响到反贫困的行动和实践。贫困问题的研究其目的是为了消除贫困,是为了更好地开展反贫困的行动和实践,反贫困行动的研究也成为贫困研究的一项重要内容。

对于反贫困行动的研究主要表现在两个方面:一是对反贫困政策和行动的评述,一是对反贫困效果的评估。对于反贫困政策和行动的评述,这方面的研究主要是对目前国际社会、各国政府和民间组织在反贫困方面所采取的行动和政策,以介绍经验为主。由于国际社会和各个国家在反贫困具体政策上有很大的差异性,根据这些政策的目标和关注点,学术界将这些政策分为 3 种类型:救济性减贫政策、开发性减贫政策和预防性减贫政策 3 大类。所谓救济性扶贫政策,是指当贫困确实发生时,努力减少其负面影响和损害的各项政策,比如中国实施的最低生活保障制度,印度实施的食物券计划等;所谓开发性扶贫政策是指消除贫困者的脱贫障碍,扶持贫困地区和贫困户改善生产和生活条件、发展生产、提高教育和文化科技水平,拓展其脱贫机会与能力的各项政策,如小额贷款政策、贫困地区基础设施建设、产业化扶贫等;所谓预防性扶贫政策,是指防止贫困发生或降低贫困发生概率的各项政策,主要是指各种社会保险政策。很多学者在这样的分类框架下对全球的反贫困政策进行过详细的介绍,尤其是世界银行,在其出版的国别报告中就对很多发展中国家的反贫困政策进行过相关的讨论。在中国,在研究农村反贫困实践时比较常见的分类是分成救济性减贫政策和开发式减贫政策，特别强调的是，1986 年国务院扶贫开发领导小组办公室的成立，标志着中国的反贫困政策开始进入了开发式扶贫政策阶段，也正因为如此，如果没有特殊说明，在中国谈扶贫政策时通常是狭义的，主要指的是政府的专项扶贫政策，而将教育、医疗、卫生、社会保障等排除在外；而在分析城市反贫困政策时，多数学者倾向于采取三分法，将城市反贫困政策分为救济性、预防性和开发性 3 种类型(关信平，2003)。

对于具体的反贫困政策的评述，我国学者在这方面做的研究比较多。在现有反贫困政策评价上，研究者更多的是从我国当今的反贫困手段出发，对各种扶贫方式的效果和问题进行了分析，人力资源开发扶贫、参与式扶贫、教育扶贫、财政扶贫、产业化扶贫、农村科技扶贫、劳动输出扶贫和旅游开发扶贫等都是关注的热点。一些典型地区的反贫困经验也是研究的一个重要内容，有许多研究人员从国家层面总结了我国的扶贫经验，还有众多研究者从地区层面对西藏、宁夏、四川等中西部地区以及北京郊区的扶贫措施和经验进行了总结。从对国外的研究来看，巴西、印度、巴基斯坦、美国等国的扶贫经验成为研究者青睐的研究对象，研究内容包括妇女自助团体、森林资源管理、福利制度等(李小云、唐丽霞，2007)。这些研究都是对中国的反贫困方式进行的常规性研究。

总的来说，反贫困政策和行动的评述都会尽可能详细地介绍每一种政策和行动的背景、具体内容、产生的效果以及存在问题等方面的具体情况，其目的是为了更好地交流和分享。这些研究通常具有实践性强的特征，在理论分析方面略显不足，但是随着计量经济学方法的引入，对于反贫困的效果评估研究开始进入了分析缓贫的贡献率问题，其中最为著名的是世界银行通过对中国数据的分析，指出中国解决贫困问题的成功主要依靠经济增长。测算结果表明，贫困人口减少与经济增长的弹性系数约为－0.8，换句话说，GDP 每增长一个百分点，农村贫困人口可以减少 0.8%，从而得出中国的经济增长是有利于穷人的结论。我国学者在这方面的研究则更加具体,将研究的重点放在了扶贫资金和缓贫效果之间的关系上。黄季焜等(1998)用1978—1996年的数据,估算出贫困发生率PI(%)与农村人均实际纯收入(Y)和扶贫资金的实际投入PF(亿元)的简单回归模型,模型显示,政府扶贫资金的投入基本上对贫困发生率没有多大影响(统计检验不显著);蔡昉、都阳(2000)用国定贫困县1990—1997年3项主要扶贫资金及县级经济的基本情况等数据分析发现,人均拥有扶贫资金的绝对数量和投资率的回归系数并未显著地为正,即大都没有显著地按照预期显示促进贫困地区经济增长的效果,说明更多的是政府扶贫努力之外的投资而不是扶贫资金投资对经济增长起到促进作用。陈凡、杨越(2003)的研究以新增长理论为指导,选取了1986—1997年592个国定贫困县中的235个县的横截面数据,通过Kmenta模型进行回归分析发现,人均财政发展资金、人均信贷资金、人均以工代赈资金的人均占有量对缓解贫困非常重要。朱乾宇(2003)对政府扶贫资金的绩效进行了分析发现,以工代赈资金对缓贫的作用要优于信贷资金和财政发展资金。

虽然模型分析并没有发现扶贫资金投入和缓贫之间的显著关系,但是中国在过去30年里的缓贫成就以及在缓贫方面所投入的政策力度和资金强度还是吸引了很多的学者对中国的反贫困行动进行广泛的研究,其研究的重点主要是在反贫困战略和反贫困机制方面。

对反贫困战略的研究,大部分集中于国家贫困战略的变迁和现有的贫困政策评价等内容。林卡和范晓光(2006)从市场经济的发展对贫困的影响出发,指出中国贫困类型的演变是一个从全国范围内的大规模的绝对贫困(改革前)转变到以区域贫困为焦点(主要是20世纪80年代以来),并进而转向由社会阶层分化造成的相对贫困为核心的阶段(20世纪90年代中期以来)以及贫困群体从农村贫困人口为主向农村贫困人口、城市贫困人口和流动人口并重的过程。与贫困问题的变迁相适应,中国的反贫困政策也经历了集体主义体制内福利保障、以区域发展为导向的政府反贫困计划、建立各类社会保障制度从而构建社会安全网3个阶段。高炎琼、唐忠义(2006)认为我国扶贫政策经历了输血式扶贫、开发式扶贫和消除贫困3个阶段。苗齐、钟甫宁(2006)采用农村住户抽样调查数据,测算了1985年以来中国农村贫困状态的变化情况,发现近20年来中国扶贫政策在减少农村贫困人口方面取得了巨大成功,但贫困深度指数和贫困强度指数却更加恶化,不仅剩余贫困人口的平均收入水平更加远离贫困线,而且深度贫困者处于更为相对不利的地位。

目前对我国反贫困机制的研究主要集中在:反贫困的机制设计和机制创新、反贫困的瞄准机制和组织机制(李小云、唐丽霞,2007)。对于我国反贫困机制的分析虽然研究文献,主要研究观点如下:

(1)我国农村扶贫基本政策并没有大的改变,仍然是满足贫困地区经济增长和扶贫双重目标、坚持以项目为中心的开发式扶贫、采用区域瞄准方式和推动政府主导下的全社会扶贫。

(2)扶贫战略上出现了一些调整,开始由救济式扶贫向开发式扶贫转变,由单纯的直接救济向地区经济综合开发的方向转变,由单纯地向贫困地区"输血"向增强贫困地区"造血"功能转变,由单纯的政府主导型扶贫向动员全社会力量、加强国际合作的全方位的扶贫。

(3)政府具体的扶贫措施出现了一些变化,改变平均使用扶贫资金的办法,集中人力、财力、物力,搞综合开发;国家在信贷、税收和经济开发等方面给贫困地区优惠政策,中央各职能部门在资金、物资和技术上向贫困地区倾斜,由中央、地方政府和贫困地区居民共同投资;政府的扶贫政策与农民制度创新"互动"。

(4)我国扶贫机制中存在的主要问题是:在扶贫对象瞄准上,还没有形成动态的精准的识别和瞄准机制;在扶贫项目选择上,还没有建立有效的选择机制;在扶贫资金使用上,还没有形成多元化、突出重点的投入机制;在扶贫管理工作上,还没有建立有效的分工合作机制;在扶贫监管评价上,还没有形成信息对称、及时有效的监督评价机制(匡远配,2006)。扶贫机制的研究文献虽然比较多,但这些研究大部分都是针对目前我国政府有组织地反贫困的组织安排、资金安排、项目安排和管理等方面进行分析和评述,但对于如何改善现行的扶贫机制,虽然学者也提出了一些建议,但这些建议都显得过于宽泛和抽象,很难指导实际工作。总的来说,目前反贫困研究的文献大部分还停留在对目前我国反贫困机制的分析上,缺乏对反贫困机制的真正创新进行科研性研究,也鲜有研究提出真正的反贫困机制的创新。

2.2.5 简短结论

综上所述,贫困研究一直都将理论探索和实践行动紧密结合在一起,贫困概念从只考察收入等经济资源不足开始向能力缺乏进而到脆弱性的演变过程,反映在贫困外延上是从相对贫困和长期贫困到制度性贫困、区域性贫困和阶层性贫困进而到长期贫困和暂时贫困,反映在贫困测量上是从货币法到指数法再到多维看待贫困,反映在反贫困战略上是救济性反贫困政策到预防性反贫困政策再到开发性反贫困政策等这样的变化过程,这使得贫困研究成为发展研究的重要领域,也充分体现贫困研究的系统性。如果再将其放到发展的宏观背景下,我们也可以看到贫困研究的观点也影响到发展目标的形成。Gerald M. Meier(2004)在总结发展的思想时曾经总结到发展的目标经历了"追求国内生产总值→实际人均国内生产总值→非货币人类发展指标→减缓贫困→权利与能力→自由→可持续发展"等这样的阶段,从这个过程上可以明显看到:其实无论发展的目标是如何表述的,其最根本的目的都是为了消除贫困,从这个发展上来看,消除贫困的目标从宏观上消除国家贫困逐渐向微观上消除个体贫困转变。

表 2-3 为贫困研究框架表。

表 2-3 贫困研究框架表

兴起时间	贫困的内涵	贫困的外延	贫困的测量	反贫困政策	发展目标
20世纪60年代以前	资源不足，主要表现为收入贫困	绝对贫困和相对贫困	货币法（基本需求）	救济性反贫困政策	国内生产总值和人均国内生产总值
20世纪70年代	社会排斥	制度性贫困、区域性贫困和阶层性贫困	—	预防性反贫困政策	—
20世纪80年代	能力缺乏	阶层性贫困	人类发展指数	开发性反贫困政策	非货币人类发展指标、权利和能力、自由
20世纪90年代至今	脆弱性	长期贫困和暂时贫困	脆弱度等多维测量贫困	综合性反贫困政策	可持续发展

2.3 本章结论

从古典经济学家使用财富的多寡、发展经济学者使用资产不足、福利经济学家使用福利缺乏和不足到社会学者和发展实践者从贫困群体自身以及社会环境等非经济因素来分析和考察贫困产生的原因，从关注贫困群体的“缺乏”和“不足”到肯定其也同样拥有“资产”和“能力”，从宏观的讨论发展中国家的欠发达状态到微观到社区、农户甚至个体层面观察贫困者的行动，从以将贫困者作为研究的对象到鼓励贫困者参与到研究过程中去，贫困问题成为经济学、社会学、人类学、发展实践等社会科学关注的重点，这些多学科从不同的角度对贫困问题进行了分析和讨论，提出了贫困研究的理论指导和分析框架。

表 2-4 为不同学派对贫困的解释。

表 2-4 不同学派对贫困的解释

学派	主要研究对象	对贫困的理解	贫困的根源	反贫困战略
发展经济学	欠发达国家	欠发达国家的发展不足状态	资产不足和结构依附	促进经济增长
福利经济学	发达国家中的贫困群体	贫困群体收入不能满足基本的福利需求	社会资源分配不合理	改善社会资源的分配、实施发展型社会政策
社会学和人类学	不同发展程度国家中的贫困群体	处于社会分层中底层的群体	人类活动的文化和符号环境、阶级和社会结构的不平等以及个人因素	—
发展实践者	欠发达国家中的贫困群体	贫困是多维的	能力、资产、权利等不足	发展干预

贫困研究已经成为经济学、社会学、人类学、政治学、生态学、文化学以及新兴的发展学研究的一个重要领域,关于贫困研究的论文和报告汗牛充栋,并且贫困研究展现了社会变迁的趋同性和多样性,促使学术界对制度化了的、不言而喻的发展模式进行反思(沈红,2004)。本研究将顺应贫困研究的发展趋势,对微观社区的贫困问题进行深入的剖析,采用参与式贫困评价的主观识别穷人的方法,用微观贫困分析方法对社区的贫困农户的特征、产生的原因以及贫困农户的生计策略进行深入的研究。

第3章

研究方法和分析框架

3.1 研究分析的基本框架

当贫困的内涵从收入扩展到多维贫困，研究视角从经济学扩展到社会学和发展学等学科，研究层面逐渐从宏观的国家贫困和区域贫困向微观的个体贫困转变，一些新的贫困研究方法也开始得到运用，其中有代表性的是社会排斥分析框架、脆弱性分析框架和可持续生计分析框架，这 3 种框架从不同的角度来研究微观贫困群体的贫困成因和所处的生活状态，是对贫困理解的社会评价层面和社会后果层面，超越了从基本需求层面来理解贫困，是多元贫困思想的体现。这 3 种框架在分析贫困时又各有侧重，社会排斥分析则从个体（农户、社区）所处的环境出发，强调分析对象在常态下所处的状态；脆弱性分析框架则从个体（农户、社区）面临的风险出发，强调不同类型的风险对于分析对象的影响，研究的是一种突发情境下贫困发生的情况；可持续生计分析框架虽然也将脆弱性作为贫困分析的重要背景条件，但是其核心是从个体（农户、社区）拥有的各种资产出发，强调内在要素在贫困过程中的主导作用。本研究将采用可持续生计分析框架来进行分析。

最近 10 年发展形成的对贫困进行多方面评价的新方法——可持续生计方法(the sustainable livelihoods(SL) approach) 是一种理解多种原因引起的贫困并给予多种解决方案的集成分析框架。源于强调地方参与和理解所有形式的贫困发展哲学观点,可持续生计方法是以人为中心的缓解贫困方案设计的建设性工具。运用 SL 分析框架对地方生存进行整体的、参与性的分析,发展规划人员可以辨明和确立开发战略的起点并进行有效调节以增进生计维持能力(Martha Roberts、杨国安,2003)。可持续生计分析框架是帮助人们认识生计、特别是穷人的生计状况的一个工具,它是对与农户生计、特别是贫困问题有关的复杂因素进行分析的一种方法(李琳一,2004)。可持续性生计分析框架是 20 世纪 90 年代、特别是其后期,由一些双边或多边的国际援助组织,如世界银行(World Bank)、英国国际发展署(DFID)和发展研究机构,如英国 Sussex 大学的发展研究所(IDS)合作,逐渐发展起来的,并且逐步成为发展干预的重要工作方法。目前,使用较多的可持续生计分析框架主要有 UNDP 的可持续生计分析框架、CARE 的可持续生计分析框架和 DFID 的可持续生计分析框架。

UNDP 试图通过探讨穷人所拥有的东西来对发展进行重新定义,把对发展的思考引向支持个体的男性和妇女的才能、知识和技术。UNDP 的可持续性生计途径的目标在于推动一种整体的发展观,其中涉及收入、自然资源的管理、赋权、使用合适的工具、金融服务和善治等方面,虽然这种途径的单个的组成部分并不是新的内容,但是当这些因素协同作用就会比其他的发展方法更为有效。为此,联合国开发出了其可持续生计分析的步骤:①通过参与的方式来评估某社区的风险、财产、权利和本地知识。这些通常呈现在人们所采用的应对和适应策略中。应对策略经常是对某种打击(例如旱灾)的短期回应。相反,适应策略作为打击或压力的一种结果,则包含一个长期的行为模式的变化。二者既由财产而来,又都对财产的构成(枯竭或再生）有所影响。②分析宏观、微观和部门的政策，以及影响人们谋生之道的治理安排。③评估、判定现代科技可能发挥的作用，再辅以当地知识体系，以改善生计。④分清促进或阻碍现有谋生方式的社会和经济投资机制（如小规模财政、健康和教育支出）。⑤确保前4个步骤在实际过程中彼此整合与互动（纳列什·辛格、乔纳森·吉尔曼，2000）。其具体分析框架如图3-1所示。

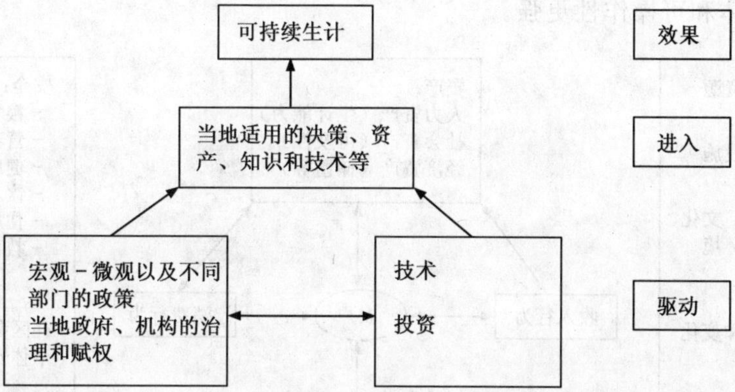

图3-1 UNDP可持续生计分析框架

从图3-1中可以看到UNDP的可持续生计分析框架中，强调的是外部环境和干预对可持续生计的影响，可持续生计是发展的目标，而不是发展的起点和路径。为此，UNDP还建立一整套的指标体系来监测生计的可持续性和安全性，这些指标包括：①可持续生计政策和规划所投入的资源；②来自可持续生计政策和规划的实物产品和服务的产出；③上述产出被享用的程度；④人们生活得到改善的程度；⑤利用投入以获得上述产出、成果和影响的路径（纳列什·辛格、乔纳森·吉尔曼，2000）。

关怀国际（CARE）在其全球范围的发展项目中也将可持续生计途径作为其发展干预设计、实施和监测评估的重要方法，在其长期的发展实践中，形成了独特的以农户为中心的可持续生计分析框架。在Chambers和Conway 提出的生计概念的基础上,关怀国际认为农户的生计系统包括 3 个要素:拥有的能力(如教育、技能、健康、生理条件等)、有形和无形资产的可及性以及经济活动。在 CARE 的框架中(图 3-2),发展干预在农户资产的基础上,对农户的生产、收入和消费等行动的影响,促进农户实现安全的生计,这种生计安全不仅表现在粮食、营养、健康、饮水、住房、教育等基本需求的满足,也表现在社区参与的个体的安全上。和 UNDP 框架相比,CARE 框架则更加具体和可操作性更强。

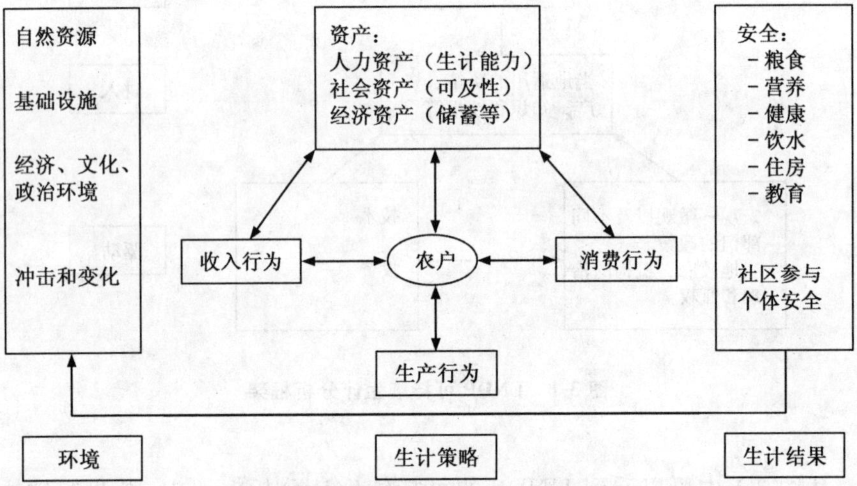

图 3-2　CARE 可持续生计分析框架

资料来源:Michael Drinkwater, Tamara Rusinow. Presentation on CARE's Livelihoods Approach for NRAC '99. CARE Paper,1999.

显然,CARE 的可持续分析框架将分析的单位非常明确地定在了农户层次,这就意味着 CARE 的发展项目基本上是以农户为瞄准对象的,CARE 在可持续生计分析的基础上,提出了发展干预的 3 个层次:给农户提供食物、饮水、住房以及其他基本服务的生计供给(livelihood provision)、为农户提供以工代赈、种子、工具以及灌溉系统的生计保护(livelihood protection)、为农户提供一定的资产、改善其生产、消费和交换环境的长期的生计促进

(livelihood promotion)。

当下,在发展干预领域内使用最广的还是DFID在IDS的研究成果上形成的可持续生计分析框架,DFID于1997年将该框架整合到发展项目中,开发了可持续生计框架指南。DFID框架(图3-3)和CARE框架有很多相似之处,其不同之处在于:①CARE框架中将农户资产和其采取的行动都纳入生计策略的范畴,而在DFID的框架中,农户的生计资产和生计策略被分开,生计资产是农户采取生计策略的前提和条件。②在DFID的框架中,对生计资产的划分更为细致和具体,将资产分成人力、社会、物质、自然和资金资产等5大类;在CARE的框架中,则主要分为经济资产、人力资产和社会资产。③在生计结果或者成果中,CARE的框架主要关注农户层面的生计改善,而在DFID的框架中,不仅关注农户层面的生计改善,并且还将自然环境的可持续利用作为生计的重要成果之一,强调了对环境可持续性的重视和关注。④在DFID的框架中,资产(资产)是生计分析的核心,而CARE的框架中农

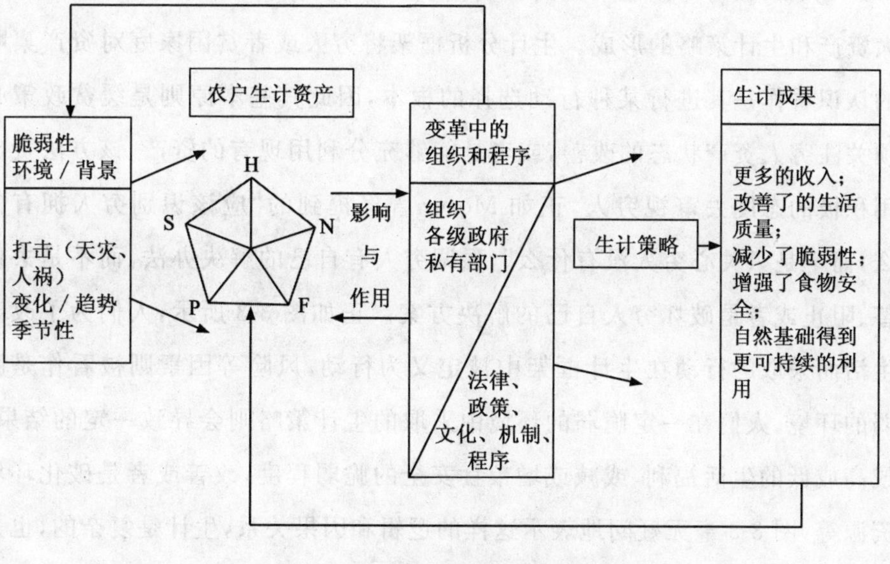

图3-3 DFID可持续性农户生计框架

注:H:人力资产;S:社会资产;N:自然资产;P:物质资产;F:资金资产。

户是生计分析的核心,对其资产分析和行为分析是同时进行的。DFID 的可持续生计分析框架是用一个二维平面图来展示生计构成核心要素及要素间的结构与关系,虽然简单的二维图形不能完全和详细展示框架各部分之间的互动联系和反馈关系,但是,从这个框架中可以看出,在制度和政策等因素造就的风险性环境中,在资产与政策和制度相互影响下,作为生计核心的资产性质和状况,决定了采用生计策略的类型,从而导致某种生计结果,生计结果又反作用于资产,影响资产的性质和状况(李斌,等,2004)。

DFID 可持续农户生计框架充分体现了可持续生计研究的几个原则(DFID,1997):①可持续生计是建立在农户或者社区层次上的微观研究;②可持续生计分析是在构建一定时间序列上的结构的、历史的、制度的大的框架下进行的;③可持续生计框架应该是以人为中心的,是整体性的、是动态的;④可持续生计分析是从能力分析出发,而不是从需求分析出发;⑤可持续生计的维度是多维的,包括环境、经济、社会和制度的方方面面(Colin Murray, 2001);⑥该框架提出了衡量资产和能力的具体指标和方法,即五大资产和生计策略的形成。生计分析框架将穷人或者贫困家庭对资产禀赋的认识看作是其进行某种行动选择的根本,因此其基本原则是缓贫政策必须关注穷人资产状态的改善,或者是能够充分利用现有的资产,该方法赞成用积极的态度去审视穷人,正如 Moser 曾经提到的"应该识别穷人拥有什么,而不是只关心穷人没有什么",强调穷人有自己的解决办法,而不是去代替、阻止或者是破坏穷人自己的解决方案。正如图 3-3 所示,人们为了改善生活而采取的行动在生计框架中被定义为行动,风险等因素则被看作是脆弱的环境,人们在一定脆弱的环境中采取的生计策略则会导致一定的结果:或高或低的生活福利、或减或增粮食安全的脆弱程度,改善或者是破化环境资源等,图 3-3 毫无疑问地表示这样的逻辑和因果关系,生计是复杂的,也是不断变化的,或是因果或是累进,这些都不足以来形容生计的特征。生计框架的方法强调以人为中心或综合性,为理解人们在一定的社会、制度、政治、经济和自然环境下如何行动提供了综合性的视角(Carney,1998),它在很多方面都有着自己的优势。

可持续生计分析框架也被我国学者开始运用到自然资源管理和贫困研究中。云南省生物多样性和传统知识研究会的社区生计部在研究中引入了可持续性生计框架。许建初等研究人员把可持续性生计框架作为指导性提纲,针对云南的农民和牧民在生产和生活当中利用众多植物和动物品种,农户的生产生活往往不依赖于某一种资源(品种、种类或植被群落)的存在,而取决于农户如何在时间和空间上组合或结合利用许多种资源的现实情况,用可持续性生计框架来了解农户的复杂生活中不同资源起到的作用,鉴别生计中的主要限制因素以及不同因素之间的关系,并在此基础上设计有针对性的干预措施。李琳一(2004)则将此框架运用到对我国西部农户的生计特点和由此决定的资产配置方式,及其影响因素进行初步的研究探讨,利用该框架考察贫困地区农户与资产配置之间的关系,分析各种资产之间转化的机制是什么,最终产生了什么样的成果。

本研究将借鉴 DFID 的可持续生计分析框架来对水村的不同类型的农户的资产结构和组合以及生计策略进行分析,以农户生计资产组合为起点,分析农户的资产获得和资产利用为主要内容的生计策略。

3.2 研究的关键概念

3.2.1 生计的基本概念

生计概念经常出现在目前国外关于贫困和农村发展的论文和著作中,但是这个术语的内涵和外延并不是十分明确,在不同语境下是不同的。生计(livelihood)在英语词典里的含义是维持生活的手段和方式。许多研究贫困和农村发展的学者认为生计概念有其丰富的含义,生计这个词比“工作”“收入”和“职业”有着更丰富的内涵和更大的外延,更能完整地描绘出穷人的生存的复杂性,更利于理解穷人为了生存安全而采取的策略(李斌,2004)。目前比较常见的关于“生计”的定义主要为:

WCED(1987)提出了可持续生计安全的概念。指出:生计意味着有足够的有价证券、食物和现金的流动,以获得基本的生存需求。安全是指对资源、收入机会、应对风险和困难的储蓄和资产等稳定的有保障的拥有权或者可及性。可持续是指在相当长的一段时间内能够维持和增强资源的生产效率。一个家庭可以通过多种途径获得可持续生计安全:拥有土地、饲养牲畜、种树、放牧、捕鱼、狩猎或采集、有足够报酬的、稳定的就业以及丰富的技能。

Robert chambers 和 Conway(1992):生计是谋生的方式,该谋生方式建立在能力(capabilities)、资产(assets)(包括储备物、资源、要求权和享有权)和活动(activities)基础之上。能力、平等和可持续既是生计的目标,也是方法和工具,这里的能力是指应对压力和冲击的能力、可以利用生计机会的能力,获得和使用服务和信息、预测、试验和创新等;平等是指资产、机会、能力等的平均分配以及没有歧视;可持续性包括环境可持续性和社会可持续性。

Scoones(1998):某一个生计由生活所需要的能力、有形和无形资产以及活动组成。如果能够应付压力和冲击且恢复,并且在不过度消耗其自然资源基础的同时维持或改善其能力和资产,那么该生计具有持续性。

Elils(2000)把生计定义如下:生计包括资产(自然、物质、人力、金融和社会资产)、活动以及获得(机构和社会关系的和解),这些共同决定了个体或农户的生计。

纳列什、辛格,乔纳森·吉尔曼(2000):“生计系统是由一套复杂多样的经济、社会和物质策略构建的,这些策略通过个体借以谋生的行为、财产和权利得以实行。人们进行选择，利用机会和资源，同时又不妨碍他人目前或将来的谋生机会，稳定的生计即由此获得。”

Colin Murray(2001)：“生计是指能力、资产和为了维持某种生活状况所采取的行动，可持续生计是指农户或社区在风险和冲击时，其资产和能力不会受到影响。”

Niehof 和 Price(2001)把生计定义为一个系统，这个系统可以被概念化成以下几个方面：①投入：资源和资产；②产出：生计；③目的：足够的生计来满足基本的需要；④活动：农户和个体的努力来获得足够的生计；⑤质量：和生计的脆弱性(可持续性)程度；⑥环境：生计系统和其他系统和机构的关系；⑦核心：农户是生计的核心(鲁静芳，2008)。

在研究过程中，生计概念的厘清是一个持续不断的过程。由于研究兴趣和目标不一致，不同的学者对生计概念的理解存在差异，因此给出的定义也是不完全相同的，但是分析上述几种生计定义，虽然表述方式不同，但是生计的核心部分是相同的，即资产、权利和行动等生计组成要素是一致的(李琳一，2004)，并且在后来的实践中，出于对可操作性的考虑，资产成为生计分析的起点，而行动则由生计策略这个词所代替，尤其是在目前广为采用的 DFID 的可持续生计分析框架中(李斌，2001)。

3.2.2 资产

资产(capital，asset)，有时候也称为资本，是经济学里的一个重要概念，随着法国社会学家布迪厄 1980 年在《社会科学研究》上发表了题为“社会资本随笔”的短文，正式提出了“社会资本”的概念，在詹姆斯·科尔曼(1988)、罗伯特·普特南(1993)、托马斯·布朗(1999)等社会学家的努力下，社会资产成为社会分析的重要范畴，标志着资产概念开始在社会科学的其他学科中开始广泛使用。20 世纪 80 年代中期，Robert Chambers 提出了用可持续生计分析框架来研究贫困问题,资产概念成为可持续生计分析的核心,其概念也发生了变化,在生计分析框架中,资产是农户从事生产、进入劳动力市场、和其他农户进行互补交易的基础,它是能够被直接或间接地利用的资产储备,以达到农户的某种生存方式或维持在生存水平之上的物质福利水平(Ellis,2000)。资产概念内涵的变化促进了其外延的不断扩展,分析时,不同的学者从不同的方面对资产进行了分类。

Swift(1989)在森的《权利与饥荒》一书研究基础上发表了《为什么农村人口在饥荒面前是脆弱的》(Why Are Rural People Vulnerable to Famine)论文,在分析人的脆弱性和对饥荒的回应时,他将资产分为3个层次:投资的、储存的和有权要求拥有的。投资的资产包括人力投资,如在教育和健康上的投资;个体生产资产,包括动物、生产工具、房子和家庭财产、土地、树木、水井等;集体性生产资产,包括土壤保护和水利灌溉系统、公共产权资源的可及性等。储存的资产,包括食物储存、有价值的物品、储蓄等。有权要求拥有的资产,主要是指可以借用或者使用社区中其他农户的生产资源,如食物、劳动力和牲畜;可以要求社区精英、政府部门以及国际社会提供相应的帮助等。Robert Chambers 在他的研究基础上将资产分为有形资产和无形资产:有形资产包括储备物和资源,储备物包括食物储备、有价物品的收藏(黄金和珠宝等)以及存款;而资源包括土地、水、树木、牲畜和生产工具等;无形资产是指诉求权和可获得权,诉求权主要是指能够带来物质、道德和其他实际支持的要求和呼吁;可获得权是指能够进行一些实践的活动,既包括使用资源和服务的机会,还包括获得信息、物质、技术、就业、食物和收入的机会。Scoones(1998)认为实现不同生计策略的能力依赖个人拥有的物质和社会资产与有形和无形资产,具体可分为:自然资产、金融资产、人力资产和社会资产。DFID 的生计分析框架则将资产分为自然资产、金融资产、物资资产、人力资产和社会资产5种形式:自然资产指能从中导出有利于生计的资源流和服务的自然资源的储存(如土地和水)和环境服务(如水循环);物质资产指用于经济生产过程中除去自然资源的物质,如基础设施和生产工具;金融资产指用于购买消费和生产物品的现金以及可以获得的贷款和个人借款;人力资产指个人拥有的用于谋生的知识、技能以及劳动能力和健康状况;社会资产指为实现不同生计策略的社会资源,包括个人参与的社会网络和协会(李斌,2004)。Dercon(2001)把农户的资产划分为人力资产、土地资产、物质资产、金融资产、公共物品以及社会资产。林南在对于资产的研究中使用的是资源这个词,但其基本内核是一致的,在他的关于社会资源理论的阐述中指出个人通常拥有两类资源:个人资源和社会资源。个人资源为个体行动者所拥有,可通过继承或先赋、个人后天努力以及交换3个途径获得。社会资源或者社会资产可定义为通过社会关系获取的资源,社会资源包括物质财富(如土地、房屋、汽车和金钱),和象征财富(如教育、俱乐部成员资格、受人尊敬的学位、贵族或组织头衔、姓氏、声望和名声)。一个行动者通过她或他的社会网络连接的资源代表了自我资源的全集。这些资源即使不能使用或动员,也可以提供很大的符号作用。社会资产可以提供超出符号权力的作用,他的实际用处是在目的性行动中的动员里(林南,2005)。

美国学者迈克尔·谢诺登(2002)也曾将资产分为有形资产和无形资产,但他划分的标准是资产对收入的作用,在他的研究框架中,有形资产包括:①货币储蓄和有利息形式的收入;②股票、债券和其他金融证券,有红利、信息或资产增值为形式的收入;③不动产:建筑和土地,以租金形式支付和资产增值为形式的收入;④不动产以外的硬资产:贵金属、艺术品等资产增值为形式的收入;⑤机器、设备和其他有形产品,有以产品销售利润和资产增值为形式的收入;⑥家庭耐用品,有以家务劳动效率提高为形式的收入;⑦自然资源,如农场、油田、矿山和森林,有以农作物或加工产品销售利润和资产增值为形式的收入;⑧版权和专利,有以版税和其他使用费形式的收入。无形资产包括:①享有信贷,有使用信贷获得的收入;②人力资产,定义为智力、教育背景、工作经验、知识、技能和健康,有以工资和通过其他工作、服务或建议的报酬形式出现的收入;③文化资产,有被接纳入具有重要价值的社团的收益;④非正式社会资产,表现形式为家庭、朋友、关系和联系,有时被称为社会网络,收益形式包括有形支持、情感支持、信息和易于得到就业、信贷、住房或其他类型的资产;⑤正式社会资产或组织资产,指使用有形资产的正式组织的结构和技术,收益形式表现为来自效率的提高和利用;⑥政治资产,表现形式为参与,全力和影响,收益形式是在政府层面有利于自己的规则和决策。

综上所述,不同的学者对资产(资产、资源)的理解并不存在本质上的差异,其具体的分类是和其研究内容和方法密切相关的,本研究将主要采用目前被广泛使用的,尤其是在可持续生计分析框架中经常使用的资产分类,将资产分成 5 种类型,即自然资产、金融资产、物质资产、社会资产和人力资产。

3.2.3 生计策略

近年来,生计策略成为发展研究和实践的核心概念之一(Douglas R. Brown,等,2006),用来表示人们为了实现他们的生计目标而进行的活动和选择的范围与组合。根据 DFID 的定义,生计策略主要是指人们怎样组合他们的创收活动、怎样使用自己的资产、对什么资产进行投资或投入以及怎样想办法来保持现有的资产和收入;生计策略由生计活动组成,通过系列生计活动来实现一定的生计成果。对于生计策略的解释,比较常见的主要是英国学者的研究,Ellis(1999)提出生计策略是指一系列的行动,包括获得资产以及在一定的社会条件下利用资产的所有行动;M. Kollmair 和 St. Gamper(2002)认为生计策略是指人们为了达到一定的生计目标而采取的行动和选择,生计策略是一个动态的过程,人们会根据不同的地理和经济条件采取不同的行动来实现不同的目标,生计策略取决于资产状况及结构。Michael Drinkwater 和 Tamara Rusinow(1999)把生计策略定义成为了实现一定生计目标的农户资产配置、投资行为、生产行为和消费行为等。DFID 在其"可持续生计远程教育网站"中则把生计策略的概念进一步具体化,将生计策略扩展成 4 个问题,即"穷人如何使用其资产——是导致最大化的收入还是最小化的脆弱性?穷人选择投资和放弃的分别是哪些资产?穷人从哪里获得追求生计策略的必须技能?穷人从事的赚钱活动或非货币化活动(如家庭养殖业)是什么?"综上所述,生计策略可以定义为人们对资产利用的配置和经营活动的总结,以便实现他们的生计目标,其中包括了生产活动、投资策略、生育安排等(李琳一,2004)。个人或家庭实施不同生计策略的能力取决于所拥有的资产状况,生计策略是通过系列生计活动来实现。

从上述众多定义上可以看到,生计策略的概念有以下几个方面的基本要素:①生计策略是农户各种行动的总合,具有多样化的特点。因此,也有一些学者对生计策略的类型进行了研究,IDS 的 Scoones(1998)把生计策略分为 3 种类型:一是农业生产的集约化或是粗放化;二是生计多样化;三是人员向外流动。Ellis(1999)则把农户的生计行为分成两大类,一类是建立在自然资源基础上,另外一类是建立在非自然资源基础上。建立在自然资源基础上的活动包括采集野生自然物品、作物种植和养殖牲畜。与此相对应的建立在非自然资源基础上的生计活动有农村贸易(农业生产资料、农产品和消费品)、农村服务业和农村加工制造业。②生计策略的采纳是为了实现一定的生计目标或者生计成果,而对于生计目标和成果的解释,DFID 的可持续生计框架中也给出了比较具体的论述,包括 6 个方面,即更多的收入、减少脆弱性、改进食物安全、更可持续性地利用自然资源、改善社会关系和地位、提高尊严和自尊等。

生计策略分析源于经济学领域对农户经济行为的分析以及社会学领域对农户社会行为分析,将经济学家建立在"经济人"假设基础上关注农户的经济行为和社会学家建立在“社会人”假设基础上关注农户的社会行为有效地结合起来。目前虽然如果单纯地将中文的“生计策略”和英文的“livelihood strategy”作为关键词进行相应的文献检索,可以发现相关文献多为一些发展机构的项目报告或者是可持续生计分析框架的方法介绍,而鲜有系统规范的研究论文,但是对于农户经济行为和社会行为的研究却十分充裕。

农户经济行为是指农户个体或群体为了满足自身物质需要或精神需要,达到一定目标而表现出来的一系列经济活动过程(马鸿运,1993),主要包括农户的生产行为、消费行为、储蓄和借贷行为等。正如 Douglas R. Brown 等(2006)指出的,在生计策略的研究方面,经济学家侧重于研究不同农户的经济行为。在经济学界,对农户的经济行为的研究是非常多的,尤其对小农的经济行为特征的分析是非常有代表性的,早期的如舒尔茨在《传统农业的改造》中精辟地论述:小农经济行为绝非西方社会一般人心目中那样懒惰、愚昧,或没有理性。事实上,他是一个在“传统农业”的范畴内,有进取精神并对资源能做最适度运作的人,传统农业可能是贫乏的,但是效率很高。詹姆斯·斯科特在《小农的道义经济:东南亚的叛乱和生计维持》中也明确写道:小农经济行为的主导动机是避免风险,安全第一;在同一共同体中,尊重人人都有维持生计的基本权利的道德观念,以及主客间的互惠关系等。黄宗智(1986)在分析小农时,其分析框架是把小农看作既是一个追求利润者,又是维持生计的生产者,也是受剥削的耕作者。“是在一定程度上直接为自家消费而生产的单位,他在生产上所作的抉择,部分地取决于家庭的需要,其次他也像一个追求利润的单位,因为在某种程度上他又为市场而生产,必须根据价格、供求和成本收益来作出生产上的抉择,最后小农是一个阶级社会和政权体系下的成员,其剩余产品被用来供应非农业部门的消费需要。”弗兰克艾利斯(1987)则根据小农经济行为的特征,把小农分为追求利润型农民、风险规避型农民、劳苦规避型农民、部分参与市场型农民和分成制农民等。对于贫困农户经济行为的研究目前也是非常多的,如 Abhijit V. Banerjee 和 Esther Dulflo(2007)的文章主要使用了全球 13 个贫困国家的调查数据，对贫困农户的经济生活特征进行了全面的分析，主要研究了穷人是如何花钱的（消费）、穷人是如何挣钱的（生产）、穷人是如何进行金融行为的（借贷和储蓄等）；颜廷武（2005）曾以农村固定观察点 1986—2003 年的时序数据等为基础，对中西部贫困地区农户的投资、消费、储蓄与借贷以及技术应用等主要经济行为进行了实证分析。此外，对于农户的投资行为（刘承芳，2001；辛翔飞、秦富，2005；张改清，2005；庞敏、屈艳芳，2002）、借贷行为（李晓明，2006；郑世忠、乔娟，2007；李春，2005）、消费行为（戎刚、姚勇，2002；曹力群、庞丽华，2001）等农户具体的经济行为的研究也是比较多的。社会行为是社会学研究的对象（谭明方，2002），无论是韦伯开创的“人文主义社会学流派”，还是迪尔凯姆开创的“实证主义社会学流派”，都将社会行为作为其研究的基本范畴。在社会学的研究中，社会行为指的是行动主体与其他行动主体共同生活或共同从事活动的过程中所发生的，可能对其他行动主体造成影响的行为；既包括了人们在经济、政治、文化、教育等各种领域中的各种特定行为，也包括了人们在国家、城乡、社区以及家庭等各种不同生活空间范围中的行为（谭明方，2002）。

生计策略的概念经过 20 世纪 80 年代和 90 年代长期的理论构建过程也开始逐渐被运用到实践研究中，其中比较有代表性的研究主要是英国的学者在非洲进行的研究；鲁静芳（2008）曾对这些学者的研究进行过总结，主要有：Douglas R. Brown 等 2006 年利用肯尼亚中部和西部地区 240 户农户的家计数据采用集群分析方法（cluster analysis）根据农户不同的生计策略将农户分为兼职佃农（part-time subsistence）、兼业小农（mixed smallholders）、农业生产者（staples producers）、非农就业者（off-farm skilled employment）、商业活动从业者（diversified commercial）5 种类型，并且将每种类型农户的收入水平与贫困线进行比较，发现全部的兼职佃农都处于贫困线以下，所有的商业活动从业者都在贫困线以上，而其他 3 种类型农户的贫困发生率则依次降低。Winford Masanjala(2006)在“非洲艾滋病与贫困关系:生计方法”中,用农户对非农产业的依赖程度和农业商品化依赖程度来对将农户的生计策略分为9种类型:收入100%来自农业;农业产业为主,非农产业为辅;农业与非农产业均衡发展;一般小农、非农收入很少;小型农业和非农产业融合;非农产业为主,农业为辅;很少甚至没有土地;非农产业收入稳定、可维持基本生活以及收入100%来自非农产业。Roberto La Rovere(2006)在叙利亚的一项研究中根据生计策略将农户分为农场经营者(agriculturists)、劳工(laborers)和牧场主(pastoralist),该研究论述了农户生计策略的多样性特点,提出不同的农户有着不同的资产、能力和机会。Alastair Orr和Blessings Mwale(2001)用马拉维南部50个农户的案例来研究农户的生计策略的改变,他们使用农事系统分析方法发现小农(smallholder)的生计比预想的要有弹性得多,小农主动采用多种策略来解决问题、保持生计收入,该研究还对当地农户的3种主要收入策略:酿酒、做小生意和种植豌豆进行了更加深入的分析。Christopher B. Barrett等2001年在非洲农村地区用生计策略的框架研究了非洲农业生产者、兼业者以及非农就业者的生计行动;Ellis(2000)出版了《发展中国家的农村生计与多样性》(Rural Livelihoods and Diversity in Developing Countries)一书,系统地论述了生计多样性的决定因素、贫困与收入分配、农业生产、环境与可持续性、性别发展以及宏观发展政策对生计策略的影响等。

在国内,目前越来越多的研究开始使用生计的概念,比较有代表性的是云南省生物多样性和传统知识研究会的社区生计部(CBIK)和中国农业大学人文与发展学院(COHD)的研究。CBIK的许建初(2003)、安迪(2003)、郑丽霞(2004)等对云南省不同民族的生计方式进行了描述性的介绍和分析;COHD近年来则有数十篇论文是使用生计分析的框架来对农户的资源配置、生产经营、风险应对等多方面的行为进行了研究(李琳一,2004;李斌,2005;张树川,2006;刘竹青,2008;鲁静芳,2008;等),其他的研究则主要有徐鹏(2008)基于绵阳市游仙镇长明村可持续生计资产整合与应用的案例研究,陈洁(2008)在宁县盐池对禁牧政策对农户生计策略的影响研究,张丙乾、李小云等(2007)对黑龙江赫哲族的多元生计途径变迁的研究,黄颖、吴惠芳(2008)对皖南山区农户生计策略创新的研究以及李小云、汪力斌等(2008)对三江平原地区农户生计途径替代等的研究,孔祥智(2008)用该框架分析了山西3个景区的乡村旅游业对农户生计资产的影响。

虽然这些研究基本上都采用了DFID的可持续生计分析框架,并且的确从不同的方面对农户生计策略进行了分析,也有一些有意义的研究发现,但是从总体上来看,国外的农户生计策略研究仍然以农户的收入行为或者经济行为为主,国内的生计研究多数只是用资产的概念描述农户的特征,并没有对农户的生计策略进行深入系统的分析。本研究将从Ellis的生计策略含义出发,从农户生计资产的获得和资产的利用两个方面来对农户的生计策略进行系统分析,回答为什么不同类型农户会呈现出不同的生计资产结构和组合,从而导致贫困或非贫困两种不同的生计目标的实现。

可持续生计分析中的生计策略研究不仅仅关注收入行为,更重要的是关注不同行动中农户的资产配置(Ellis,1998; Scoones,1998; Bebbington,1999),将农户的所有行动和行为都纳入到分析的框架中,从而更能解释农户行为和目标的多样性,也更符合目前多元贫困所提出的理论思想。综合众多研究对生计策略的解释和分析,本研究将生计策略定义为农户在一定资产禀赋和资产结构下,为了实现其特定的生计目标,从而进行的获得资产以及在一定的社会条件下利用资产的所有行动。

3.3 研究对象和单位

很多社会学家和人类学家利用了田野观察这一特定的研究范式对微观

层面的贫困社区和群体进行了大量、细致和深入的观察和分析,从而剖析贫困群体的行为特征和生计方式,其最主要代表人物为詹姆斯·斯科特,他的《弱者的武器:农民的日常反抗》和《小农的道义经济:东南亚的叛乱和生计维持》,通过对东南亚地区贫困农户的反抗行为来分析在处于弱势状态下的贫困群体是如何维持生计的发展。一些中国学者也用类似的范式解读了中国农村贫困人口的特点,如沈红则采取了这种深描的方式,剖析处于边缘地带的中国小农作为生产角色、消费角色、积累角色和社区角色的不同行为特征。这种基于微观社区的深入观察的贫困研究范式为贫困研究提供了新的分析框架,并且也促使了贫困研究内容和基本伦理的改变,在发展经济学和福利经济学以及传统的社会学分析框架中,贫困群体往往被视为是"社会弱势群体",重点关注的是他们的"缺乏"和"不足",从而更加强调从外部因素的改善,如经济总量的增长、分配体制的改善以及发展型社会政策的实施等方面去寻找缓解贫困的出路;社会学和人类学对于贫困群体行动的微观考察虽然仍然以"缺乏"和"不足"的人群为观察对象,但是更多地看到的是这些行动者是如何利用自身有限的资源来组织有效的社会行动,通过自身的努力去改变所处的社会状态,这种研究路径对本人研究贫困问题提供了方法论上指导,因此本研究将选择一个社区,通过对社区的微观观察,利用前述的分析框架,来对贫困群体的生计特征也作一次深描式的剖析。

贫困研究中的研究单位主要有个人、家庭、族群和社区,不同层次研究单位能提供的信息和可供研究的内容是不同的。Herbert 和 Shepherd 曾经对贫困研究的这 4 种单位的研究优势和劣势进行了比较(表 3-1),虽然不是很充分,但也能看出选择不同的研究单位对于贫困研究方法和内容的确定是非常重要的。

虽然从理论上来说,以家庭为单元的研究会犯"忽视家庭内部成员的差异"这个错误,尤其是在有着极强的"重男轻女""重幼轻老"的传统思想的家庭中,妇女和老人的生活状况特征和家庭数据所反映的特征相差甚远,但是从所看到的关于贫困问题的微观研究文献中，以个体为直接研究单元的并不多见，更多的是以家庭、组群和社区为研究单元。

表 3-1 不同研究单元的优势和劣势比较

研究单元	优势	劣势
个体	• 研究对象容易被识别 • 可以进行社会关系分析和家庭内部关系分析 • 有更多的个人性的问题出现 • 可以对不同性别、年龄和社会地位的人进行分析 • 可以更好地理解政治资产的作用	• 大部分的干预都是超越个人层次的 • 很难进行归因分析 • 很难总结
家庭	• 容易识别和定义 • 可以理解家庭生命周期和福利状态之间的联系 • 可以更好地理解政治资产的作用	• 成员关系有时很难评估 • 住户条件不错，个体条件就不错的假设往往站不住脚
组群	• 更好地理解集体行动和社会资产 • 更好地理解政治资产 • 更好地理解潜在影响的持续性 • 更好地理解潜在的社区水平的转型	• 成员关系难以评估 • 小组内部的动态性有时很难理解 • 使用量化数据很难
社区/村庄	• 可以理解不同社会之间的差异 • 可以理解社区水平的贫困和变化 • 可以理解集体行动和社会资产 • 可以理解政治资产 • 可以理解社区内部不同组织之间的关系 • 可以理解社区水平的转型 • 可以作为个体研究和住户研究的样本框	• 有时难以确定准确的边界 • 社区内部的动态变化难以理解 • 很难比较

资料来源：Herbert 和 Shepherd，2001，转引自长期贫困研究中心(CPRC)的网站。

本研究根据研究目标和研究内容，将研究单位定在了家庭，也就是常说的农户，这至少有两种好处，其一是农户便于识别和观察，方便计算其资产结构；其二便于分析家庭的生计策略，因为生计策略通常是一个家庭集体行动的结果。

本研究的研究对象是甘肃省定西市城关区水村的所有农户,研究这些农户的家庭资产结构,分析其资产结构特点,讨论其不同类型资产的获得和利用状况等生计策略。

3.4 研究社区的选择

中国的贫困地带从总体上朝着向西迈进,正如沈红(1992)指出中国贫困问题最突出的特征就是它的区位特征——贫困的边缘性,80%的贫困人口分布在远离中国经济增长中心的西部贫困乡村,而且由于远离西部的一些主要中心城市,缺乏“中心城市→城镇→乡村”完整的城乡联系条件,处于社会经济发展的“边缘的边缘”。因此,本研究也将研究地点放在了西部地区,最终确定甘肃省定西市城关区的水村作为研究地点。

甘肃省是一个贫困人口规模比较大,贫困程度深的西部省份,2006 年年底全省尚有贫困人口 139.41 万,低收入人口 316.57 万,其中 43 个国家扶贫开发工作重点县贫困人口 110.82 万,低收入人口 257.28 万。如果按照 2011 年国家新颁布的 2 300 元的贫困标准,到 2011 年底,甘肃省贫困人口数量达到了 1 200 万,占人口总量的 46.92%,可见甘肃的贫困问题还是比较严重的。

3.4.1 定西地区基本情况[①]

定西市位于甘肃省中部,地处黄土高原西部边缘地带和西秦岭末端,属黄土高原丘陵沟壑区,总土地面积 20 330 千米^2,占全省面积的 4.5%,其中

① 此部分内容根据定西市扶贫办提供的材料进行整理。

耕地面积787万亩(1亩=1/15公顷),山坡地约占87%。市内气候属北温带半温润-中温带半干旱区,年均气温5.5~7.5℃,无霜期100~170天,海拔1 420~3 941米;年均降雨量400~600毫米,主要集中在夏、秋两季,县城多以暴雨的形式出现,而蒸发量高达1 400毫米以上。定西内沟壑纵横,水土流失严重,干旱少雨,水资源短缺,植被稀疏,生态环境恶化,土地贫瘠,农业基础脆弱。

定西市现有人口294万,总面积2万余千米^2,耕地面积780万亩。市内以渭河为界,大致分为北部黄土丘陵沟壑区和南部高寒阴湿区两种自然类型,前者为中温带半干旱区,降水较少,但日照充足,温差较大,包括安定、通渭、陇西、临洮和渭源的北部,占全市总面积的60%;后者为北温带半湿润区,海拔高,气温低,但天然草场较大,草质优良,包括漳县、岷县和渭源的南部,占全区总面积的40%。

全市的1区6县都属于国家扶贫工作重点县,到2005年底,全市绝对贫困人口由2000年底的15.27万(不含社救户)下降到8.52万,贫困面积下降到3.19%;低收入人口由2000年底的74.93万下降到54.82万,占农业人口的20.56%。定西市贫困的主要原因除了山地农业的生产力低和生产结构单一、山区基础设施条件差、劳动力文化素质低等长期性因素外,频繁发生的自然灾害造成的返贫情况严重是该地区贫困的重要特征,2006年,全市7县(区)都遭受了不同程度的干旱、雹洪和冻害等自然灾害的侵袭,涉及75个扶贫开发重点乡(镇)和712个扶贫开发重点村,受灾贫困人口38.75万人,因灾返贫人口21.78万人,返贫率高达20.55%(定西市扶贫办,2006)。

3.4.2 城关区的基本情况[①]

城关区位于定西市的北部干旱区,全区总人口48万人,其中农业人口

① 此部分内容根据城关区扶贫办提供的材料进行整理。

39 万人。全境地处黄土高原丘陵沟壑区,总面积 3 638 千米^2,年均降水量380 毫米,蒸发量 1 526 毫米,属于典型的干旱地区。

全区共辖 12 镇 7 乡和 2 个街道办事处,行政村 306 个,其中重点贫困乡镇 14 个,重点贫困村 134 个;总农户 88 901 户,2006 年年底,绝对贫困户2 145 户,8 600 人,贫困发生率为 2.3%(不含社救户),低收入户 13 675 户,54 700 人,占农业人口的 14.7%。2006 年年底,农民人均纯收入 1 763 元,农民人均产粮 496 千克。

城关区的贫困历史很长,是中国政府一直重点扶持地区。早在 1973 年,中央确定的甘肃中部 18 个干旱县为重点救济扶持对象,城关区就位列其中,当是城关区农民的生活写照是"吃着救济粮、穿着黄军装、生活靠救济、生产靠贷款",中央也拿出部分资金开始在安定大面积修建梯田。1983 年,中国政府开始了每年拨 2 亿元的专款进行"三西建设",城关区也是重点扶持县之一,从此拉开了城关区开发式扶贫行动的序幕,20 多年来,国家在城关区共投入各类扶贫资金 6 亿元,城关区的贫困状况有所缓解。表 3-2 为城关区贫困变化情况。

表 3-2　城关区贫困变化情况

项　目	1982 年年底	1999 年年底	2000 年年底	2006 年年底
贫困户/户	4.3 万	1 200	5 024	2 145
贫困人口/人	236 700	5 600	22 000	8 600
贫困发生率/%	70	1.4	5.7	2.3
人均产粮/千克	134	387	320	469
人均纯收入/元	105	956	1 258	1 763

资料来源:城关区扶贫办。

城关区虽然在缓贫方面取得了很大的成就,但是受到自然条件的严重制约,加上这几年旱灾频繁发生,农业生产环境十分脆弱,脱贫人口的生计脆弱性高,返贫情况十分严重。该县在 2002 年进行了一次对全县返贫人口的摸底，从摸底情况来看，2002 年当年全县共有 7 446 户农户返贫，涉及人口 32 731 人，返贫的主要原因为旱灾、疾病、耕地不足、子女上学负担等(表 3-3)。

表 3-3 城关区凤镇 2002 年返贫人口摸底情况

返贫原因	旱灾	疾病	耕地不足	上学	劳动力不足	残疾	子女多负担重	家庭变故	其他方面
户数	457	166	128	69	38	21	9	6	10
所占比例/%	50.55	18.36	14.16	7.63	4.20	2.32	1.00	0.66	1.11

资料来源：城关区扶贫办。

如前文所述，本研究关注的是贫困人口的资产结构和在不同情境下的生计策略及效果，在这样一个返贫情况发生频繁，返贫原因复杂的地区进行研究是非常适合的。因此，当我第一次到达城关区，和城关区扶贫办的工作人员访谈的时候，就决定将城关区作为我研究的地点，我把这个想法和城关区扶贫办的工作人员交流了一下，他们对我的研究表示欢迎。

3.4.3 水村的基本情况

城关区一共有 306 个行政村，2001 年确定重点村时一共确定了 134 个，但是这些 2001 年确定的贫困村名单对于现在已经不太适应了，因为这些年在整村推进、退耕还林等工程的支持下，当时确定的山区村现在发展得比较好，反而距离县城不太远的村庄由于没有获得更多的扶贫支持，基础设施建设没有跟上，同时农户也没有充足的山场资源来退耕，相反，还变得更加贫困了，因此本研究就将研究地点确定在了虽然没有被认定为贫困村、但事实上非常贫困的水村，这也就是常见的“灯下黑”现象。水村共有 5 个自然村，当地称之为社，延续着人民公社大集体时期的称呼，5 个社沿着黄土高原的两条沟壑分布，社与社之间距离较远，并且没有通能够安全行车的路，村社之间仍然靠历史形成的土路连接交通，5 个社中只有一个社因为 2007 年春节迎接中央领导考察通了石子路；5 个社都通了电、电话和电视信号，尤其是电话的连通为该村的村级治理和对外联络提供了很多的方便,用村书记的话说,“过去每天至少要在各个社之间转一趟,几天就跑坏一双鞋,现在就不用了,很多事情打个电话就通知到了”。村里没有卫生室,也没有卫生员,看病一般都要到县城里去。村里没有小学,只有一个一二年级的教学点、1 名老师和 6 个学生,不过小学距离村庄不是太远,大约 2 千米。交通条件的恶劣是该村发展面临的最严重的问题。全村在户登记人口 130 户,但常年在家的只有 120 户左右,一共 610 人。耕地总面积 3 860 亩,都是旱地,其中梯田 1 300 亩,坡耕地 2 560 亩,主要种植小麦和土豆,村里上报的人均纯收入为 1 680 元,由于气候干旱,村里每年至少要遭遇一次旱灾,有时候也会遭到雹灾。

通过初步的考察,水村具有以下几个方面的特点:①贫困。在对所调查的农户进行参与式贫富分类以后,发现在调查的 116 户样本中,特困户 8 户,占到 6.9%;贫困户 36 户,占到 31.03%。②农户开始分化。商品经济发展促进了当地二元经济结构的客观存在,但贫困农户由于缺乏劳动力或者足够配套的资金,绝大部分生产性资源仍然投入在农业领域,并且由于其经济行为的主导动机是避免风险,对于能够带来较高收益的经济作物种植的选择往往会滞后于富裕农户,因此仍然是在一元结构中生存;富裕农户则具有一定的资金和应对风险的能力,容易转移到非农产业或者是更早的进行较高回报的农业种植,从而使其能够更早地受益于二元结构。在这样的情况下,1981 年水村开始实行家庭联产承包责任制的时候,全村农户的经济水平并没有显著的差异,但是经过近 30 年的变迁,水村的农户分化情况日益严重,农户贫富差距正在不断扩大。

3.5 研究方法

本研究将采取实证主义方法论,通过对所选择社区农户的生计策略的观察和讨论，分析在贫困地区不同类型农户的生计策略和生计结果的差异。在研究方式上，采用实地研究方式。在具体的研究方法技术上，资料收集采用了结构式的问卷、访谈，以及参与式农村评估工具等；资料的分析方面，定量的数据采用 SPSS 软件建立数据库，并进行统计分析，定性的案例资料主要采用个案研究的方法分析。

本研究主要采用了文献查阅、问卷调查、参与式贫富分类、半结构访谈、个案访谈和小组访谈和观察法等发展研究常用的资料收集工具来收集资料。

1. 文献查阅

文献查阅贯穿整个研究过程。在研究开始之前，文献检索主要关注的是贫困研究的基本内容和目前研究的现状。在确定本研究基本的思路以后，文献检索主要关注的是贫困分析的具体框架，主要包括社会排斥分析框架、脆弱性分析框架和可持续生计分析框架，最后确定使用可持续分析框架来进行论文的总体指导分析框架。在研究论文撰写过程中，文献检索主要是针对研究的内容和可能会得出的研究判断，从而为论文提供理论上的支持。

2. 问卷调查

问卷调查是本研究收集资料的主要工具之一。使用问卷调查的关键是抽样方法的科学性和准确性，虽然在社会学研究中也有一些严格的抽样技术等保证调查样本的代表性，但是考虑到水村一共只有 120 户常住农户，并且本研究将会对不同类型农户进行比较，这也就意味着抽样时要考虑到样本对每一种类型的农户都要有代表性，这对抽样的技术要求会更加复杂和繁琐，因此本研究采用的是全样本调查，最终能够调查了 116 户农户，有 4 户农户因为农户两次问卷调查都没有在家，最后考虑到时间的问题，只好放弃。问卷调查内容主要包括家庭生计资产和生计策略等信息。问卷调查数据使用 SPSS 统计软件进行分析和处理。

3.参与式贫富分类

参与式贫富分类是本研究一个非常重要的调查工具。使用参与式贫富分类的主要目的是让农民参与到社区农户贫富识别的过程中,从而能够准确地对社区的农户进行归类,为分析作基础。

根据 Joseph Florent Feulefack, Manfred Zeller, Stefan Schwarze (2006)、李小云(2001)、张时飞(2003)等介绍的参与式贫富分类的操作步骤,本研究结合水村的村庄情况设计操作步骤,具体步骤为:

第一步,将水村的各个社的组长找来,分别了解各个社的基本情况,获得一些基本信息,如村社的经济发展程度、土地情况、基础设施情况、农业生产情况等。

第二步,让各个社的组长书写下村社中所有住户的姓名,在书写姓名的时候不一定要求写户主的姓名,而是写下村中农户所认可的能够代表农户的姓名。然后将社长写下的农户姓名分别制成独立的卡片,并且编上序号。

第三步,分别前往各个社区,邀请社区中 3～5 人来参与讨论。向参与讨论的代表解释清楚将要讨论的内容和方法。确定将社区中的农户能够分成几类,为了保证各个社之间的可比性,建议将村中的农户分为 4 类:特困户、贫困户、中等户和富裕户。

第四步,考虑到每个社的农户数量并不是很多,最多的 37 户,最少的 19 户,就直接拿出写有农户代表姓名的卡片,逐一让参与讨论的人评论该农户家应该属于哪一种农户类型,并说明原因以及家庭最典型的特征。

第五步,将所有农户卡片都贴到墙上,让每一个参与讨论的人重新再回顾一遍,看看是否有需要调整的,最后达成一致意见后,将讨论结果整理到事先准备好的矩阵表中。

第六步,为了使不同村社讨论的结果具有可比较性,我们又邀请对整个行政村情况都十分了解的农户代表来对村社讨论的结果进行讨论，看看在村社层次中划分在不同类型的农户之间的是否具有非常明显的差异，进行最后的调整。不过在实际操作过程中，只有5户农户的所属类别在村级和社级产生了偏差，我们又根据其家庭的具体情况进行了相应的调整。

虽然参与式贫富分类工具在识别穷人方面有着非常多的优势，但是也存在着不足，如参与讨论者的偏见以及参与者高昂的时间成本等因素会影响到其结果的可靠性（C. Palanivel Murugan 和 P. Adhiguru，2003），Mayoux（2003）也曾经提到如果在一个充满着矛盾和冲突或者社区成员之间并不十分熟悉的社区中是不能用参与式贫富分类工具的。针对这些研究者提出的不足，本研究为了保证参与式贫富分类工具结果的可靠性采用了一些技术性的手段。

第一，缩小参与者讨论的范围，在村社（自然村）层次进行讨论。水村的在册农户数量为128户，常住农户数量仅为120户，虽然 C. Palanivel Murugan 和 P Adhiguru（2003）指出如果社区的规模在100户左右，参与式贫富分类的准确性是可以保证的。但是考虑到水村的5个社之间的距离比较远，交通也不是很方便，并且社与社之间通婚的情况很少，农户之间的融合并不普遍，因此，为了能够更准确地获得每家每户的基本情况，笔者分别在5个社召开了小组座谈会，分别对每一个社的农户进行贫富分析。在每一个村社里，农户的居住距离都比较近，并且村社的农户几乎都属于同一个家族，亲缘关系十分密切，农户之间的了解程度非常高。

第二，在邀请访谈对象时，制定了一些基本的原则，来参与讨论的对象具有以下几个方面的特征：①年龄通常在50岁以上，因为其一是我们这个讨论是从当地家庭联产承包制刚刚开始实施的时候到现在不同时期农户家庭的贫富状况。水村是1981年开始家庭联产承包责任制的，因此请50岁以上的人参与讨论，才能获得更早的信息。其二是因为社区中的青壮年劳动力大部分都外出打工，对社区中各家各户的情况并不是十分清楚。②参与讨论的人员中必须有曾经担任过社区中的干部,包括社长、妇女组长以及会计等,这些参与者会对农户家的具体情况有更多的了解。③参与讨论的人员中至少有一人是女性,不仅仅是考虑到不同性别的视角对农户不同经济发展程度在认识上的差异,同时也是考虑到当地的一些实际情况,在当地,由于缺水以及缺乏对基本知识的了解,女性患妇科疾病的情况比较普遍,妇女参与讨论可以更多地获得这方面的信息。

第三,充分考虑到当地的农事生产和生活习惯,来安排讨论的时间。水村的农户习惯于在上午 10 点之前和下午 3 点之后进行放羊、挖土豆[①]等农事活动,因此将讨论的时间定在了上午 10 点和下午 3 点之间;当地人在饮食上十分简单,中午往往会吃一些早上做好的馍馍和烧饼等,在下社之前我们都事先准备好了足够中午所有参与讨论的人吃的"肉夹馍",并且准备上足够多的矿泉水,到了午饭时间,我们就和当地人一起吃一顿简单的午餐,这样一来减少他们对午饭的担心,二来通过共进午餐的形式来拉近我们之间的距离。

第四,向参与者表明我们此行的目的,不断强化我们只是大学里来的研究者的身份,在此社区进行的所有的调研活动仅仅是为了完成笔者的研究论文,不会涉及任何当地政府扶贫部门的项目确定,从而打消掉"农户争先恐后要当贫困户"的顾虑,从而保证讨论结果的真实性。

4.半结构访谈

半结构访谈的对象主要包括城关区的扶贫办的官员、凤镇镇政府的工作人员、村干部和小组长,不同人员访谈的内容有所不同。对于扶贫办的官员的访谈主要了解城关区总体贫困状况和当地在反贫困采取的相应对策和行动;对于凤镇镇政府工作人员的访谈主要是了解凤镇的总体贫困情况、各项政府应对贫困政策的实施情况;对于村干部和小组长的访谈主要了解社

① 土豆是水村近年来的主要种植品种,在当地通常被称为"洋芋"。

区发展的基本情况、面临的主要问题等。

5.个案访谈

个案访谈主要是对社区中不同类型的有代表性的农户，对其生计特点、生计策略和行动等进行具体深入的了解，主要用于用典型的案例材料来论述不同的农户在特定的情景下所采取的行动上的差异。

6.小组访谈

小组访谈主要是邀请不同类型和不同社区的农户来集中讨论不同类型的农户为什么会在生计策略上有那么显著的差异，其主要目的是获得更多的感性认识和体会。

7.观察法

主要是通过在实地调研过程中，通过对不同社区的地理位置、交通条件、土地资源条件、自然环境、村庄公共基础设施等以及农户的住房、资产、生产劳动等情况进行细致的观察等，增强对调研社区的感性认识以及获得深入调研的灵感。

第4章

水村的贫困特征

——时间、空间和家庭的分布

对于已经经历了普遍贫困向分散贫困转变的中国农村社区，即便是在贫困村，贫富分化已经十分明显，因此，对于贫困农户的识别是进行资产和生计分析的前提。本研究将采取参与式贫富分类的方法来对水村的贫困农户进行识别，这种识别的方法在微观上的可行和可靠性已经在第3章中进行了介绍，这里就不再赘述。在对贫困农户识别的数据资料基础上，本章将从3个方面对水村的贫困农户的分布进行详细的论述。首先是贫困农户的地理分布，即水村的贫困农户主要分布在哪些村社，这些村社具有什么样的典型特征；其次是水村贫困农户的家庭结构分布，即水村农户主要存在于什么样的家庭结构中；再次，水村农户的流动，即水村贫困农户跨越贫困陷阱的流动特征。本章希望通过这样一个对水村农户贫困状况与分布的全景式描述和分析，对水村的发展有一个初步的认识，从而为后面章节的分析奠定了基础。

本章分析的数据和资料基础是利用参与式贫富分类的工具对水村不同时期农户的贫困农户数量、特征以及直接原因的分析。之所以要在参与式贫富分类工具中加入历史的维度，主要是有两个方面的考虑：①中国农村的发展和减贫的轨迹呈现出明显的阶段性特征，世界银行和黄季焜等的研究一再强调了中国经济增长对农村缓贫的影响，他们的研究分析是基于中国宏观数据的回归，本研究希望从微观社区来对这种判断进行一次考察；②在对贫困的外延的讨论中，长期贫困和相对贫困是一个重要的分析视角，本研究希望能够通过历史的回顾来看看中国农村贫困中的长期和相对性特征。

在阶段的划分上，本研究从中国农村宏观发展的阶段性特征入手，再和社区中的主要知情者进行讨论和修订，最终将水村的发展划分为4个阶段。第一阶段，家庭联产承包责任制实施之前，1958—1978年近20年的农村集体经济经营模式和统一的分配体制等使得在家庭联产承包责任制之前，中国农村社区农户经济和社会状态呈现出非常强的同质性，1978年中国农村的基尼系数仅为0.212 4，农村社区贫困现象十分普遍，占全国总人口80%以上的乡村人口普遍处于贫困状态，其中1/3以上处于极端贫困状态（郑功成，2002），绝对贫困数量为2.5亿人；并且贫困特征表现为绝对贫困，温饱问题得不到满足，有近63.05%的农村人口存在粮食不足或严重不足（汪三贵，2006）。具体到水村则是1981年之前农业社时期。第二阶段，农业生产的快速发展时期，家庭联产承包责任制的制度释放带来了农村农业生产的快速发展；具体到水村，则是1982—1989年，家庭联产承包责任制实行以后，水村大部分农户开始分产到户，积极发展农业生产，并且不断进行开荒种植，主要经济来源为农业生产阶段，这一时期大部分农户刚刚能够解决温饱问题。第三阶段，外出务工就业蓬勃发展，1990—2002年，大部分农户开始外出打工，外出务工成为农户收入的主要来源，农户开始出现经济剩余。第四阶段，农业生产结构调整时期，2003—2007年，水村开始进行农业产业结构调整，在当地政府的推动下，土豆开始大面积推广，农业生产的功能从满足粮食安全到提供现金收入。

4.1 不同时期水村的贫困状况

贫困外延的相对性,表明贫困在不同的历史时期会呈现出不同的特点,并且与社会总体发展水平密切相关。中国发轫于1978年农村家庭联产承包责任制的经济改革所带来的过去30年社会、经济发展水平的不断提高对中国贫困的特征的变化产生了积极的影响,曾经占主导的温饱不能解决的极度贫困在中国已经基本消除,取而代之的是消费水平的不足(世界银行,2009)。这种宏观整体上的变化在微观社区层面有怎样的表现?虽然由于研究条件的限制,本研究无法获得30年前至今不同阶段的农户家计数据资料,但通过历史回顾式的小组访谈还是能够对这一问题进行一些讨论。

4.1.1 农业社时期水村的贫困状况

对于改革开放之前(农业社)时期的中国农村贫困特点,周彬彬和高鸿宾(1993)曾经用营养状况和粮食供给状况的数据进行了分析,研究发现在1954—1978年间,农民日均热量摄入除了1956年达到2 100卡[①]外,其他年份都在2 000卡上下徘徊,这意味着当时农民平均营养水平都未达到足以保证人体营养需要的标准,据当时有限的统计资料估算,粮食不足或严重不足的人口规模约为3.9亿,占同期农村总人口50.15%,其中1亿人口严重不足,占同期农村人口12.9%[②],不能解决温饱是当时中国农村贫困的主要特

① 2 100卡热量摄入量是我国对绝对贫困人口的基本食物需求的标准。

② 周彬彬,高鸿宾:"对贫困的研究和反贫困实践的总结",《经济开发论坛》,1993年第1期,转引自扶贫信息网。

征。通过历史回顾式的访谈,可以获知那个时期的水村面临着同样的境遇。“分产到户之前,我们这里那是太穷了,基本上都吃不饱,大家都住在窑洞里,吃的都是粗粮,白面几乎没有见过,只有个别的农户因为是当兵的复员,或者是在城里有工作,日子能够过好一些。”“要是按现在来说,那时候大家都是贫困户,好一点的农户也就是吃饭能吃得饱一点。”当时,水村只有81户农户,参与式贫富分类结果显示贫困农户为47户,占到58.02%;处于中等水平的农户为26户,占到32.10%;比较富裕的农户为8户,占到9.88%(表4-1)。不同类型农户之间最显著的差异是是否能够吃饱饭。从访谈中可以发现当时水村贫困的基本特点为:①贫困问题十分普遍,村庄一半以上的农户都处于贫困状态之中。②当时的贫困以绝对贫困为主,绝大部分农户的温饱问题不能得到解决;因此是否能够吃饱成为衡量是否贫困的关键指标。③农户之间的贫富差距不明显。

表4-1 农业社时期水村农户贫困情况

项目	贫困户	中等户	富裕户
户数	47	26	8
比例/%	58.02	32.10	9.88
典型特征	孩子多,挣工分少,吃不饱,大部分都住在窑洞里	勉强能够吃饱,家里劳动力数量较多,孩子负担相对较轻,主要都住在窑洞里	劳动力多,挣工分多,能够吃饱,少数有住房

资料来源:小组访谈。

个案访谈更显示了当时水村贫困的“温饱不能解决”的特征。

案例4-1 改革之前的水村贫困

冉FL,今年65岁,在村中担任妇女主任已经30年了,现在还兼任三社的社长,1963年和本社的寇Q结婚。“农业社的时候生活很苦,吃得很差,没有粮食,只有土豆和苦野菜,生了孩子都没有奶水。我们家人多,一共8

个人,我们夫妻两人、父母和4个孩子。当时主要靠挣工分,我们家只有2个劳动力挣工分,但有8张嘴要吃饭,一年辛辛苦苦只能分得150千克粗粮,根本就不够吃,怎么办,冬天挖草根,夏天挖野菜……”

王HJ,今年68岁,从1962年开始在村里担任村干部,一直干了29年。“我们这里是1948年解放的,1949年就进行了土改,不过1958年就开始搞农业社了,那个时候我们这里全部是坡地,没有一亩梯田,现在的梯田主要都是农业学大寨的时候开垦出来的,加上后来又搞机修梯田才有的。本来粮食产量就低,还主要交给国家了,老百姓自己的日子不好过,特别是六七十年代大旱,我们村饿死了很多人,当时最惨的就是四社,因为靠近马路,上面盯的粮食任务紧,村里人自己留的口粮就更少,四社本来有人口80多人,后来陆陆续续饿死了近40人……”

由于当时实行的是工分制的分配方式,集体经济的总体发展不足是水村贫困的主要根源,造成村社内不同农户之间差异的主要原因是家庭的结构上的差异,根据当地农户的回忆,当时吃不饱的农户主要有两种类型:①家庭结构为核心家庭,孩子数量比较多,劳动力的负担系数重,这样的农户占绝大多数,大约为40户;②家庭结构为单亲家庭或者孤儿家庭,在以工分制为主要分配模式的集体经济时期,家庭结构如果为单亲家庭或者孤儿家庭,则意味着缺乏足够的劳动力挣得工分,从而造成家庭经济的贫困,这样的贫困农户在当时大约有5户。当时中等户和贫困户之间的区别并不明显。当时,水村情况稍好的富裕户的数量很少,只有8户农户,仅占到当时该村总户数的9.88%。这8户农户中,有两户农户是因为当时家庭人口主要都是劳动力,都能够挣工分,没有负担;有5户农户是因为家庭有非农收入,有一技之长或者其他非农就业的机会;有1户农户是因为其父亲当时是村里的大队干部,具体情况如表4-2所示。

表 4-2 农业社时期水村富裕农户的家庭特征

农户姓名	家庭特征	农户姓名	家庭特征
张 YR	当时爷爷是看风水的，经济收入比较好	安 H	家里的劳动力数量特别多
杜 ZP	本人当年是木匠，一直在十八里铺给别人做木匠活，现在自己开了一个木匠店	安 GY	刚解放时是志愿兵，复员回来后在兰州铝厂工作，三年自然灾害的时候回村，后来在青海地质队工作过
王 J	当年其父亲是大队干部	王 ZC	家里的劳动力数量特别多
李 XY	本人也是木匠	段 K	当年做一些贩卖的小生意

资料来源：小组访谈。

4.1.2 农业生产快速发展期水村的贫困状况

对中国缓贫阶段进行研究的学者（李周，2001；李小云、唐丽霞，2007）都倾向于将 1978—1986 年国务院扶贫办成立之前称为制度性变革引发的大规模缓贫阶段，家庭联产承包责任制和农产品收购价格的调整促进农业的快速发展，农民粮食产量和人均纯收入增长迅速。1979 年中国开始恢复进行农村住户调查，因此对于这一阶段的农村贫困人口和贫困程度有了比较规范的统计和分析，但是由于经济发展水平仍然有限，当时统计农村贫困人口采用的是绝对贫困标准，这一标准在 1978 年采用的是人均纯收入 100 元/年，1985 年采用的是 206 元/年，根据这样的绝对贫困标准，1979—1985 年，中国农村贫困人口从 2.5 亿减少到 1.25 亿，贫困发生率从 33.1%下降到 14.8%（周彬彬、高鸿宾，1993）。水村是在 1981 年开始实施家庭土地联产承包责任制。家庭联产承包责任制的实施，促进了水村农业生产的发展，根据该村原村主任 HDR 保存的工作笔记和会议记录等原始资料，1983—1987 年，该村耕地面积并没有发生变化，但是粮食总产量从 16 万千克增加到 21.4 万千克，平均亩产从 40 千克增加到 55 千克，增加了 33%左右；人均粮食产量从 298 千克增加到了 365 千克，增加了 22.48%。

表 4-3 为 1988 年定西县完善土地承包有偿联产承包责任制工作统计表。

表 4-3　1988 年定西县完善土地承包有偿联产承包责任制工作统计表

项　目	统　计
城关乡水村	5 社 98 户 524 人
各类会议	10 场;宣传政策直接听到 300 人,上门宣传 100 人
现有承包地面积	梯坝地 1 532 亩,平均亩产 45 千克
	山坡地 2 164 亩,平均亩产 32 千克
大包干前 3 年(1978—1980 年)基本情况	平均人口 536 人
	耕地及产量:3 946 亩,16 万千克,平均亩产 41 千克,人均产粮 298 千克
	收益分配:国家税收 3 300 元,集体提留 1 610 元(人均 3 元,亩均 0.40 元)
大包干后 3 年(1983—1987 年)基本情况	平均人口 586 人
	耕地及产量:3 946 亩,21.4 万千克,平均亩产 55 千克,人均产粮 365 千克
	收益分配:国家税收 4 428.00 元,集体提留 1 610 元

资料来源:老村主任何 DR 的工作笔记(节选)。

分家单立使得水村农户数量增加到了 98 户,其主要原因都是分家单立,通过对村中年长的老人访谈,在 1988 年之前,分家单过的农户主要有 10 家,这 10 家农户分家单立以后扩展成 27 家农户,分家的主要形式是已婚的兄弟和父母之间分开单过,在传统的“男娶女嫁”的婚姻观念下,水村在 20 世纪 80 年代没有出现过“上门女婿”现象。具体见表 4-4。

表 4-4　农业生产快速发展时期水村农户分家情况

分家之前	分家之后	分家时间	分家之前	分家之后	分家时间
安 YG 父亲	3 家	1985 年	王 XX	2 家	1986 年
杜 XR 父亲	4 家	1982 年	何 YY 父亲	2 家	1985 年
张 YR 父亲	4 家	1982 年	李 XG 父亲	3 家	1984 年
何 K 父亲	2 家	1983 年	陈 JF 父亲	4 家	1982 年和 1984 年
寇 D 父亲	2 家	1984 年	李 Z	2 家	1984 年

资料来源:关键人物访谈。

历史回顾性的访谈结果显示出水村的贫困状况和整个国家发展呈现出同样的趋势特征，温饱问题得到了一定程度的缓解，但是并未根本解决，粮食是否够吃仍然是贫困户和非贫困的主要差异，住房条件则成为是否富裕的重要标志。根据参与式贫富分类的结果，当时98户农户中，贫困农户有42户，占到42.86%，中等户为44户，占到44.90%，富裕农户12户，占到12.24%(表4-5)。

表4-5 农业生产快速发展期水村农户分类情况

项目	贫困户	中等户	富裕户
户数(N=98)	42	44	12
比例/%	42.86	44.90	12.24
典型特征	家里地少，粮食不够吃；房子比较简陋	生产粮食基本够吃，主要就靠农业生产	地多，有足够的粮食吃，房子比较好，家里有人外出务工或者有其他非农业收入

资料来源：小组访谈。

案例4-2 20世纪80年代水村的择偶标准

我是1987年嫁过来的，结婚是别人介绍的，当时介绍人跟我的父母说，男方家里条件不赖，粮食够吃，我怕介绍人是骗我的，因为当时我也上到初中毕业，在我们这个地方当时女子几乎都没有什么上学的，我家里条件也还好，所以不愁找不到对象。定对象之前我就跑到他们家来看，还专门看了这间放粮食的屋子，发现里面真的是堆满了粮食；再看男的还不错，还是高中生呢，我就答应这门婚事了。不光是我，我的两个弟妹也都是这样的，她们也就是冲着嫁到男方家来能吃饱饭就可以了。当然现在我们的日子都比较好过了。

——王LY，现任书记安YG的妻子

处于贫困状态的农户家庭结构的特征较农业社时期发生显著变化。农业时期集体经济的均等性抵消了家庭劳动力质量和土地面积的差异对家庭经济的影响,致贫原因主要是劳动力不足;家庭联产承包责任制释放了劳动力质量和土地面积的影响力,使得这一时期农户的致贫因素更加多样化,劳动力的质量、土地面积的差异也成为贫困重要因素。具体表现为:①家庭人口负担重,劳动力数量相对较少,这样的农户有 9 户,占到贫困户比重的 21.43%。出现这种情况最主要的原因是孩子多,其次是因为分家的时候,年迈的父母和其中一个儿子居住,虽然父母带着土地来,但是缺乏劳动力耕种,很难转化成家庭的经济或者粮食供给。②家庭中有长期患病或者残疾人口,这样的农户有 8 户,占到贫困户比重的 19.05%,具体为:陈 JZ、李 Z、李 G 和安 C 4 户农户家的户主媳妇长期有病;李 P、李 H、李 B、李 Q 等人的父母长期有病。③家庭结构残缺,主要为单亲家庭和孤寡家庭,这样的农户为 6 户,占到 14.29%,在这种家庭中,其中是孤儿家庭的有 1 户,有 3 户是母亲为户主的单亲家庭,有 2 户是父亲为户主的单亲家庭。④分家时分的土地少的农户。水村分家时的土地资源分配是以原大家庭中仍然生活在村中的儿子的数量来平均分配的。如果原大家庭中只有儿子,没有待嫁或者已经出嫁的女儿,儿子也没有能够外出定居的,大家庭拆分后每个小家庭分得土地的面积就会相对较少,因为这就意味着无论你的小家庭有几口人,都只能分得一个人的土地;在当时社会流动不发达,农村社会结构相对固化的时代,在前述在此期间分家的 10 户农户中,何 GY 家和寇 D 家虽然都有兄弟 4 人,但是其中两个兄弟因为招工和考上大学等因素到其他地方定居,因此他们分家的时候每个人都能得到 2 个人的土地;而安 YG 家因为有两个妹妹待嫁,不参与土地的分配,他们兄弟 3 人也基本上都能得到 2 个人的土地;其他农户则因为皆是兄弟,并且无人外出,分家后小家庭获得的土地就比较少,在这 21 户中,属于贫困的就占到了 16 户,占到贫困农户总量的 38.1%。⑤人比较懒,不愿意干活,这样的农户有 3 户,占到贫困户总量的 7.14%。

表4-6为农业生产快速发展期水村贫困农户的特征。

表4-6 农业生产快速发展期水村贫困农户的特征

项目	家庭人口负担重,孩子小,父母年龄大	家庭中有长期患病或者残疾人口	家庭结构残缺:单亲家庭+孤寡家庭	分家时分的土地少	人比较懒,不愿意干活
户数	9	8	6	16	3
百分比/%	21.43	19.05	14.29	38.10	7.14

资料来源:小组访谈。

致贫原因开始出现独特性和多样性的特征,致富原因也开始发生变化。在改革之前,由于家庭劳动力数量多,挣得工分多的而富裕的安H和王ZC两户由于分产到户后不太相信科学种田,仍然使用传统的方法种地,家庭经济条件逐渐变差;在兰州有公职的安GY结婚以后生了3个儿子,但是不知道为什么3个儿子都是智障,因此自己也无法在兰州工作,只好回到家中照看孩子,家庭经济状况也每况愈下。其余在改革之前就是富裕户的4户农户继续经营此前的营生,还继续保持着比较富裕的生活。1978—1986年,国家对劳动力转移政策从控制流动到允许流动。改革开放前中国实行的是城乡分割的户籍制度和就业制度,农村劳动力的流动受到严格的限制,这种限制到改革开放后开始松动,从1984年开始,政策准许农民自筹资金、自理口粮,进入城镇务工经商。在此期间,水村也有部分农民开始进城务工,1985年之前,共计有13位农民到城里去打工,其中打工的地点主要是在定西,从事的行业主要是建筑行业。外出务工对农户家庭经济的影响是十分显著的,其中有5户农户成为村中比较富裕的农户,占到富裕户总量的41.67%。此外,还有3户富裕农户则是因为家中分得土地比较多,劳动力也充足,农业收成相对较好。综上所述,在20年前家庭联产承包责任制以后,水村中部分农户相对富裕的原因主要为:①家庭中有从事非农经营者,如外出务工、做生意或者有手艺等,这样的农户有9户,占到75%;②土地面积大,劳动力充足,农业收成比较好,这样的农户有3户,占到25%。

表 4-7 为水村农户外出务工情况。

表 4-7 水村农户外出务工情况

农户姓名	文化程度	打工时间	打工地点	打工行业	家庭条件	打工之前的家庭条件
付 M	初中	1983 年	定西	建筑	富裕户	中等户
何 GY	初中	1984 年	定西	木工	富裕户	单干以后才分家
李 Y	初中	1982 年	定西	建筑	富裕户	中等户
李 M	初中	1983 年	定西	建筑	中等户	中等户
李 XG	初中	1984 年	定西	建筑	中等户	单干以后才分家
李 XM	初中	1983 年	定西	装潢	富裕户	单干以后才分家
陈 JF	高中	1985 年	定西	建筑	贫困户	贫困户
安 YL	初中	1985 年	兰州	建筑	中等户	贫困户
安 YG	高中	1982 年	兰州	建筑	中等户	贫困户
李 J	初中	1984 年	定西	装卸	中等户	贫困户
王 X	初中	1984 年	兰州	兰化厂	中等户	贫困户
何 YY	初中	1985 年	定西	木工	中等户	单干以后才分家
何 DH	初中	1984 年	定西	建筑	富裕户	贫困户

资料来源:关键人物访谈。

4.1.3 外出务工蓬勃发展时期水村的农户贫富情况

虽然中国政府从 1984 年开始放松劳动力流动政策,但是限制仍然很多,尤其是 1989 年《关于严格控制民工外出的紧急通知》和《关于进一步做好控制民工盲目外流的通知》两个人口流动限制性的文件的出台,20 世纪整个 80 年代农村劳动力外出务工情况并不显著,但是 1992 年以后,农村劳动力流动开始受到政策鼓励,外出务工的劳动力增速明显,工资性收入开始成为农民收入的一个重要构成部分,也成为中国缓贫的重要拉动机制,根据世界银行和国家统计局最新研究结果,有劳动力外出就业的家庭收入贫困发生率要比没有劳动力外出就业的家庭低 3.4 个百分点,接近 2/3 的农村贫困人口生活在没有外出就业劳动力的家庭中。水村的外出务工也从这个时候开始,并且是否有外出务工人员成为这一时期贫富分化的重要指标。

分家单立仍然是水村农户数量增加的唯一机制，1988—1998年，又有8户农户拆分成19户农户，同时村中有一户农户付YQ全家搬到外地居住，这一时期，村中的农户数量上升到110户。表4-8为1988—1998年期间水村农户分家情况。

表4-8 在1988—1998年期间水村农户分家的情况

分家之前	分家之后	分家时间	分家之前	分家之后	分家时间
王YD	3家	1992年	王YC	3家	1993年
王HJ	2家	1993年	李KR	3家	1994年
付W	2家	1991年	陈YJ	2家	1997年
陈JC	2家	1993年	李KC	2家	1991年

资料来源：关键人物访谈。

访谈发现，水村农户的生活水平开始呈现整体性上移的趋势，“这个时候的贫困农户其实就相当于20年前和30年前的中等户，而现在的中等户则和过去的富裕户家庭条件差不多，富裕户则基本上已经过上了衣食无忧的生活，住房条件有了非常明显的改善，基本上都住上了砖瓦房。”温饱不能解决不再是贫困农户的主要问题，获得更多的现金收入开始成为农户生计的主要目标。参与式贫富分类的结果显示：水村贫困农户数量为40户，占全村总户数的36.36%；中等户为53户，占到全村农户数量的48.18%，富裕农户为17户，占到15.45%，贫困面比较普遍，家庭中是否有非农就业成为农户贫富的关键指标(表4-9)。

表4-9 外出务工蓬勃发展时期水村农户分类情况

项目	贫困户	中等户	富裕户
户数(N=110)	40	53	17
比例/%	36.36	48.18	15.45
典型特征	粮食基本上够吃，但缺少劳动力，不能出去打工，主要靠农业生产，土地面积相对较少	有足够的粮食，土地比较多，部分家庭有劳动力外出打工	有足够的粮食，家庭住房条件相对较好，几乎都有非农业收入

资料来源：小组访谈。

此时,水村属于贫困户的农户的主要特征为:①家中孩子年幼,并且数量多,没有老人帮忙,劳动力不能外出打工。由于长期干旱,水村属于典型的靠天吃饭,农业生产主要是广种薄收,农业生产的劳动负担比较重,并且交通条件十分有限,虽然其村到县城的距离并不算远,但是由于缺乏交通工具,当时还没有摩托车和三轮车,住在一社、二社和五社等相对较远的村社的农民进城是非常不容易的,进城打工不能每日往返,无法兼顾家中的农业生产,这样使得一些农民无法外出务工,只能在家种地,这样的贫困户有10户,占到贫困户总量的25%。②孩子上学负担重造成了家庭经济的困难,由于当时并没有实施"两免一补"以及"免费义务教育"等支持性政策,农村孩子的教育负担主要由家庭承担,通常如果有两个孩子同时上初中和高中的,家庭就会处于贫困状态之中,这样的农户有5户,占到总量的12.5%。③家里人多地少,这也主要是家庭人口增加造成的,这样的农户有8户,占到总量的20%。④家庭中有长期患病者或者得重病的,增加家庭的医疗支出,使得农户陷人贫困状态之中,如一社的李H,其父亲1982年患脑血栓去世,其母亲将其拉扯大,好容易生活水平有些好转,但是1995年其母亲又害了重病,1996年病逝,为了医治其母亲的疾病,当时李H借了很多钱,直到2006年才彻底还清所有借款,而李H本人也因为长期背债,家庭条件十分艰苦,至今并未娶上媳妇。在水村当时因为家里有人生病而成为贫困户的农户有7户,占到总量的17.5%。⑤残缺家庭,这一时期主要是母亲带着儿子过的农户有1户,还有就是兄弟合过的1户,父亲带着儿子过的农户1户,一共有3户,占到7.5%。⑥其他家庭。家庭成员比较懒惰的有1户,还有1户是不相信科学种田,从来不用任何农药和化肥的农户,农业生产搞不好,另外1户比较特殊,由于已经连续生育了2个女儿,还想再生一个儿子,于是年轻夫妇常年在外面躲计划生育,而将两个女儿交由年迈的父母抚养。可以看到,家庭现金性支出过大开始成为农户贫困的重要原因(表4-10)。

表 4-10 外出务工蓬勃发展时期贫困农户的典型特征

项目	孩子上学负担重	孩子小，劳动力不能外出打工	家里人多地少	父母年龄大了，子女不争气	家中有人生病的	残缺家庭	其他
户数	5	10	8	4	7	3	3
百分比/%	12.50	25.00	20.00	10.00	17.50	7.50	12.50

资料来源：小组访谈。

村中富裕农户的特征和20世纪80年代相比并没有明显变化，20世纪80年代富裕的农户由于在非农和农业生产上继续有着发展都还一直在社区中处于相对富裕的水平。不过这一时期富裕农户增加了5户。在这5户中，有3户是因为家庭子女长大成为劳动力，可以去从事非农就业。如在20年前因为家庭子女年纪小负担重而属于贫困状态的陈JZ家，因为两个儿子长大后相继参军，一个女儿也去外地打工，家庭经济条件逐渐好转，成为村中的富裕农户；杜XR家也因为子女都长大了能够挣钱了从贫困户变成了富裕户；王Y家也因为两个儿子和一个女儿长大能够外出打工，从中等户变成了村中的富裕户。其他2户分别是安YG、李XM两户长期在外地打工的两户，经过几年的努力从而变成了富裕户。

4.1.4 农业结构调整之初水村农户的贫困状况

2003年当地政府开始推行“千村扶贫”计划，并对水村的贫困问题进行了一次诊断，并且当年也是当地政府开始大力推行农业结构调整计划，同时很多中央惠农政策开始实施，为了了解这些措施行动对农村贫困的影响，本研究也将2003年作为一个时间点了解当时水村的发展情况。

1997—2002年期间，水村开始出现农户外迁的情况，这里的外迁是指户口仍然还在水村，但已经不在村里居住的农户；对于那些通过入学、入伍或者其他途径将户口迁移出去，考虑到其在村时还没有单独立户，将不在这里考虑。在5年前,水村一共有4户农户搬离了村庄到定西县城居住,其中有3户是因为老人年龄大了,搬到城里与自己的子女同住,有1户是因为长期在城里打工,攒钱在城里买了房子。由于这些农户已经将土地转让给自己的亲戚或者朋友种,虽然户口还在村里,但是基本上不参与社区中的任何经济活动,因此在进行农户贫富排序分类时未将其考虑在内。同时,由于大家庭的拆分,水村又新增了8户农户,这一时期水村农户数量上升至114家(表4-11)。

表 4-11 水村农户流出情况

姓名	离开村的原因	离开村的时间	土地使用情况
付Z	因为儿子在定西县城工作,搬去和儿子同住了	2000年	无偿交给邻居李Z种
何JX	双女户,老伴出车祸死了,于是就搬到定西县城和女儿同住了	2001年	把土地给嫁在本村的另一个女儿家种
陈MC	年龄大了,搬到县城和女儿一起住	1999年	把土地给自己侄子种
寇Y	在城里打工,在定西买了房子	1999年	土地交给自己的弟弟种

资料来源:村干部访谈。

水村农户分家出现了新的情况,在此前,大家庭的拆分是以兄弟为轴的,父母会和其中的一个儿子过,通常为老大或者老小;而在此阶段,出现了两户家庭是老人和儿子分开过的情况,如王ZX和王ZC家,他们都分别和自己的儿子分开单过了(表4-12)。

表 4-12 农业生产结构调整之初水村农户分家的情况

分家之前	分家之后	分家时间	分家之前	分家之后	分家时间
李P	2家	2000年	李J	2家	1999年
李H	2家	2001年	李X	2家	2000年
李S	2家	2000年	王ZX	2家	2001年
王Q	2家	1999年	王ZC	2家	2002年

资料来源:关键人物访谈。

这一时期，水村农户中被认为是贫困户的农户有40户，占到总量的35.09%；被认为是中等户的农户是54户，占到47.37%；被认为是富裕户的农户是20户，占到17.54%。虽然从农户分类的角度来看，村中的贫困户数量仍然还比较多，但是农户的总体经济条件有了明显的改善。这个时候贫困户通常表现为温饱已经基本解决，主要是因为没有现金收入，中等户通常表现为家庭有能够外出务工的人，但是由于时间还较短，并没有形成有效的现金积累；富裕户则家庭条件相对较好，已经开始有现金结余，并且相当多的农户家里开始购置摩托车等耐用消费品了（表4-13）。

表4-13 农业生产结构调整之初水村农户分类情况

项目	贫困户	中等户	富裕户
户数（$N=114$）	40	54	20
比例/%	35.09	47.37	17.54
典型特征	温饱没有问题，主要是没有现金收入，家中因为疾病、残疾、孩子负担重等原因不能出去打工	家中基本上都有能够外出务工的人员，主要是在建筑工地上打工	家庭条件相对较好，有现金结余，并且大部分农户家里都有摩托车，住房主要是砖瓦房

资料来源：小组访谈。

农业结构调整之初水村贫困户贫困的主要原因和10年前并无显著的差异，孩子上学负担重、孩子小、劳动力不能外出务工、人多地少、家中有人生病以及家庭结构残缺等仍然是贫困户贫困的主要原因。不过这一时期自然灾害的频繁发生，尤其是持续的旱灾成为当地农户贫困的一个主要因素（表4-14）。定西的干旱是由来已久的，根据当地有记录的气象资料，1900—2003年的103年中，发生旱灾61年，平均1.6年一旱，其中大旱32年，平均3年一大旱；新中国成立以来到2003年的54年中共发生旱灾39年，平均1.3年一旱，其中大旱17年，平均3年一大旱（李金梅，2004）；同时气象资料显示定西地区干旱存在两个高发期，它们是20世纪60年代末至70年代初和90年代后期到21世纪开始几年，后者比前者强度强、持续时间长，特别是2002年和2003年两年定西的旱情十分严重,因灾致贫农户数量十分庞大,2003年凤镇的一项摸底调查显示,2002年全镇返贫农户共904户,其中因灾干旱返贫的为446户,因灾返贫比例为49.34%。在水村,旱灾也成为当时贫困户家庭贫困的一个主要因素,有14户的主要致贫原因是旱灾,占到贫困户总量的35%。自然灾害的频繁发生也直接促使了当地政府开始推行农业结构调整的决心。

表4-14 农业结构调整之初水村的贫困农户的典型特征

项目	孩子上学负担重	孩子小,劳动力不能外出打工	家里人多地少	旱灾	家中有人生病的	残缺家庭	其他
户数	7	3	6	14	4	4	2
比例/%	17.50	7.50	15.00	35.00	10.00	10.00	5.00

资料来源:小组访谈。

这一时期,水村富裕户增加了3户,没有农户从富裕户变成中等户或者贫困户,增加了3户富裕户中的李Q和王YD是因为发展养殖业而成为富裕户的,王W是因为长期在外打工而逐渐积累成为富裕的农户。

4.1.5 现在水村的贫困状况

现在水村共有农户120户,最近的一次分家是2003年现任村文书王J弟兄3人分开单过。由于实行最低生活保障制度,在水村有了特困户的概念,因此在农户贫富分类的时候,将农户分成了4类:特困户、贫困户、中等户和富裕户。目前,水村一共有特困户8户,占到6.67%,这些农户基本上不能维持温饱,需要国家救济生活;贫困户为36户,占到30%,贫困农户温饱没有问题,只是家庭负担比较沉重,家里没有能力购置摩托车和三轮车等在当地被认为是生产和生活必需品的大型物件;中等户有48户,占到40.00%,中等户的家庭条件相对较好,基本的家用电器以及摩托车和三轮车都已经拥有；富裕户 28 户，占到 23.33%，富裕户的家庭条件非常好，大部分都建盖了新房，家庭电器以及摩托车、三轮车等基本上一应俱全(表 4-15)。

表 4-15 水村参与式贫富分类的结果

项目	特困户	贫困户	中等户	富裕户
户数(N=120)	8	36	48	28
比例/%	6.67	30.00	40.00	23.33
典型特征	绝对贫困，生活不能维持，需要靠救济	温饱都没有问题，主要是家里有人生病或者上学负担重，大部分没有摩托车和三轮车	家里条件还可以，基本的家用电器都有。大部分家庭拥有摩托车和三轮车。住房还是旧房	住房是新房，封闭式的，并且有走廊，家里有三轮车、摩托车、彩电、洗衣机等

资料来源：小组访谈。

水村有 8 户特困户，家庭特征具有很强的共性：①大部分家庭中有患大病或者长期生病的人口。如王 Z、李 KW、李 Z、安 C、安 GY、王 YA、何 DR 7 家都有家庭成员患病花掉很多钱；安 GY 家因为 3 个儿子都是智障，一个原本富裕的家庭变成了特困户。②因为家庭条件不好，造成家庭结构残缺，从而加剧了家庭经济条件的恶化；如王 Z、李 KW、李 Z 的妻子离婚走了，安 C、安 GY 和何 DR 的妻子因病去世了，这样家里就少了能够持家过日子的人。值得注意的是，王 ZM 和王 YA 都是夫妻二人年龄大了，一个是儿子不成才，一个是没有儿子，因此村里人都表示他们两户会越来越困难，问其“会不会将来和女儿一起过”的时候，村里人以及他们自己都表示，这是不会的，因为在当地女儿是不用管父母的，正如前文所介绍的，在当地家庭分家时，女儿是不参与家庭土地的调整，因此女儿也就没有赡养父母的义务，只是逢年过节回来看看父母，给一些零花钱，但是一般都不会把父母接去和自己同住的(表 4-16)。而也正基于这方面的原因，计划生育工作在当地很难推广，计划生育工作也成为当地乡镇政府的一项重要工作。通过和乡镇干部的访谈，了解到虽然在乡镇层面其他部门的实际工作人员都远远少于其在编人员,唯独计生站的实际工作人员28人,远远超过了其编制的6人,此外,乡镇的所有包村干部以及在特别时期的所有工作人员都要全部参与计生工作。即便如此,水村至今仍然有3户农户在外躲避计划生育,其目的就是要生一个儿子养老,虽然有些时候儿子并不能真正养老,但在精神上给了这些父母很大的安慰。

表4-16　水村特困农户的基本特征

序号	农户姓名	家庭主要特征
1	王Z	10年前,家条件还可以,2002年王Z得了脑瘤,家庭情况就不好了,2006年其妻子因为家庭条件太差和王Z离婚,走了,现在王Z自己带着一个儿子过日子,家里就没有什么收入
2	李CW	以前家里地少,人口多,情况就不好,2006年其父亲去世,母亲80多岁了,患病在床,不能劳动,李CW本人已经50多岁了,又和妻子离婚了,一个女儿也出嫁了,家庭状况越来越不行了
3	李Z	父母在其还是孩子的时候就去世了,和哥哥两个人要饭长大的。1989年娶上了媳妇,但媳妇有间歇性精神病,2000年也因为家里太穷,离婚跑了,现在自己拉扯儿子,本人还不太会过日子
4	安C	分家的时候只分了一个人的地;妻子因为患过小儿麻痹症,不能干活,在五六年前去世了,两个儿子不成才,外出打工从来没有拿过钱回来
5	安GY	新中国成立时是志愿兵,复员回来后在兰州铝厂工作,后来在家放羊,家里还比较富裕,后来生了3个孩子都有智力问题,妻子去世了。现在家里就只剩下他和两个成年的智障儿子(老三2006年去世了)
6	王ZM	家里就老夫妻俩和一个来帮忙照看的外孙女,老夫妻俩今年80多岁,一个儿子不成才,打工挣不来钱,也不管家
7	王YA	老两口年龄都比较大了,并且其妻子长年有病,不能干活,一个女儿前年跟人跑了,还要供一个女儿上大学,不过女儿今年已经毕业了,不过还未找到工作
8	何DR	以前的大队主任;2004年何DR开车撞了人,赔了很多钱;其媳妇之前患病瘫痪,治疗花了3万块钱,2005年去世了;2007年大儿子在山东胜利油田打工,开车撞死了人,赔了四五万块;现在何DR也不再担任村干部了,还有一个小儿子在上中学

资料来源:小组访谈。

现在仍然被界定为贫困户的农户，其致贫原因分别主要是：孩子上学负担重、家中有人生病或者残疾、残缺家庭、缺乏技术、家庭人多地少、家庭劳动力减少以及干旱缺水。具体情况如表4-17所示。

表4-17 水村贫困户的主要致贫原因(含特困户)

项目	孩子上学负担重	家里人多地少	家中有人生病的或者残疾的	残缺家庭	缺乏技术	家庭劳动力减少的	干旱缺水
户数	15	3	9	6	6	3	2
比例/%	34.09	6.82	20.45	13.64	13.64	6.82	4.55

资料来源：小组访谈。

从和村民的访谈中了解到，2003年当地政府鼓励调整农业产业结构，大规模种植耐旱的土豆，水村一些土地面积比较多、家庭条件比较好的农户开始种植土豆，并取得了很好的经济收益，最近几年来，土豆种植成为水村农户收入的一个主要来源。此外通过对村庄富裕农户家庭主要收入来源进行了解，这些富裕农户的收入来源呈现出多元化的趋势，大部分农户的家庭主要收入来源都在两三个，其中最为重要的两项收入来源是种土豆和打工，有16户富裕农户是当地的土豆种植大户，占到总的富裕农户户数的57.14%；有15户农户家庭有成员打工，占到总的富裕农户户数的53.57%；有6户农户家庭有成员从事副业，占到总的富裕农户户数的21.43%；有6户农户家庭还发展了养殖业，占到总户数的21.43%；有4户农户有工资性收入，占到总户数的14.29%；值得注意的是：政策性收入也成为很多农户家庭的主要收入来源，主要包括退耕还林和耕地的征占补偿(表4-18)。

表 4-18　水村富裕农户的家庭主要收入来源

编号	农户姓名	主要收入来源
1	付 M	长期在建筑工地上打工,种土豆
2	何 GY	父子都在建筑工地上打工,退耕 10 多亩,耕种 20 多亩土豆
3	李 Y	长期在定西建筑工地上打工
4	李 XM	长期在定西做装潢
5	何 DH	建筑队技术员、养羊、种土豆
6	张 YR	夫妻两人都在定西打工,父亲给人看风水,退耕 29 亩
7	杜 ZP	长期以来一直在开木匠铺
8	王 J	父亲以前是大队干部,本人现在是村文书,种土豆
9	李 XY	一直做木匠
10	段 K	一直做毛皮生意
11	冉 XL	退休工资、退耕地多、种土豆
12	王 Y	常年打工,地多,种土豆
13	杜 XX	跑运输,地多,种土豆
14	王 ZX	高速公路占地赔偿多,夫妻两人在定西打工
15	张 ZR	两个儿子打工,其父看阴阳,退耕 29 亩,种土豆,高速公路占地赔款
16	王 S	夫妻两人打工,养羊,地多,种土豆多
17	安 CX	高速公路占地赔款多,地多,种土豆多
18	安 GL	高速公路占地赔款多,夫妻两人都在定西打工
19	安 YG	高速公路占地赔款多,养羊,村干部,做包工头
20	安 YJ	高速公路占地赔款多,养羊,打工
21	安 YL	高速公路占地赔款多,种土豆多,打工
22	安 HJ	高速公路占地赔款多,种土豆多
23	陈 JZ	两个儿子和女儿都在外地打工
24	何 DB	公办教师,种土豆多
25	孙 HZ	儿子和女儿都在外打工
26	王 YD	养羊,种土豆
27	王 W	打工,种土豆
28	李 Q	养羊,种土豆

资料来源:小组访谈。

调查发现，不仅仅是对于富裕户而言，对于水村的所有村民来说，政策性收入的增加成为该村 2003 年以来农户经济水平提高的重要原因，调查显示，这些年中央的一系列惠农政策在水村都能够得到很好的实施，2003 年水村取消了所有的农业税和土地承包费等费用，仅此一项减轻农户负担户均 271 元；2005 年开始实施粮食直补、良种补贴和农业综合生产资料补贴，2006 年，户均获得补贴近 300 元。2007 年最低生活保障制度开始实施，水村一共有 20 户农户分两批享受了最低生活保障的救助，每个月可获得人均 10～20 元的现金补贴。在医疗卫生方面，水村从 2006 年开始实施新型农村合作医疗(简称参合)，目前参合率达到了 90%，到 2008 年 7 月份，已经有 20 户农户通过新型合作医疗办理过医疗费用报销，同时该村也有 1 户农户获得过大病医疗救助。2007 年当地的旱灾比较严重，镇上给每个低保家庭提供了两袋面粉。在教育方面，水村一共有 80 名学龄儿童享受两免一补的教育政策，每年每名学生要节约 200 元左右。2004 年开始，水村被纳入退耕还林工程的实施范围，全村一共有 89 户农户家有退耕地，共退耕 1 176 亩，平均每亩可获得粮食补助 140 元，管护补助 20 元，退耕还林款成为不少农户的一项稳定的现金收入(表 4-19)。

表 4-19 农业补贴政策一览表

补贴政策	水村的受益情况
农业税费减免	2003 年取消了所有的农业税费，减轻农民负担户均 271 元
粮食直补	2005 年开始粮食直补和良种补贴，2006 年开始有生产资料综合补贴
良种补贴	2006 年，亩均获得补贴共 7.6 元，户均获得补贴近 300 元
农业综合生产资料补贴	
最低生活保障制度	2007 年开始实施，该村有 20 户农户 55 人从 2007 年开始享受最低生活保障，人均每月获得补贴 15 元
农村医疗救助制度	该村有一户获得农村医疗救助，救助额度为 2 300 元

续表 4-19

补贴政策	水村的受益情况
新型合作医疗制度	2006 年开始实施,该村的参合率为 90%左右,有 20 户农户家在合作医疗上报销过医疗费用
灾害救济	2007 年最低生活保障户,因为旱灾获得每户补助面粉 2 袋
两免一补+义务教育免费	水村有 80 名义务教育阶段的学龄儿童享受到了两免一补,进而全部接收免费的义务教育,每个学生的学费和住宿费、教材费约为 200 元
退耕还林政策	89 户农户有退耕还林,户均补贴 2 115 元,最多的农户可获得 6 688 元

资料来源:村干部访谈。

4.2 水村贫困农户的地理空间分布

贫困的空间分布对反贫困实践极具现实意义,是扶贫资源瞄准的有效方式,以中国为例,从 18 个贫困地带到 592 个国家级贫困县再到 14.8 万个贫困村等扶贫瞄准机制转移也正是以贫困人口的空间分布特征的变化为依据,以空间区域为瞄准虽然经常会受到瞄准精度的质疑,但是无疑是最经济也是最容易操作的,因此,对贫困的空间分布的研究也比较多,但这些研究往往在比较宏观的层面,如讨论中国贫困人口分布时,往往用贫困人口主要集中在“西部地区”“山区”“少数民族地区”和“边境地区”等这样的语句(世界银行,2009);CPRC(2004)曾经用空间贫困陷阱的概念将贫困人口相对集中的区域分为偏远地区(remote area)、边缘地区(low potential of marginal areas)、缺乏关注区(less favoured area)和综合功能弱化区(weakly integrated regions)4 种,目前国内也有一些学者开始注意到贫困村内不同自然村的发展差距(李小云、唐丽霞,2005),这种情况在水村是否也存在?这将是本部分讨论的重点。

水村一共有5个社(自然村),在调研中笔者几乎走访了每一个社的每一户,对于每一个农户基本上都是入室进行访谈,在走村串户的过程中,笔者有一个比较直观的感受:不同社之间的发展差距是比较明显的。因此,笔者将上述5个不同时期的农户贫富分类的结果按照农户所属村社进行了分析,其结果见表4-20。

表4-20 不同村社的贫困农户所占比例情况 %

村社	农业社时期	农业生产快速发展期	农民外出务工发展期	农业生产结构调整初期	现在
一社	50	47.40	47.40	36.80	42.10
二社	55.55	48.90	41.67	33.33	33.30
三社	57.14	55.17	51.72	34.38	31.30
四社	58.82	50	42.86	27.27	27.27
五社	57.89	54.84	54.84	37.93	37.93

资料来源:小组访谈。

表4-20数据显示,在农业社期间,5个社之间的贫困农户所占比重均都超过了50%,贫困农户所占比重最高的为四社,占到了58.82%;贫困农户所占比重最低的为一社,占到了50%;现在水村贫困农户的分布发生了变化,四社贫困农户所占比重最低,仅为27.27%,一社贫困农户的比重最高,达到了42.10%,其次为五社,为37.93%。显然,在过去30年里,水村农户的贫困农户发生了区域转移,贫困农户更加集中于一社和五社,但是这种区域转移并非是农户的空间流动导致,而是发展速度造成的,因为从5个社的贫困农户所占比重来看,贫困农户的发生比重都有着比较明显的下降。

为什么会出现同一社区内发展速度的差异如此显著,笔者邀请了5个村社的村民小组长进行了小组讨论。水村的村民小组长的年龄在调研时均超过47岁,并且都长期在村内生活,没有长期外出务工的经历,因此对于水村的情况是比较清楚和熟悉的。访谈时将表4-20所反映出的信息翻译成"为什么过去30年里最穷的四社变成了最富裕的,而以前条件稍好的一社则成为条件最差的村子了?”表 4-21 为水村的村社小组长的基本情况。

表 4-21 水村的村社小组长的基本情况

姓名	性别	民族	所属村社	出生年月	文化程度
李 Y	男	汉	一社	1954 年 10 月	小学
王 YY	男	汉	二社	1946 年 10 月	小学
冉 XL	女	汉	三社	1944 年 4 月	小学
杜 XX	男	汉	四社	1956 年 7 月	初中
李 Z	男	汉	五社	1960 年 7 月	小学

资料来源:村干部访谈。

通过访谈,对于农业社期间虽然在人口和土地等条件都没有明显差异的几个村社之间,四社的贫困程度最深,主要是当时的社会制度性因素,“四社交通好,不过那个时候交通好没什么用,因为也没有东西卖,也不能出去打工,农业生产都是靠天吃饭,生产是很封闭的;但是交通好,方便上面的人下来检查,农业学大寨、修梯田,上面的工作人员经常来检查,检查就得招待,那个时候粮食交了国家的公粮以后,剩下的本来就不多,再有一部分拿去招待,四社剩下的粮食就更少了,分到农户头上的就更少了,那个时候什么是穷,就看粮食够不够呗。”家庭联产承包责任制实施以后,情况就发生了变化,小组长表示现在不同村社之间的差距主要原因在于两个方面:①一社和五社是距离公路最远的村子,交通不方便,获得信息也相对滞后;二社、三社、四社交通条件较好。②一社和二社农户的土地最少;三社和四社农户土地最多。

虽然从乡镇人员那里了解到水村距离县城只有 10 千米的路程,并且水村就在兰定公路边上,入村时我们发现:的确下了公路就进入了水村的边界。不过,实际上因为水村有 5 个村社,其中只有四社是在公路边上,到公路的土路不过 0.5 千米左右。其他 4 个社距离公路的直线距离虽然都不算远,最远的五社只有 5 千米左右,但是这 5 个社是沿着黄土高原的两条沟壑分布，社与社之间只有崎岖的土路相连，路宽不过2～3米，勉强能通过拖拉机，并且是沿着山腰开出来，路比较危险。我们特地计算过从四社到一社和五社的步行时间，到五社最近的农户家需要3小时，到一社最近的农户家需要3.5小时。水村的村社布局图见图4-1。

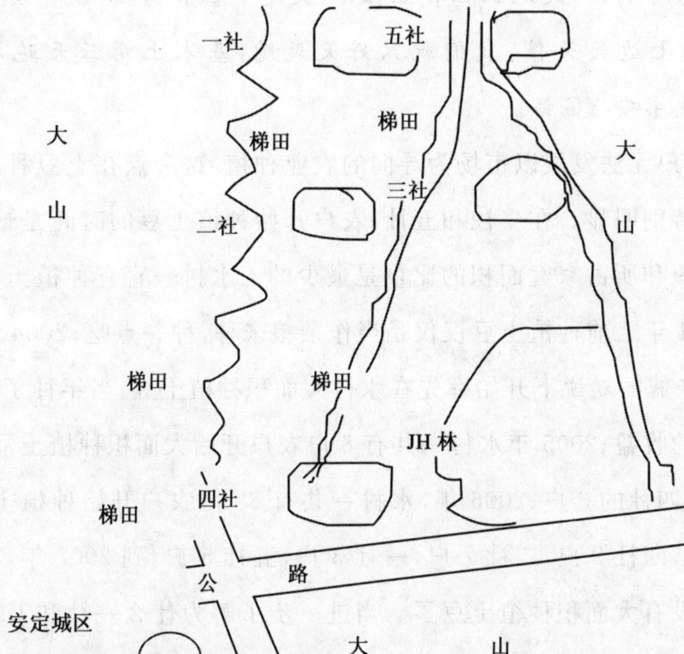

图4-1 水村的村社布局图

交通条件对村社发展的具体影响，通过访谈也得到了一些初步的认识，村社小组长表示交通条件不便对村社发展的影响主要表现在4个方面：

首先是信息的闭塞，水村没有村广播系统，各种和农业生产有关的信息基本上是通过口头相传，传播的途径是村干部—村民组长—村民，村干部坦言，因为路程太远，很多时候不是上面规定必须要说的事情，我们是很少专门到村社去说的。因此，当乡镇提供一些引进新品种或者新技术等方面的支持的时候,通常也就是三社、二社和四社几个村干部所在的村社优先获得信息。

“过去水村还没有通电话的时候,我们这些村干部可不好当了,乡里头通知一个事情,我们要走上两天才能通知到每个社里,我们这个村子是沿着这一条大沟分布的,一天跑三社和五社,一天跑一社和二社,最费劲的就是收农业税了,上边天天催,我们就只好天天跑,基本上两三天跑坏一双鞋。”——村支书安 YG 语。

其次,农户无法发展以市场为导向的农业种植,这一点在土豆种植的推广上表现得特别明显。在一社和五社,农户开始种植土豆的时间是最晚的,并且种植面积和所占家庭面积的比重是最少的。水村一直有种植土豆的传统,但是 2004 年之前种植土豆仅仅是当作杂粮来种,种一点吃;2004 年三社的冉 XL 在亲戚的劝说下开始率先在水村大面积种植土豆,当年种了 15 亩,获得了较高的收益;2005 年水村一共有 8 户农户开始大面积种植土豆,其中三社的 5 户,四社的 3 户;2006 年,水村一共有 38 户农户开始种植土豆,其中三社 14 户,四社 9 户,二社 7 户,一社 3 户,五社 5 户,到 2007 年,村中只有 5 户农户没有大面积种植土豆了。当进一步了解为什么一社和五社农户在土豆种植上要滞后于其他村社,并且即便现在,种植面积和所占比重也要远远低于其他村社时,村民们一致表示:“路不好,从我们这里要把土豆运输出去太难了,自家有三轮车,土豆价格好的时候刚好是雨季,路滑危险,自己家没有三轮车吧,要从我们这个村把土豆拉出去,每千克土豆运费要比其他路近的村社高 2 分钱”。

再次,交通的不便增加了农户的非农就业的成本。水村绝大部分农户都有家庭成员在定西城打工,通常来说,在二社、三社和四社的农户在定西城打工,基本上都是早出晚归,大部分还都能帮忙照顾家里的农业生产;但在一社和五社的农户就很难做到每天来回了,因此在这两个社的农户通常采取3种措施来应对:①家里劳动力资源不是很充分的农户,则选择打零工,农业生产不忙的时候就去干几天;或者选择就近干活。②在安定县城租房子打工,每个月的租金在100元左右,通常如果家里有小孩要到县城上学的话,多数家庭会选择租房子,顺便照顾孩子。③骑摩托车每日往返,由于每天需要6元左右的油钱,因此只有条件非常好的农户才能选择。也就是说,生活在一社和五社的农户如果要出门打工的话,每个月要比其他社农户多出100～180元的刚性支出成本。

案例4-3 就近农业打工

2007年11月20日,天气晴好,今天我们计划要到大沟西侧最远的一社进行调研,早上我们很早就出发了,沿着大沟,一路上上下下,跨越很多的沟渠,大约走了两个半小时才爬到了一社所在的山坡上,天气很冷,但是我们浑身都冒汗。到了一社,我们开始走家串户,但是很奇怪,大部分农户家都没有人,后来我们找到该村的妇女组长,才知道村里的劳动力都到公路边上种树去了。我们只好从山的另一边往种树的地方走,大约又走了两个小时,果然,看见很多的村民正在种树呢。我们就开始在山上做起了调查问卷。在和组织村民种树的组长访谈中了解到:县里林业局正在实施荒山造林项目,就发动当地村民来种树,坑是一块钱一个,栽树是3毛钱一棵。这些坑都是以前挖好的,今天只是栽树。一天下来,平均每人能挣30块钱。问这些人为什么不到城里打工,他们回答说:路太远,城里打工时间要求太严了,我们顾不上家,不行。其他社里的人去打工的多,我们就在附近干干活,栽树、帮别人挖土豆、种地等。

最后,恶劣的交通条件增加了农户的意外风险。2007年我们调查的时候村干部告诉我们,因为当地人都非常清楚路况不好,开车和骑车都很小心,几乎没有出过什么交通意外。2008年11月,我们再次前往该村的时候,了解到住在五社的两家农户出了意外,使本来比较富裕的家庭一下子就陷入了贫困陷阱。

案例 4-4　一起交通事故

何 DB,水村教学点唯一的一名教师,1996 年从民办教师转为公办教师,因为工作时间很长,每个月工资收入在 1 800 元左右,家里还有很多耕地,因为教学点上一共只有 6 个孩子上学,教学任务不是很重,他还种了 10 多亩土豆,家庭条件非常好。2008 年 6 月,他开着拖拉机去城里买东西,拖拉机上坐着他的嫂子和大侄子,拖拉机在快到三社的路上翻到大沟里去了,嫂子和侄子摔死了,自己受了重伤,现在还在家里养伤,可能不能完全恢复,不过因为是公办老师,应该还能领到基本工资,并且其哥哥和他达成了协议:他必须承担其小侄子的抚养费。

造成不同村社之间发展差距的第二个原因是土地资源禀赋问题。在调研中,一次和村社中的原主任的无意交谈中了解到他家里还仍然保存着 1988 年村民的土地承包合同和所有农户的土地承包证,我们就到他们家去看这些土地承包证,在这些土地承包证上有非常清楚的关于 1981 年和 1988 年不同农户的家庭土地承包记录。通过整理这些记录,发现正如村干部所介绍的,水村村社之间的人均耕地面积还是有很大的差异的,最多的四社,1981 年土地承包时人均耕地 9.85 亩;1988 年为 9.56 亩;最少的为一社,人均耕地仅为 6.94 亩,1988 年仅为 6.47 亩(表 4-22)。在农业生产主要是“靠天吃饭”和广种薄收的干旱地区,土地面积对于农户的经济发展意义重大,首先,由于单位面积产量低,只能依靠扩大种植面积维持所需要的总产量的获得;其次,土地面积多才能保证农户能够在土地上进行多样化经营,比如可以拿出更多的土地来种植土豆,以获得比较优势高的品种收益。

表 4-22 水村农户在册耕地拥有情况 亩

村社	1981 年			1988 年		
	人均耕地	人均梯田	人均山地	人均耕地	人均梯田	人均山地
一社	6.94	3.24	3.70	6.47	5.33	1.14
二社	7.07	2.86	4.21	7.37	2.77	4.60
三社	8.31	2.95	5.35	8.08	3.63	4.45
四社	9.85	2.93	6.92	9.56	6.73	2.84
五社	7.42	3.04	4.38	7.18	3.33	3.86

资料来源：根据农户土地承包合同、证明等资料整理。

通过村社小组长访谈得到的信息，似乎能够解释“水村贫困农户更多集中在较为偏远的一社和五社”地理分布特点，但是当我们将富裕农户的分布也按照村社进行分析时，发现即便在比较贫困的农户所占比重最多的一社和五社，其富裕农户的数量和比重和其他村社之间的差距并不突出（表4-23）。这种情况使得用交通条件和土地资源的社区差异来解释不同社区的贫困程度很难立足，因此可以得出这样的结论，水村的贫困农户的确在不同村社有着不同的分布，但这种分布并不一定是村社发展条件的差异造成，可能更多的是农户个体的差异造成的，而农户的个体差异则更多地体现在农户的资产结构上，这将是第 5 章分析的重点。

表 4-23 不同村社富裕农户所占比重

项目	一社（20 户）	二社（17 户）	三社（28 户）	四社（26 户）	五社（29 户）
富裕户户数	5	3	6	9	5
比例/%	25	17.65	21.43	34.62	17.24

资料来源：小组访谈。

4.3 不同家庭结构类型的贫困分布

中国农村家庭结构的基本类型是核心家庭和扩大式主干家庭。费孝通在其《江村经济》中指出:村里的基本单位是家,基本上可以称作为所谓的主干家庭,这个群体的核心是一夫一妻及其孩子们。孩子们结婚后,有一个留在家里传宗接代延续家庭的主干,其他孩子婚后便分开,或和他(她)的妻子或丈夫的家庭住在一起,或者另立新户,住在这样一个主干家庭里的人可以是一代或三代人,甚至于四代人——曾祖父母、祖父母、父母和孩子,但在正常情况下,任何一代都不应包括一个以上完整的家庭;费老考虑到丧夫或者丧妻的家庭的出现是"社会解组的结构,是不稳定的,鳏夫会再结婚,孩子也会在不久的将来,一有可能就结婚。任何一种情况都能使一个不正常的家庭得到恢复",虽然,这部分家庭占到农村家庭总数的27%,但这种家庭是核心家庭或者主干家庭的特殊化,未将其单独列出。而对家庭结构和贫困之间的关系的研究比较有代表性的观点是沈红在1992年提出的:"随着农户家庭的组建、扩展、稳定到收缩分解,农户的劳动力资源量也发生着由强到弱和由弱渐强的变化,小农的经济状况于是产生相应的周期性变化,一般而言,在不需要供养老人且没有尚需养育的子女时,也就是消费者与生产者的户内比例是1∶1时,家庭经济情况最好,在缺乏劳动能力的消费者最多时为最差,贫困发生率最高。"最近在该问题上的研究比较有代表性的是利用农户数据,用模型的方法来分析家庭平均年龄和抚养比两个指标和贫困的关系,其主要观点是平均年龄很小的家庭抚养儿童的成本可能影响到财富积累和收入水平,平均年龄很大的家庭虽然有一定的财富积累,但生命周期理论表明其收入会下降,支出却不断上升,从而影响到家庭的贫困状态。家庭抚养比越高,也就是说儿童和老人较多的家庭极易陷入贫困(解垩,2008)。

从家庭结构来看,水村的农户主要为核心家庭和主干家庭,核心家庭54户,占到46.6%,主干家庭42户,占到32.6%,另有联合家庭2户,空巢家庭和单亲家庭等特殊家庭18户,占到15.52%。当我们对水村的家庭结构和贫困结合起来分析时,发现是非常有必要将"丧夫或丧妻"的单亲家庭单列出来，因为从当前的情况来看，我们无法将其归入主干或者核心家庭的任何一类，因为调研信息反馈的结果是将家庭结构进行转化的唯一途径——婚姻行为在水村已经不再是非常容易的事情。

水村一共有12户单亲家庭，其中有7户的子女早已过了结婚年龄，但是未能成家，"他们是很难再娶上亲了"村里人如是说，另外5户，子女尚小，距离婚嫁年龄还有几年，对于失去丈夫或妻子的单亲来说，在这个地方再婚是非常困难的。在水村过去近30年的历史里，再婚的情况有两户：一户是李QN(女)改嫁给该村的付Q，一户是冉FB前些年娶了一个媳妇，但村里人总是说他"捡了一个媳妇"，也就是说他所娶回的媳妇是从外地瞎跑来的，有些智障。还有一种情况需要注意的是，在传统的家庭周期变动中，核心家庭是从主干家庭中通过分家分出去的，因此基本上不会出现空巢家庭。但是从水村的情况来看，目前该村有6户空巢家庭，其中有1户是因为儿子外出打工无联系造成的，有2户是因为女儿嫁出去、没有儿子造成的，有3户是因为分家时儿子都不愿意和父母同住造成的。随着计划生育政策的效果日益显著，该村还有9户双女户，如果传统的"男娶女嫁"的婚姻观念不改变的话，将来因为此成为空巢家庭的农户数量可能还会上升。表4-24为不同家庭结构农户贫困状况。

表4-24 不同家庭结构农户贫困状况

农户	项目	单亲家庭	主干家庭	空巢家庭	核心家庭
贫困户	户数	10	21	5	8
	比例%	83.33	39.62	83.33	17.78
中等户	户数	2	22	1	21
	比例%	16.67	41.51	16.67	46.67
富裕户	户数	0	10	0	16
	比例%	0.00	18.87	0	35.56

资料来源：问卷调查。

调查显示,单亲、空巢等特殊家庭一般都比较贫困,在18户特殊家庭中,属于特困户的8户,贫困户的7户,两项加起来占到总的特殊家庭的88.24%。在这里,笔者对水村特殊家庭的家庭结构和农户类型进行了更深入的介绍(表4-25)。

表4-25 水村特殊家庭结构的农户经济状况

编号	农户姓名	家庭结构	家庭结构描述	农户类型
1	安H	母亲+弟兄俩+小孩	小孩是收养的	贫困户
2	李H	弟兄3人	一个人长期患病	贫困户
3	安GY	父亲+3个儿子	3个儿子有不同程度的智力问题	特困户
4	王YD	父亲+两个成年的儿子	儿子身体不好	贫困户
5	李CW	老母亲和儿子	本人50多岁,智商不高	特困户
6	王Z	父亲+儿子	脑瘤,妻子外出打工跟人跑了	贫困户
7	李B	母亲+儿子	丈夫去世	中等户
8	王M	母亲+儿子+孙子	妻子病逝	中等户
9	何DR	父亲+2个儿子	妻子患病去世,本人也患病,医药费用达5万多元,大儿子在胜利油田打工	特困户
10	安C	父亲+2个儿子	妻子4年前去世	特困户
11	王XX	父母+儿子+孙女	妻子跟人跑了	贫困户
12	李Z	父亲+儿子	妻子跟人跑了	特困户
13	冉FB	老两口	本来只有冉FB一人,后来“拾”了个智障媳妇	贫困户
14	李S	老两口	子女分开单过	贫困户
15	冉FX	老两口	子女分开单过	中等户
16	王ZM	老两口	儿子在外打工无音信,女儿家因为生育很多小孩,也很穷	特困户
17	李XT	老两口	70多岁,3个儿子就在本村,但都不赡养老人	特困户
18	王ZC	老两口	近70岁,没种地,拾荒	贫困户

资料来源:小组访谈。

考察不同家庭结构类型农户的贫困状况，可以发现，单亲家庭和空巢家庭的农户贫困情况最为严重，几乎全部这样的家庭都属于贫困农户。主干家庭的贫困情况要比核心家庭严重，虽然在分家产的时候，如果和父母同住会得到更多的土地和财产，但是由于父母劳动能力不断衰退，并且更容易患上疾病，因此大部分年轻夫妻都不愿意和父母一起生活，这也是为什么这几年出现“儿子不赡养”的空巢家庭的重要原因。

在水村，贫困家庭还反映出了一个比较奇怪的特征，那就是双女户家庭中贫困户比重很高。在水村一共有 9 户双女户，其中 8 户属于贫困户，只有 1 户不是贫困户。因此当地政府为了贯彻计划生育政策，不仅按照国家的政策规定实行的计划生育家庭奖励计划，同时在推行农村最低生活保障制度时，将双女户无条件纳入到低保户的范畴，每个月享受补贴(表 4-26)。

表 4-26 水村双女户家庭经济情况

农户	家庭人口数	月人均补贴/元	月户补贴/元	家庭经济条件	家庭特征
付 Q	4	5	20	贫困户	双女户
王 Q	4	10	40	贫困户	双女户
张 Y	3	15	45	贫困户	双女户
李 W	4	10	40	贫困户	双女户
付 G	4	10	40	贫困户	双女户
付 R	2	20	40	贫困户	双女户
何 Q	4	5	20	贫困户	双女户
安 YL	4	15	60	富裕户	双女户
何 JX	3	15	45	贫困户	双女户

资料来源：村干部访谈。

不同结构类型家庭在贫困分布上的绝对性差异也正应对了在上一节中所谈到的农户的贫困可能更多是因为家庭资产结构上的差异，单亲家庭和空巢家庭其本质上都是劳动力缺失，而这正是本研究中所使用的人力资产概念的重要指标之一。

4.4 水村贫困农户的流动

在研究贫困的特征中,贫困周期是一个重要的指标,众多文献都将贫困分为长期贫困和暂时贫困两种基本类型,学者关注更多的则是长期贫困。根据英国曼彻斯特大学的长期贫困研究中心(CPRC)的相关文献,长期贫困可以被定义为在相当长的一段时间内都处于贫困状态,通常一段长的时间被确定为5年。而根据长期贫困的不同特征,研究者对长期贫困又进行了不同的分类,CPRC认为长期贫困有3种类型:①长期贫困,指的是一个人和一个家庭在很多年里都处于贫困状态,并且似乎很难改变现状;②生命周期贫困,指的是在整个人的一生中或者整个家庭生命周期中都处于贫困状态;③代际贫困,指的是由于贫困的父母不能给子女提供良好的教育和健康、营养等条件,贫困从父母一辈传递到下一代。目前,在研究贫困的周期时,通常采用的方法是定量分析法,其分析的基础是要有完整、长期、定点的序列数据,如 Jalan 和 Ravallion (1998)曾经利用6年中国农村住户调查的截面数据将中国农村人口分成4类:持续性贫困(在每一年内的消费都低于贫困线)、长期贫困(平均消费低于贫困线,但是并不是每一年都低于贫困线)、暂时性贫困(平均消费高于贫困线,但至少有一年低于贫困线)和从未贫困(消费水平每年都高于贫困线)。

在本研究中,由于缺乏对农户的长期性监测数据,无法使用贫困线为参照的上述的关于确定长期贫困和暂时贫困的研究方法来分析水村的农户,但是笔者认为可以使用长期贫困和暂时贫困的视角来看待在一个社区中贫困农户的结构性流动,来分析整体上所有农户经济水平都出现上移的情况下,农户在社区中位置的结构性移动情况(表4-27)。

表 4-27 水村不同类型农户的流动情况

项目	一直富裕	一直中等	一直贫困	由贫困到中等	由贫困到富裕	由中等到富裕	由中等到贫困	由富裕到中等	由富裕到贫困
户数	12	30	32	19	9	8	6	1	3
比例/%	10.00	25.00	26.67	15.83	7.50	6.67	5.00	0.83	2.50

资料来源:小组访谈。

数据显示,在水村,一直处于社区富裕水平的农户有 12 户,占到 10%;一直处于社区中等水平的有 30 户,占到 25%;一直处于贫困水平的农户有 32 户,占到 26.67%;从贫困水平逐渐跨越到中等水平的农户共有 19 户,占到 15.83%;由贫困水平逐渐跨越到富裕水平的农户有 9 户,占到 7.5%;由中等水平跨越到富裕水平的农户有 8 户,占到 6.67%;由中等水平向下流动到贫困水平的农户有 6 户,占到 5%;由富裕水平到中等水平的农户只有 1 户,由富裕到贫困水平的只有 3 户。这一系列的数据显示出,水村的农户的流动表现出以下几个方面的特征:①水村的农户经济水平的结构相对稳定,在水村的社会结构一直保持着非常稳定状态的农户累计 74 户,占到总户数的 61.67%。②贫困农户停留在贫困水平的比重最高,达到了 53.33%,而从富裕农户和中等农户向下流动到贫困水平的比较少,分别只有 18.75%和 13.63%。这也就是说贫困农户一旦落入贫困陷阱之中,就难以跨越,而富裕农户和中等农户则生计特征相对稳定,这种情况也就是常说的“贫困陷阱”现象。所谓贫困陷阱,通常地讲是指这样一种情况,处于贫困状态的个人、家庭、群体、区域等主体或单元由于贫困而不断地再生产出贫困,长期处于贫困的恶性循环中而不能自拔。一旦掉进这种“贫困陷阱”,要想从里面跳出来就不是一件容易的事情了。

为什么一旦落入贫困陷阱就无法跨越?对于这一问题的解释,在贫困研究领域内有两种层次的解释,即针对国家贫困的宏观层次和针对农户贫困的微观层次。在宏观层次关于贫困陷阱理论的代表观点主要是纳克斯的

"贫困的恶性循环"、纳尔逊的"低水平均衡陷阱"以及缪尔达尔的"循环积累因果关系"理论,这些理论认为发展中国家总是陷入低收入和贫困的累积性恶性循环之中,用纳克斯的话说:"一国穷是因为它穷"(A country is poor because it is poor)。在微观层面,比较有代表性的观点是 Samuel Bowles,Stenv Durlauf 和 Karla Hoff 在 2006 年编著《贫困陷阱(Poverty Trap)》一书中提出的,他们指出贫困陷阱是指处于贫困境况的一种状态,穷人不能跨越贫困陷阱的原因主要有 3 个层面:①跨越贫困陷阱的门槛很高,穷人缺乏接近门槛的能力和资产,如受教育机会、医疗卫生服务、参与市场竞争等;②制度安排的功能失常,社会不能提供能够保护低收入群体的制度安排,不能提供能够使穷人受益的公共产品;③社会网络的缺失。当再次审视水村长期处于贫困状态的农户的特征和原因时,具有下列特征的农户难以跨越贫困陷阱:第一,家庭成员身患疾病,造成了部分农户不仅欠下巨额的欠款,并且也导致了家庭主要成员的去世,其家庭陷入贫困陷阱之中,难以跨越。这样的农户有 11 户。具体情况如表 4-28 所示。第二,家庭成员中有残疾,从而导致家庭中的主要劳动力不能外出务工,这样的农户有 4 户。第三,家庭成员中老人和孩子都没有劳动能力,劳动力负担系数太重,这样的农户有 5 户。第四,由于分家时分得的家底太薄,土地面积又少,家庭经济一直没有恢复,这样的农户有 9 户。第五,因为其他各种原因,其中有 1 户是因为户主太懒,媳妇与其离婚,1 户躲避计划生育长期在外奔波。

而反观那些跨越了贫困陷阱并且进入相对稳定的富裕水平的农户,其家庭的典型特征是随着家庭劳动力条件的逐渐优化,所有农户家庭都有外出务工人员,有的甚至不止一位。在水村还有一点值得注意的是,征地的高额补偿款也是一些农户成为富裕户的重要原因(表 4-29)。

表 4-28 因为疾病而长期陷入贫困陷阱的农户情况

农户姓名	患病者	对家庭的影响
李 W	父母	父母去世,留下债务
陈 YB	父亲	父亲早逝,留下债务
陈 YJ	父亲	父亲早逝,留下债务,娶不上媳妇
付 G	妻子	丈夫不能出去务工
安 C	妻子	丈夫不能出去务工
李 KW	父母	父亲因病去世,留下债务,母亲仍在生病,需要治疗
李 B	父亲	父亲因病早逝,留下债务,自己未能娶亲
李 H	父母和弟弟	父母因病去世,留下债务,自己因为要照顾弟弟,未能娶亲
李 R	孩子	孩子病逝,留下债务
李 P	父亲	父亲生病每年需要高额治疗费用
李 Q	父亲和母亲	父亲因病去世,留下债务,母亲仍在生病,需要治疗
王 YC	儿子	儿子看病花钱很多,并且娶不上媳妇

资料来源:小组访谈。

表 4-29 从贫困流向富裕的农户情况

农户姓名	跨越贫困陷阱的时间	主要原因
陈 JZ	10 年前	两个儿子当兵,两个女儿在外边挣钱
杜 XX	20 年前	分家之后生活水平开始好转,这几年种土豆收入比较好;2000 年买了三轮车跑运输
安 YL	10 年前	分产到户以后,家里分的地多,1985 年就开始出去打工,后来征地获得大量补助款
孙 HZ	5 年前	过去家里人多,负担重,由于现在都出去打工了,经济收入增加了,所以生活富裕了
安 YG	10 年前	1982 年高中毕业后开始在兰州打了 8 年工,现在是村支部书记,征地获得大量补助款
杜 XR	10 年前	以前生活一直艰难,现在儿子大了,外出打工
王 CY	5 年前	修高速公路占了地,补助了许多钱;现在孩子大了外出打工
李 B	5 年前	分家以后,李 B 外出务工
李 S	5 年前	过去两个孩子小,不能出去打工,现在两个娃娃大了,一家人都出去打工了

资料来源:小组访谈。

再看,从富裕或者中等水平又重新落入贫困陷阱之中的农户,其中一个最重要的因素,就是因为家庭中有成员身患疾病,或者花去高额医疗费,欠下债务,或者是因病去世,家庭劳动力数量减少,从而造成家庭陷入贫困状态,这样的农户一共有 6 户(表 4-30)。

表 4-30 重新落入贫困陷阱的农户情况

农户姓名	流动类型	时间	主要原因
安 H	富裕到贫困	20 年前	自从包产到户之后,不相信科学种田,年龄大了
安 GY	富裕到贫困	20 年前	生的 3 个儿子都是智障,妻子 5 年前因病去世
王 ZC	富裕到贫困	20 年前	因为分家,就剩老两口过日子
王 M	中等到贫困	10 年前	妻子 1992 年病逝;现在大儿子读高中,二儿子读初中,家庭负担很重
何 DR	中等到贫困	5 年前	2004 年出车祸花了很多钱,媳妇 2005 年病死了,大儿子在山东开车撞死了人,赔了四五万元
王 Z	中等到贫困	5 年前	2002 年王 Z 得了脑瘤,后来妻子又离婚走了,家里就没有什么收入了
常 H	中等到贫困	5 年前	儿子出去打工被骗,女儿出嫁,家里劳动力少了
常 Z	中等到贫困	5 年前	父亲因病去世,花了很多钱,并且家里也缺少一个主要劳动力
王 ZM	中等到贫困	10 年前	父母年迈,身患疾病,每年需要高额医药费,儿子不争气,自己也慢慢老了

资料来源:小组访谈。

4.5 水村的贫困特征

4.5.1 水村贫困农户的数量及变化

通过历史回顾式访谈,在过去 30 年里,水村的发展趋势与中国宏观整体发展趋势保持着一致性。参与式农村贫富分类的结果显示，即便是采用农户自身设定的、动态的、模糊的相对贫困标准，水村农户贫困的数量的确是在逐年减少。在家庭联产承包责任制实施之前，水村和中国其他农村一样，实行的人民公社下的集体所有制，土地集体耕种，分配实行的是工分制，集体经济带来的弊端已经在很多研究中国问题的文献中有了深入的阐述，加上20世纪60年代末到70年代早期是定西旱情最为严重的时候，水村的农户生活十分困难，农户的温饱问题是没有办法解决的。从数量上来看，当时村中有一半以上的农户温饱不能解决，1981年，水村开始实施家庭联产承包责任制，将土地重新分到各家各户，但是1981年、1982年和1983年水村连续3年的大旱，农户的生活水平并没有显著变化，直到20世纪80年代中后期，水村仍然有42.86％的农户温饱问题不能得到解决。并且从对农户的小组访谈的结果来看，到20世纪80年代中后期，当地农民给贫困赋予的内涵就是“家里的粮食多不多，够不够吃”，甚至家中存放粮食的库房中的存粮多少成为能否被姑娘相中的重要指标。

到了20世纪90年代以后，水村的贫困状况有了明显的好转，这个时期，农民给贫困赋予的内涵是“温饱基本没有问题，就是没有钱花”。据当地农民的反映，到20世纪90年代中后期，水村吃饭的问题基本解决了，村中比较富裕的农户和家庭条件处于一般水平的农户数量明显增多(表4-31)。

不同时期的农户贫富分类的结果在微观社区层面验证了中国在缓贫方面取得的显著成效，“现在，我们村里最穷的户也比过去最富的户日子好过”，贫困特征从普遍性的绝对贫困转变为普遍性的相对贫困，绝大部分农户不再为满足“吃饱穿暖”的基本需求担忧，获得更多的收入成为农户的主要生计目标。但是，当我们对表4-31的数据进行更细致的观察时，不难发现，即便是到了大家普遍认为“生活已经好很多”的时候，农户视角的贫困户的比重仍然比较高，达到了36.67％，这一比例远远高于全国统一的官方贫困发生率的标准,并且也远远高于2003年甘肃省进行千村扶贫规划时对水村的贫困户建档立卡时20%的贫困户比重。当官方和学术界一直在为贫困标准是要用绝对贫困标准还是用相对贫困标准的时候,乡村社区已经开始接受用相对贫困标准来理解贫困了,从水村不同时期的贫困农户的比重变化趋势来看,无论经济条件如何变化,乡村社区比较趋向于将经济水平居社区农户最后30%左右的农户认定为贫困户。

表4-31 水村过去30年贫困农户数量的变化

项目	农业社时期		农业生产快速发展期		农民外出务工发展期		农业生产结构调整初期		现在	
	户数	比例/%	户数	比例/%	户数	比例/%	户数	比例/%	户数	比例/%
贫困户	47	58.02	42	42.86	40	36.36	37	32.46	44	36.67
中等户	26	32.10	44	44.90	53	48.18	48	42.11	48	40.00
富裕户	8	9.88	12	12.24	17	15.45	29	25.44	28	23.33
合计	81		98		110		114		120	
贫困户和富裕户典型特征及差异	贫困户缺粮严重,温饱问题不能解决,住在窑洞里;富裕户能够吃饱饭,大部分仍然住在窑洞里		贫困户仍然还缺粮,富裕户不仅不缺粮,还有一些积蓄,开始有住房		贫困户的温饱问题都能解决,但是住房比较破旧。富裕户开始有存款		贫困户温饱没有问题,住房比较简陋,缺钱;富裕户住房比较好,家庭收入比较稳定,有存款		贫困户温饱没有问题,但家中因为出现各种风险事件而经济紧张,富裕农户则过上了小康的生活	

资料来源:小组访谈。

4.5.2 水村的致贫原因和变化

研究发现,在不同的历史阶段,水村农户的致贫原因发生了显著的变化,致贫原因从普遍性的结构性因素,如家庭人口劳动力负担重和人地关系紧张向临时性的风险性因素转变,如上学负担和疾病等意外事件转变。不同农户致贫原因的统一性降低,异质性增强,这也就意味着如果仍然继续采取以贫困村为单元的统一的扶贫支持措施是无法满足因为不同原因致贫的农户的需求,这也就要求要对目前的高度统一的扶贫战略进行调整。

在家庭联产承包责任制之前,水村大部分农户的贫困是因为集体经济发展总量不足,在以劳动力为基础的平均分配机制下,家庭人口多,但劳动力少的农户,也就是说劳动力负担系数高成为当时贫困农户的主要贫困原因。1981 年家庭联产承包责任制实施以后,水村从集体经济开始向小农个体经营方式转变,这一时期农户之间的经济发展程度出现分化的原因更多地开始朝着个体性特征发展,而由于宏观经济发展的不足,农民非农就业还未形成气候,当时水村一共才有 13 位农民外出务工,农户经济仍然主要依靠农业生产,因此在这一阶段,水村农户贫困的最主要原因是由于家庭拆分导致的人多地少。20 世纪 90 年代以后,尽管户籍制度在约束着人口流动,但是逐渐取消的城乡之间的严格的分界使得农民在农闲有更多的机会进城打工以此来补贴家用,基本上越是贫困地区,越是有较多的人口离开乡村到城市打工,2006 年中国外出务工人员达到了 1.3 亿,打工人员把挣的工资寄回到自己的家乡,成为中国乡村贫困地区最为核心的缓解贫困的一条途径,农村劳动力非农就业转移极大地增加了农民的现金收入,工资性收入在农村居民人均纯收入中所占的比重越来越大。1995 年,农民工资性收入仅有 353.7 元,占其总收入的 22.42%;到了 2006 年,农民工资性收入达到了 1 375 元,占其总收入的 38.33%,成为农民收入结构中增长最快的收入来源。这种宏观经济发展趋势在水村也表现十分明显,到 20 世纪 90 年代中后期,水村大部分农户家庭都至少有 1 个劳动力外出打工,只有 15 户农户没有外出打工,在问及贫困户贫困的主要原因时,劳动力不能外出务工成为这一时期排在第一位的原因,其次才是人多地少以及家中有人生病。2002 年和 2003 年整个定西市范围内旱灾普遍都比较严重,旱灾成为当年水村农户贫困的主要原因,此外村民还表示孩子上学负担重或人多地少也是农户贫困的主要原因。当下水村的贫困农户的致贫原因排在首位的是孩子上学负担重,其次是家中有人生病或者残疾,再次是残缺家庭或者缺乏技术等。

综上所述,在不同的历史时期,水村贫困农户的致贫原因表现出非常强的一致性,土地不足、由于残疾或者家庭结构残缺造成的劳动力不足以及由于生病或者教育等导致的家庭开支过大成为该村农户贫困的主要原因。不过需要强调的是,在不同的时期,这 3 种原因所起的作用强度略有差异,从其变化发展趋势来看,土地等客观资源的不足对贫困的作用正在下降,人力资产投资需求的增加对贫困的作用日益上升(表 4-32)。

表 4-32 不同时期水村农户的主要致贫原因

时 期	第一位的原因	第二位的原因	第三位的原因
农业社时期	集体经济不足	人多,劳动力少	
农业生产快速发展期	分家后人多地少	家庭人口负担重,孩子小,父母年龄大	家庭中有长期患病或者残疾人口
农民外出务工发展期	孩子小,劳动力不能外出打工	家里人多地少	家中有人生病的
农业生产结构调整初期	旱灾	孩子上学负担重	家里人多地少
现在	孩子上学负担重	家中有人生病的或者残疾的	残缺家庭,缺乏技术

资料来源:小组访谈。

纵观水村不同时期的富裕农户主要致富原因,发现在不同时期,农户家庭经济条件改善的原因不尽相同。实行家庭联产承包责任制之前,在工分制分配体制下,家庭劳动力数量多,劳动力供养人口少的家庭以及有可能获得非分配性收入或者是工资性收入的农户家庭条件相对较好。家庭联产承包责任制实施以后相当长的一段时间内,农户的土地数量多和有从事非农就业机会则成为农户致富的主要原因。近些年来,水村的农业产业结构在当地政府推动下开始发生转变,农业种植从传统的小麦和杂豆等自给性作物种植为主转变为以土豆等经济作物种植为主,一些农户成为土豆种植大户;加上退耕还林政策实施以后,部分农户开始种草发展养殖业,一些农户成为养殖大户；从表4-33可以看到，现在农户富裕的原因主要有3个方面：①非农就业的进一步发展；②农业种植结构调整，农业生产性收入明显增加；③政策性收入增加明显。并且从不同时期的富裕农户的典型生计特征来看，现金收入来源也越来越多元化。10年前，水村富裕农户的现金收入主要来源于非农就业，该村这一时期绝大部分的富裕农户致富的主要原因是因为家庭中有外出务工、运输、做生意等非农就业的机会，基本上没有农业收入和养殖收入。

表4-33 水村不同时期富裕农户的主要收入来源

时间	主要收入来源
农业社时期	工分收入，工资性收入
农业生产快速发展期	打工收入，做生意，粮食
农民外出务工发展期	打工收入，做生意，跑运输
农业生产结构调整初期	打工收入，做生意，跑运输，养殖业
现在	打工收入，做生意，跑运输，种植业，养殖业，政策补贴

资料来源：小组访谈。

4.6 本章结论

本章在对水村不同时期参与式贫富分类的基础上，从不同方面对水村农户贫困的分布进行了全面的了解，其分析资料的基础来自于对水村村民代表和主要知情人的访谈。通过这些资料可以得出以下几方面的初步判断。

第一，在过去的30年里，水村的贫困特征和致贫原因发生了显著的变化，贫困特征从普遍性的绝对贫困转变为普遍性的相对贫困，绝大部分农户不再为满足“吃饱穿暖”的基本需求担忧，获得更多的收入成为农户的主要生计目标。致贫原因从普遍性的结构性因素,如家庭人口劳动力负担重和人地关系紧张向临时性的风险性因素转变,如上学负担和疾病等意外事件转变。

第二,虽然学术界一直都为是采用绝对贫困标准还是相对贫困标准来识别贫困群体而争论,在农村社区,农户早已经开始采用相对贫困的标准来识别穷人,因此,虽然水村的农户普遍表示现在的生活已经很好了,但是让他们表示社区中还有多少贫困农户时,他们所认定的贫困农户数量仍然还比较高,并且从不同阶段来看,贫困农户比重下降的速度并没有像农户表示的生活水平好转的速度和强度快,这也可能意味着,至少是在水村,在社区中如果生活水平处于后30%的人都是贫困群体。

第三,在农村家庭日益核心化的背景下,空巢家庭和单亲家庭等家庭往往是社区中最为贫困的群体,并且在单亲家庭的贫困程度上并没有表现出明显的性别差异,男性户主的单亲家庭和女性户主的单亲家庭在贫困程度上是一致的。

第四,水村农户的贫富结构相对稳定,不同类型农户之间虽然有流动,但并不频繁,也不普遍,这也就意味着贫困农户跨越贫困陷阱并不容易,而富裕农户和中等农户也往往不容易掉进贫困陷阱中,除非是遇到了倾尽所有都无法应对的以外冲击。

本章从全面的观察入手,讨论了水村贫困的总体特征,这些直接的观察是为了后面进一步分析水村农户的资产结构和生计策略提供背景性的资料和启发,为什么会有将近30%的农户被社区共同认定为是贫困农户,为什么他们中的大部分农户在过去30年并没有走出“贫困陷阱”,他们和其他农户在资产结构和生计策略上到底存在什么样的差异,这将是第5章至第7章讨论的重点。

第5章

农户的生计资产特征和结构

随着多元贫困思想的提出，单纯从收入角度来理解贫困，在当下的发展研究和实践中仅仅在于来监测国家和地区层面的缓贫进展，如世界银行的1美元标准和中国所设立的官方贫困线；在社区微观层面理解贫困则更多地采用了多元视角和多维度，尤其是在考察农户的贫困特征时，单纯的收入指标是很难说明清楚的。但如何能够既全面又准确地来分析农户的发展状况，本研究选择使用DFID所推崇的“生计资产”的概念。资产，有时也称为资本，最先仅在经济学中使用，其关注的对象主要是人力资产、金融资产、物质资产和自然资产等有形资产；随着社会学家布迪厄、詹姆斯·科尔曼、罗伯特·普特南、托马斯·布朗等的努力下，用社会资产的概念来分析以人与人之间的社会关系、信任和合作等为基础的无形资产，社会资产成为研究社会行动的重要视角。20世纪80年代中期，发展研究者Robert Chambers提出了用可持续生计分析框架来研究贫困问题，而可持续生计分析框架的核心就是资产，其基本含义是农户从事生产、进入劳动力市场、和其他农户进行互补交易的基础，它是能够被直接或间接地利用的资产储备，以达到农户的某种生存方式或维持在生存水平之上的物质福利水平（Ellis，2000）。后来DFID接受了可持续生计分析框架，将其作为发展干预的重要技术支持。在Robert Chambers和DFID的框架中，农户的资产结构主要包括农户的人力资产、物质资产、自然资产、社会资产和金融资产5个方面,本章将从这5个方面对农户的资产结构进行系统的描述和分析。

本章除了将逐一对农户的5大资产进行分析外,还将在此基础上对农户的资产状况和特征进行量化的解释。从目前国内外的研究现状来看,即便是使用了资产作为分析工具,但是对贫困农户资产特征的研究仍然是以定性为主,在定量上所作的尝试并不是很多,大部分研究都是采用单因素分析方法来逐一分析农户的不同资产禀赋情况,来分析贫困农户通常具有的典型特征,如李小云、唐丽霞(2005)就借用5大资产的结构对贫困农户的特征进行了分析,主要观点为:①贫困农户自然资产受到不可抗拒的因素影响较多,因而使生计暴露于风险之下,而没有可行的措施予以补救。面对这种情形,贫困农户一般都是听天由命,不能发挥其主观能动性,表现出农户的脆弱性。②贫困农户的物质资产一般只能维持自身生产和生活的需要,在面临风险的时候不具有转换性,不能转变为可以交换的资产来降低生计脆弱性。③贫困农户没有可以流动的金融资产积累,并且在金融服务的可及性方面也非常低,他们更多地依赖于农村的非正规金融机制,如高利贷、亲朋好友的互借互助等。④人力资产的数量和质量使其他资产的运用成为可能,对人力资产的投资具有在未来得到回报的特点,但贫困农户缺乏对人力资产进行投入的能力,他们绝大部分人没有参加过培训,并且也有相当一部分的农户不能送孩子上学,也不能去医院看病。⑤农村社区是社会资产比较弱的地区,贫困农户的社会资产主要表现为家庭网络,很少参与各种社会组织,也很难拥有社会权威,而相对封闭的狭窄的家庭网络对于农户抵御不利的打击有时是非常无力的。这种研究虽然能够从一定程度上对农户的生计特点进行比较详细的解释,但是割裂了各个资产之间的相关性和可转化性,并且对于不同类型农户之间的资产状况难以进行比较分析,尤其是当每个资产都有若干个解释指标时,单纯地从单个资产特点的分析难以探究不同类型农户由于资产禀赋和结构的差异而呈现出不同的生计结果,即贫困还是非贫困。因此，对于农户资产进行可测量的量化研究也一直成为很多学者不断尝试的方向，这其中对本研究比较有启发性的成果来自于 Kay Sharp(2003)在非洲的一项研究，即资产指数的计算；李小云等在 2005 年的研究中也借鉴了 Kay Sharp 的定量框架，证明这种方法只要将指标和权重进行重新定义，在中国的贫困研究中也是非常有效的。因此，本研究也将借鉴其推荐的资产指数的方法来对农户的资产组合和不同农户的资产状况进行比较，从而分析不同农户在不同的资产禀赋和资产组合下所呈现出不同的生计结果。

5.1 水村不同类型农户的资产存量

资产存量是指农户对每一种资产的拥有情况，是农户资产的最直接的表现形式。本研究将逐一对水村不同类型农户的资产存量进行描述和分析。

5.1.1 不同类型农户的人力资产

人力资产包括知识、技能、劳动能力和健康状况，有了这些，人们能够通过追求不同的生计策略实现有利的生计结果。在家庭层面上，人力资产取决于劳动力的数量和质量，即劳动能力和劳动力的受教育程度。在水村，家庭收入的主要来源是农业生产和外出务工收入(以县内为主)，农业生产收入占到家庭收入的 45.38%和 21.56%。结合以往农村调查研究的经历和当地农户的收入情况，本研究将用家庭劳动能力指标和家庭成年劳动力的受教育程度来衡量人力资产，家庭总合劳动能力是指处于不同年龄和健康状况的家庭成员所具有的劳动能力总和；家庭总和劳动力受教育程度是指家庭成年劳动力的受教育程度总合。计算家庭总合劳动能力和受教育程度的方法是参考 Kay Sharp(2003)和李小云(2005)时所采用的方法,对不同类型的劳动力以及受教育程度进行赋值,具体赋值方法如表 5-1 所示。

表 5-1 劳动能力和受教育程度赋值

劳动能力	儿童	工作的儿童	成人的助手	成年人	老年人	残疾人	长期患病者
赋值	0	0.3	0.6	1	0.5	0	0

成年劳动力受教育程度	文盲	初小	小学	初中	高中或中专	成年劳动力中有特殊技能
赋值	0	0.25	0.5	0.75	1	1

资料来源:问卷调查。

调查数据(表 5-2)显示,不同类型的农户在劳动力条件上差异是非常明显的,按照前述的家庭总合劳动能力的计算方法,富裕农户的家庭总合劳动力为 4.03 人,中等户为 3.69 人,贫困户为 2.96 人,特困户仅为 1.82 人。具体来看:不同类型农户在家庭人口数量、全劳动力个数、劳动力负担系数和劳动力抚养系数上的差异比较明显,家庭人口中老年人的数量和上学子女数量则差异并不显著。数据反映出来的规律性的特征是:富裕户的家庭人口规模要高于贫困户,全劳力的个数要多于贫困户,相应的劳动力负担系数和劳动力抚养系数则低于贫困户。数据还表明,没有全劳动力的家庭多数属于贫困家庭。在水村一共有 8 户农户没有全劳力,其中 2 户属于特困户,5 户属于贫困户。

表 5-2 不同类型农户的劳动力状况

农户类型	家庭人口数	总合劳动能力	全劳动力个数	老年人个数	劳动力负担系数	劳动力抚养系数	上学子女数	没有全劳力的户数
特困户	2.75	1.82	1.37	0.17	0.92	1.51	1.2	2
贫困户	3.92	2.96	1.83	0.81	0.71	1.32	1.27	5
中等户	4.76	3.69	2.4	0.9	0.74	1.29	1.19	1
富裕户	5.08	4.03	2.46	1.19	0.65	1.26	1.28	0

资料来源:问卷调查。

数据显示(表5-3),不同类型农户家庭劳动力的总合受教育程度之间的差距是比较明显的,特困户和贫困户家庭的总合受教育程度不足1,中等户的总合受教育程度为1.17,富裕农户的总合受教育程度为1.63;但是,从家庭劳动力最高文化程度的分布来看,各种类型的农户的差别主要表现为小学以下程度上,不同类型农户的家庭劳动力的最高文化程度之间并没有显著差异。考虑到不同类型农户家庭劳动力的数量等因素,可以判断不同类型农户家庭总合劳动力受教育程度的差异主要是因为劳动力数量的不同。不过需要指出的是,家庭劳动力都是文盲的农户容易趋向于贫困状态,在水村,一共有11户农户家庭的劳动力均为文盲,其中2户是特困户,6户属于贫困户,3户属于中等户,没有富裕户。

表5-3 不同类型农户的劳动力受教育程度

农户类型	总合受教育程度	文盲		小学		初中		高中及其他	
		户数	比例/%	户数	比例/%	户数	比例/%	户数	比例/%
特困户	0.97	2		1		2		1	
贫困户	0.70	6	16.15	6	16.7	14	39.35	5	13.9
中等户	1.17	3	6.66	18	40.04	19	42.2	4	8.9
富裕户	1.63	0	0	10	38.5	13	50	3	11.5

资料来源:问卷调查。

人力资产是农户生计策略实施最重要的资源和主体,这将在第6章中进行具体的分析。单从可直接观察到的劳动力的数量上来看,水村中单亲和空巢家庭等实质上也就是人力资产不足的家庭中的贫困比重非常高(详见第2章)。人力资产造成了家庭的贫困,而贫困也影响了家庭人力资产的积累,婚姻是构建家庭的基础,并且也是人力资产积累的前提,在水村,有娶不上媳妇的单身男性20人,他们都无一例外地生活在特困户或者贫困户家庭中。此外,因为家庭贫困,有3户农户的女主人都跟人跑了。

5.1.2 不同类型农户的自然资产

自然资产包括人们为了生存所利用的土地、水和生物资源,包含可再生的资源和不可再生的资源。自然资产对农户的生计安全的意义在于:农户生产和生活的外部自然环境最直接地影响农户的生产和生活方式,它是发展生产的基础,土地的数量和质量决定了生产的物质的和人力的投入,而产量的多少又决定了农户是否能从生产活动中获得收益或收入。

虽然在很多农村地区由于劳动力的外出打工和农业生产成本的上涨,外来务工的收入在农民收入中所占的比重逐年上升,土地对农民的功能在很多地区在不断退化,这也影响了农户对土地的种植意愿,土地撂荒的现象在很多劳动力输出频繁的农村成为一种比较普遍的现象,据张红宇(2001)对安徽寿县的调查,2000 年全县土地撂荒面积高达 16.3 万亩,比上年增加 1.4 倍;占全县耕地面积的 9%。其中常年性撂荒面积占 72%,季节性撂荒面积占 28%;撂荒 2 年以上的,占撂荒面积的 26.7%[①]。但是在水村情况并不是这样。

在当地政府大力推广土豆种植的政策安排下,土豆和当地传统的旱作作物相比具有高回报的特点,提高了当地土地生产效率,土地对农户的经济功能提高了;同时,水村的村民很少有到外县务工的,全村有 102 个劳动力外出务工,但是只有 26 个是在外省或者外县长期打工,其余的 75 人均在本县内打零工,不会影响到农业生产劳动力的供给。因此,在水村,农户土地的拥有情况则成了非常重要的指标。水村的自然资源条件是比较恶劣的,除了不同类型的耕地资源以外,并没有其他任何能够用于发展生产的自然资源类型,该村土地的类型主要有 2 种:梯田和坡坡地。梯田主要是指使用大型挖土机进行过平整机修的耕地,地块较平,能够保水、保肥和保墒,农业

① 张红宇:正确看待农村土地撂荒现象,中国经济时报,2001 年 7 月 31 日。

生产效率较高的耕地，农户通过农业生产获得收益；坡坡地是指没有开垦成梯田的耕地，部分坡坡地已经退耕，但部分仍然在耕种。水村的全部耕地分产到户，村集体并没有留存任何集体土地。

因为土地分配时采取的按人头平均分配的方式，虽然部分家庭人口和结构在过去的30年有了很大的变化，但是从实际调研的情况来看，不同类型农户之间的人均耕地面积并没有明显的差异，但是户均耕地面积差异显著，特困户的户均耕地面积为19.5亩，贫困户为21.4亩，中等户为26.47亩，富裕户则为35.19亩(表5-4)。从这点上可以看出，土地作为家庭生产的重要资源，集聚效应是非常明显的，尤其是在当土地不仅仅只满足农户的粮食消费需求的时候，户均土地面积的多寡成为农户贫富的一个重要原因和特征。

表5-4 水村不同类型的农户的耕地面积 亩

类型	户均梯田面积	户均坡坡地面积	人均梯田面积	人均坡坡地面积
特困户	14.3	5.2	4.95	1.08
贫困户	14.99	6.41	4.07	1.59
中等户	18.98	7.49	4.06	1.62
富裕户	24.06	11.13	4.85	2.17

资料来源：问卷调查。

5.1.3 不同类型农户的物质资产

物质资产包括了维持生计所需要的基础设施以及生产工具等，物质资产的意义在于提高贫困人口的生产力，并且在必要的时候可以通过抵押、变卖等途径转化成金融资产，在大量的关于物质资产的研究中，物质资产通常包括农户的住房、农户家庭耐用消费品拥有情况、生产性生产工具拥有情况、家畜和大牲口等拥有情况。按照对于物质资产的严格理解，物质资产只有在其能够流动折现的情况下才能被称为是资产，因此，Moser(1998)指出房屋只有在被用来发展家庭作坊或者出租出去,才能被称为是物质资产。虽然在水村并没有出租、发展家庭经营以及出售房屋的情况,但是房屋在农村里仍然被看作是重要的物质资产,因为房子通常被视作是金融资产的一种聚集形式,同时也是能够婚娶的一个重要的前提条件,因此仍然将房子作为农户物质资产的重要内容。

水村的不同类型农户在住房条件上存在一定的差异,全村普遍都是土木结构的住房,只有5户是砖瓦房,在这5户中,其中3户是家庭比较富裕的农户,2户是中等户,因此,从房屋结构上来看,农户的住房差异并不十分明显。不过从不同类型农户的房间间数上来看,差异还是比较明显的,特困户平均住房约为2.63间,贫困户户均住房为3.11间,中等户户均住房为3.67间,富裕户的户均住房为4间。

从家庭耐用消费品的拥有情况来看,不同类型农户的差异比较明显,贫困户在拥有消费品的种类和数量上都要明显少于富裕户,这也就意味着如果真的是要面临风险的时候,贫困农户能够用来临时应对风险冲击的可转化的物质资产的匮乏,但这的确是农户应对风险时的重要保证,在2007年该村就有3户农户变卖家庭摩托车给家庭成员看病。从不同类型的家庭耐用消费品的拥有情况来看(表5-5),摩托车被视为是最必需的消费品,因为水村到县城的距离在10千米以上,各个村社之间相距甚远,并且都是山路,自行车是无法使用的,摩托车是村民出行的最主要的交通工具,因此,“我们只要能存上一点钱,都会尽量买一辆摩托车,哪怕是借一点钱也可以。”并且摩托车在家庭急用时,转手是非常容易的。从实际调查数据来看,即便摩托车价格不菲,但是在特困户和贫困户家庭中仍有相当部分购置了,不过拥有的比例要远远低于中等户和富裕户。

表 5-5 水村不同类型农户的家庭耐用消费品拥有情况

农户类型	彩电		固话		手机		洗衣机		摩托车		录音机		耐用消费品种类	耐用消费品数量
	户数	比例/%	户数	比例/%	户数	比例/%	户数	比例/%	户数	比例/%	户数	比例/%		
特困户	2	25	4	50	0	0	0	0	2	25	0	0	0.75	1
贫困户	19	52.8	16	44.5	11	30.6	2	5.6	15	41.7	10	27.8	1.63	2.06
中等户	27	58.7	23	50	18	39.1	4	8.7	32	69.6	10	21.7	1.91	2.61
富裕户	20	76.9	15	57.7	15	57.7	7	26.9	23	88.5	7	26.9	3.45	3.45

资料来源：问卷调查。

水村仍然保持着牲畜耕地的生产方式，主要使用耕牛、驴子和骡子，通常情况下耕地的时候需要用一头耕牛，或者是两头驴子，或者是两头骡子，或者是一头驴和一头骡子；因此，当地的饲养习惯是或者饲养一头耕牛，或者饲养两头以上的驴子或骡子。调研数据显示，由于耕牛的成本比较高，饲养耕牛的农户普遍不多，饲养驴的农户最为普遍；如果仅从农户是否有这些牲畜来看，不同类型农户之间的差异并不明显，但从农户饲养的数量是否能够满足自己的生产需求来看，即是否至少拥有 1 头耕牛或者两头驴或骡子来看，不同类型农户之间的差异是比较明显的，特困户有 5 户只饲养了 1 头驴或骡子，占到 63%；贫困户有 26 户，占到 72%，中等户有 16 户，占到 35%；虽然富裕户中有 12 户只饲养 1 头，但是其中有 5 户农户购买了小型的围耕机用来耕地，每台围耕机的价格是 2 000 元左右，因此真正需要借用牲畜的富裕户只有 7 户，占到 27%。除了牲畜以外，随着土豆种植在当地的推广，作为土豆的主要运输工具三轮车/拖拉机开始成为当地农业生产的必备工具，“和摩托车一样，种土豆必须要买三轮车或者拖拉机，否则就没有办法卖土豆”，从其拥有情况来看（表 5-6），中等户和富裕户家庭购买三轮车/拖拉机的比重远远高于贫困户和特困户，而这将直接影响到农户的土豆种植过程中土豆的销售和所需农业生产资料的购买。

表 5-6　水村不同类型农户的生产工具拥有情况

农户类型	耕牛		驴		骡子		三轮车/拖拉机	
	拥有户数	比例/%	拥有户数	比例/%	拥有户数	比例/%	拥有户数	比例/%
特困户	0	0	4	50	2	25	1	12.5
贫困户	2	5.6	20	55.6	12	33.3	14	38.9
中等户	4	8.7	27	58.7	15	32.6	31	67.4
富裕户	3	11.5	17	65.4	10	38.4	20	76.9

资料来源:问卷调查。

水村的自然条件并不适合发展养殖业,但是仍然很多农户有饲养鸡、羊和猪的习惯,养鸡和养猪主要是为了自家的消费,鲜有用来销售的,但在遇到急需花钱的时候,也有一些农户会销售自家饲养的家禽、家畜,2007 年,该村有 22 户农户曾经有过销售家禽、家畜用来支付孩子的学费、看病的医药费等情况。从饲养情况来看,特困户很少饲养猪和羊,其他 3 种类型农户在是否饲养上的差异并不明显,但是在饲养数量上的差异比较大,尤其是在猪和羊上面。虽然有 8 户贫困农户饲养羊,但是其中 6 户只饲养 1 只羊,1 户饲养 2 只,还有 1 户饲养 4 只;中等户中有 19 户农户养羊,只有 4 户饲养 1 只,其余的 15 户饲养规模都在 5 只以上,富裕户中有 10 户养羊,有 3 户饲养 1 只,2 户饲养 3 只,其余的 5 户饲养 5 只以上(表 5-7)。当地农户养猪主要是为了吃肉,由于粮食有限,养殖规模都不大,基本上都是 1 头或 2 头,富裕户中养 2 头猪的有 19户,中等户中有 12 户,贫困户中有 5 户。虽然养猪主要是为了消费,但是在遇到困难的时候,销售猪成为农户重要的应对途径之一,在前述的 22 户出售禽畜的家庭中就有 11 户销售的是猪。

表 5-7 水村不同类型农户的家庭养殖情况

农户类型	鸡		羊		猪	
	数量	比例/%	数量	比例/%	数量	比例/%
特困户	6	87.5	2	25	2	25
贫困户	29	80.5	8	22.2	31	86.1
中等户	42	97.7	19	41.3	40	87
富裕户	22	84.6	10	38.5	24	92.3

资料来源:问卷调查。

5.1.4 不同类型农户的金融资产

金融资产主要是指可支配的现金,这里面包括3方面的来源:自身的现金收入以及从正规或非正规渠道获得的贷款。自身的现金收入主要是通过农户自己的创收获得的,是大多数农户金融资产的主要来源;正规贷款是指从政府的金融贷款部门(农业银行、信用社)获得的现金,非正规渠道贷款主要包括民间互助借贷、高利贷以及社区基金或者当地小额信贷等机构的借贷。在水村,当地没有任何提供民间借贷的机构,也没有民间的高利贷行为,农户获得贷款的主要途径是当地的信用社的商业贷款和亲戚朋友之间的互助性借贷。调查数据显示,水村农户的借贷行为比较普遍(表5-8),在2007年一年间,共有70户农户有过借贷行为,其中9户是从信用社获得贷款,56户是向亲戚朋友借款,还有5户既从信用社贷款,也同时从亲戚朋友处借款,有借贷行为的农户占到总户比重的51.72%,平均借款金额为4 821元。从不同类型的农户借款频率来看,中等户和富裕户借款的频数相对较高,并且借款金额也要高于贫困户和特困户,这在一定程度上表明中等户和富裕户在获取借贷性金融资产方面要更加容易。

表 5-8　水村不同类型农户的借贷情况

农户类型	银行借贷			亲戚朋友借贷		
	户数	比例/%	平均借款金额/元	户数	比例/%	平均借款金额/元
特困户	0	0.00	0	4	50	2 200
贫困户	2	5.56	2 500	13	36.11	3 000
中等户	8	17.39	2 666	22	47.83	5 957
富裕户	4	15.38	4 833	17	65.40	3 812

资料来源:问卷调查。

农户金融资产的最主要的来源是农户的现金收入机会情况,通过回忆式的调查发现水村不同类型农户在收入结构上的差异并不明显,其主要收入来源都是务工收入、种植业收入和转移性政策收入。由于近些年国家相继出台退耕还林、粮食直补、农村最低生活保障制度等一系列直接补贴农户的惠农政策,农户的政策性转移收入占家庭收入中所占比重是比较明显的,尤其是对于特困户来说,政策性转移收入占到家庭收入的27%。虽然收入结构相差不大,但是不同类型农户在现金收入额度上的差异还是比较明显的,贫困户的人均纯现金收入为 1 839 元,贫困户人均纯现金收入为 2 100 元,中等户则为 2 573 元,富裕户则为 3 624 元(表 5-9)。

表 5-9　水村不同类型农户的现金收入情况

农户类型	工资收入		经商收入		养殖业收入		务工收入		种植业收入		转移性收入		家庭现金收入/元	人均现金收入/元
	元	比例/%	元	比例/%	元	比例/%	元	比例/%	元	比例/%	元	比例/%		
特困户	33	0.62	0	0	350	6.64	1 280	24.27	2 188	41.48	1 424	27.00	5 274	1 839
贫困户	0	0.00	0	0	408	5.08	3 319	41.27	3 150	39.17	1 165	14.48	8 042	2 100
中等户	65	0.54	1 039	8.60	333	2.75	4 402	36.43	4 724	39.09	1 522	12.59	12 085	2 573
富裕户	396	2.23	385	2.16	1 223	6.87	5 869	32.98	7 872	44.23	2 051	11.53	17 797	3 624

资料来源:问卷调查。

水村不同类型的农户在家庭支出(表 5-10)结构上差异表明经济条件越好的农户在生产性支出方面的投入比重越高,富裕户用于生产性的支出占到了 34.33%,而贫困户和特困户分别为 27.96%和 25.91%。在生活性消费支出中,不同类型农户的消费结构有着很大的相似性,生活支出、医疗保健支出和教育支出是生活性消费支出最主要的 3 项。

表 5-10 水村不同类型农户的家庭现金支出情况

项目	特困户		贫困户		中等户		富裕户	
	元	比例/%	元	比例/%	元	比例/%	元	比例/%
农业生产投入	988	16.61	941	11.11	1 310	13.46	1 958	13.29
经营加工投入	165	2.78	64	0.75	513	5.28	108	0.73
购买固定资产	0	0.00	564	6.66	610	6.27	1 942	13.18
养殖费用	388	6.52	800	9.44	788	8.10	1 050	7.13
生活支出	1 328	22.33	1 474	17.40	1 616	16.61	2 615	17.75
衣着消费支出	238	4.00	484	5.71	401	4.12	519	3.52
能源消费	491	8.25	684	8.07	1 010	10.37	934	6.34
医疗保健支出	700	11.78	1 498	17.68	1 033	10.61	1 817	12.33
交通通信支出	361	6.08	712	8.41	477	4.90	823	5.58
教育支出	1 225	20.61	1 207	14.25	1 949	20.03	2 940	19.95
其他支出	63	1.05	44	0.51	25	0.25	27	0.19
总支出	5 944		8 472		9 733		14 732	
生产性支出	1 540		2 369		3 222		5 057	
比例/%	25.91		27.96		33.10		34.33	
消费性支出	4 404		6 103		6 511		9 675	
比例/%	74.09		72.04		66.90		65.67	

资料来源:问卷调查。

虽然单从现金收入来看,水村农户的现金收入(表 5-11)水平并不低,但是从其现金支出来看,水村农户的现金支出额度也比较大,从而造成了农户的现金净收入水平并不高,其中特困户和贫困户的平均户现金净收入分别为－670元和－430元,中等户和富裕户的平均户现金净收入则分别为2 352元和3 065元,这更能说明水村农户的贫富分化是比较明显的。调查数据还显示,2007年水村一共有44户农户入不敷出,占到总农户比重的37.93%,其中特困户5户,占到特困户总数的62.5%;贫困户18户,占到贫困户总户数的50%;中等户14户,占到中等户总户数的30.43%;富裕户7户,占到富裕户总户数的26.92%。当问及农户是否有家庭存款时,富裕户和中等户表示有家庭存款的农户比重最高,分别占到42.31%和39.13%;贫困户只有22.22%的农户表示家庭有存款,特困户只有1户农户表示有家庭存款。

表5-11　不同类型农户家庭现金净收入情况

项目	特困户	贫困户	中等户	富裕户
户现金净收入	－670	－430	2 352	3 065
户现金净收入为负的户数	5	18	14	7
比例/%	62.50	50.00	30.43	26.92
表示有存款的农户户数	1	8	18	11
比例/%	12.50	22.22	39.13	42.31

资料来源:问卷调查。

5.1.5　不同类型农户的社会资产

社会资产指的是人们为了追求生计目标所利用的社会资源,如社会关系网和社会组织(宗教组织、亲朋好友和家族等),包括垂直的(与上级或者领导的关系)和水平的(与具有共同利益的人)的社会联系,其作用是增强人们的相互信任和相互之间合作的能力,并使其他机构对他们的需求给予更及时的反应。对于社会资产的外延学术界有4种说法,即资源说(布迪厄、林南,2001)、能力说(边燕杰,1997)、网络说(Ronald Burt、张其仔,1999)和信任说(福山,1998),社会资产概念的提出拓宽了社会科学研究的视角,但是由于社会资产在内涵和外延上的抽象性，使得很多学者都质疑社会资产的可测量性，James Coleman(1990)曾经就指出“社会资产是否可以像金融资产、自然资产和人力资产一样，将成为社会科学中有用的一个定量概念，这还有待于发现；它的当前价值主要在于社会系统中定性分析和运用定性指标进行定量分析的有效性。”不过，1996 年世界银行开始对社会资产在发展项目中的作用进行评估，建立测量社会资产的指标和测量其影响的方法，设计了“社会资产测量综合问卷”，从团体与网络、信任与团结、集体行动与合作、信息和交流、赋权和政促行动、社会归属感 6 个维度来设计问题测量社会资产，随后，对社会资产的量化研究也开始多起来，如 Kanck 和 Keefer (1997)使用了信任和公民规范指标及 Temple 和 Johnson(1998)使用种族差异、社会流动以及电话服务等指标来测算社会资产[①]。2001 年以来，西方一些国家开始在社会统计系统中增加对社会资产的评估，如英国、荷兰、美国、澳大利亚等，从这些社会资产的测量框架来看，对于指标的选取没有统一的定论，主要都是根据测量目标来设立指标，但主要不外乎测量声望、信息和能力、社会支持以及网络等方面的内容。

本研究在社会资产的分析上选取了社会活动和组织的参与、社会关系网络和社会权利和声望 3 个方面的内容，通过入户调查发现，水村农户并没有参与任何形式的组织和活动，社会生活的参与主要是社区内的仪式、红白喜事等，在农户之间并没有形成差异；对于社区权力和影响的评价除了村干部明确表示其在社区中有一定影响外，其他农户均表示没有影响，“现在，都是自己管自己，哪有时间管别人！”因此，在这里对于社会资产的分析将只使用社会网络方面的指标，具体包括能够借到钱的亲朋的数量、能够有人帮忙干活的亲朋的数量和亲戚是乡村干部的数量等。虽然通常来说农民社会网

---

① 本部分资料参考了刘林硕士学位论文《社会资本的定量研究及应用》，2006 年，中国农业大学硕士学位论文。

是以高趋同性、低异质性、高紧密行为特征的(张文宏,1999),但是不同类型农户之间在社会资产的拥有程度上仍然有一些明显的差异,富裕农户表示有能够借到钱的亲朋的比重要远远高于贫困农户,能够借到钱的农户的数量和能够为其提供帮助干活的农户数量都要明显高于贫困农户,并且调查显示,富裕户和乡村干部之间有亲属关系的比重也要高于贫困农户,具体情况见表5-12。

表 5-12　水村不同类型农户的社会资产情况

农户类型	没有能借钱的农户		没有亲戚是乡村干部		能借钱的农户	能帮干活的农户
	户数	比例/%	户数	比例/%	户数	户数
特困户	4	50	6	75	1.38	2
贫困户	18	50	33	91.7	2.38	3.27
中等户	12	26.1	37	80.4	2.24	2.71
富裕户	6	23.1	16	61.5	4.23	4.27

资料来源:问卷调查。

5.2　水村不同类型农户的资产指数

从不同类型的各种资产禀赋的描述和简单比较中,可以得出这样的一个初步发现:富裕农户在人力资产、自然资产、金融资产、物质资产和社会资产的各项指标上的拥有情况都要高于贫困农户。但是这种单纯从单个资产特点的分析难以探究不同类型农户在资产的差距,因此这就需要对农户的资产进行可以量化和综合比较的分析和处理。正如前文所述,本研究将采用Kay Sharp(2003)的资产指数法来对农户的资产结构进行进一步的讨论和分析。

5.2.1 资产指数的计算步骤和方法

Kay Sharp资产指数法的基本研究思路是通过一系列可以量化的指标来计算农户的资产指数，其基本步骤为：第一步，确定农户资产的指标体系，在确定指标体系时考虑到不同地区农户的不同特点选择合适的指标；第二步，对用来进行量化处理农户资产特点的指标进行赋值，通常都是以数量形式表示；第三步，对有着不同量纲的指标值进行标准化处理，处理的方法是函数法化处理方法；第四步，确定每一个指标在其资产评估中的权重，可以采取参与式评估的方法；第五步，计算农户每一种的资产指数，资产指数计算公式为 $F(x) = \sum W_i \times P_i$，其中 W_i 是具体指标的权重值，P_i 是经过标准化处理的指标值。

本研究在计算资产指标的确定上采取了两次筛选的方法，首先根据经验研究和问卷调查的描述性统计结果确定各项指标。经验研究主要参考依据为Kay Sharp和李小云的研究；水村的实际情况则主要是考虑前一节初步描述统计的结果：具体为：①人力资产，主要包括家庭劳动能力总合和劳动力受教育程度总合。②水村是一个典型的旱作农业区，全村范围内没有任何地表水以及地下水，用来灌溉，因此在设计自然资产指标时不需要考虑水资源的可及性。针对这种情况，本研究将自然资产划分为户均拥有梯田面积和户均拥有坡坡地面积两个指标。③物质资产。在水村，由于绝大部分农户的住房都是土木结构，每一间房屋的建筑面积相差不大，住房的间数存在差异比较明显，因此在考虑住房指标时只选择了住房间数；从调查情况来看，家庭耐用消费品的拥有情况差异也是比较明显的。在当地由于开始大面积种植土豆，三轮车/拖拉机成为农业生产必要的生产型工具，调查显示，农户在其他方面的生产工具拥有并不具有明显的差异，并且绝大部分农户家里只有简易的锄、锹等简单的生产工具，因此将三轮车/拖拉机作为衡量生产性生产工具指标;调研表明,耕牛、骡子和驴等大牲口仍然是耕地的主要畜力,并且在家庭遇到困难时,这些大牲口容易交易兑现,因此将耕牛、骡子和驴的拥有情况作为衡量大牲口拥有情况的指标。在家畜饲养方面,水村农户只饲养鸡、羊和猪,从功能上来看,母鸡饲养仅仅是为了满足家庭消费的需求,并未出现任何售卖的现象,因此就没有把鸡的饲养情况作为衡量家畜拥有情况的指标,只选择了羊和猪的饲养情况。④金融资产。主要采用了借贷金额和现金收入两个指标。⑤社会资产。仅仅考虑农户的社会关系网络情况,具体包括社区中能够借到钱的亲朋的数量、能够有人帮忙干活的亲朋的数量、亲戚是乡村干部的数量、亲戚是县里的干部的数量等。因此,得出本研究中农户资产的指标体系如表 5-13 所示。

表 5-13 初步确定的农户资产的指标体系

资产类型	Kay Sharp 的研究	李小云研究	本研究
人力资产	家庭总合劳动力数量 是否有男性成人劳动力 是否有非农就业的劳动力	家庭总合劳动力数量 家庭劳动力总合受教育程度	家庭总合劳动力数量 家庭劳动力总合受教育程度
自然资产	拥有土地的面积 耕种土地的面积	人均耕地面积	户均旱地面积 户均坡坡地面积
物质资产	耕牛的数量 生产牲口的数量 牲畜的数量	住房条件	住房间数 耐用消费品拥有数量 三轮车/拖拉机拥有数量 家畜拥有情况 大牲口拥有情况
金融资产	现金储备额度 转移性收入额度	现金收入 借贷机会	现金收入 借贷现金
社会资产	是否参与社会组织 是否有能够提供帮助的亲朋	参与社会组织和活动次数 是否能够获得资金帮助	社区中能够借到钱的亲朋的数量、有人帮忙干活的亲朋的数量、亲戚是乡村干部的数量

然后将上述指标以分组分别和农户类型进行 ordered probit 回归进而筛选最终指标，根据分组回归的结果，发现物质资产中的耐用消费品拥有数量和家畜拥有情况两个指标与农户类型之间没有显著相关性，而借贷金额和农户经济发展程度呈反相关关系，也就是说借贷金额越多，农户家庭条件越贫困，这和前面的不同类型农户的借贷金额的均值比较结果相悖，因此在计算资产指数将此指标剔除，因为这样意味着要给其一个负数权重，目前从方法上没有找到合适的处理方式。因此，将此 3 项指标删除，从而确定了计算资产指数的 5 类十一项指标。

指标确定以后，第二步就是对指标进行赋值，由于所选指标均已是数量指标，因此在使用过程中就直接使用其数值；不同指标的量纲是不同的，在计算指数时，需要对其进行标准化，标准化处理的方法有很多，如倒数法、函数法等，本研究根据参考 Kay Sharp 和李小云等采用的函数法对各个指标数值进行标准化处理，其基本操作步骤为：第一步，对每个指标确定一对阈值，包括一个上限值和一个下限值。上限值和下限值的确定可根据实际情况确定，如上限值选择历史最高水平，预期目标，下限值选择历史最差水平或最低标准等，最简便的办法是使用参评单位中最优值和最差值。第二步，以上限值和下限值之差作为分母，实际值与下限值之差作为分子计算功效系数，公式为：$(X_i - X_{\min})/(X_{\max} - X_{\min})$。在本研究中对于所有调查农户的各项计入到资产指数的各项指标值进行标准化处理时，采用的是同一的标准，也就是将所有的农户在各项指标值进行统一大排队，从而得出标准化的统一计算公式。

指标标准化处理完以后，接下来要考虑的就是确定不同指标的权重。指标权重的确定可以采用的方法有关键特征调查法、德尔斐法、专家评断平均法、两两比较法，层级分析法（AHP）、回归分析法等。根据李小云等在 2001 年进行的“参与式村级扶贫规划的程序和方法”研究中参与式贫困指数开发的经验，采用了德尔斐法来对用来计算参与式贫困指数的指标进行权重赋值,随后在甘肃、河北、广西3省的实践以及后来李小云、唐丽霞等在全国6个省的67个村的调研结果都证明了该方法的有效性,因此,在本研究中也将采取德尔斐法来对各指标权重进行赋值。具体的操作方法是:①邀请了7名当地的村民,考虑到不同的家庭条件以及性别召开小组座谈会;②将讨论的内容和参与讨论的村民解释清楚,让每个村民给每个指标打分;③计算出每个村民打分的平均值,并将结果反馈给村民,然后再进行讨论,最后达成一致意见,获得各项指标的最终权重值。经过这种参与式讨论,最终确定的各指标的权重值见表5-14。

表5-14 各种类型资产的指标权重

资产类型	指标	权重
人力资产	家庭总合劳动力数量	0.6
	家庭劳动力总合受教育程度	0.4
自然资产	户均旱地面积	0.6
	户均坡地面积	0.4
物质资产	住房间数	0.3
	三轮车/拖拉机拥有数量	0.4
	大牲口拥有情况	0.3
金融资产	现金收入	1
社会资产	社区中能够借到钱的亲朋的数量	0.5
	能够有人帮忙干活的亲朋的数量	0.3
	亲戚是乡村干部的数量	0.2

5.2.2 不同类型农户的资产指数

由于特困农户的数量比较少,只有8户,因此在比较不同类型农户的资产指数时,将其归入到贫困户类型。在按照上述方法进行数据处理后,可以计算出不同类型农户的资产指数,如表5-15所示。

表 5-15 不同类型农户的资产指数

农户类型	自然资产指数	人力资产指数	金融资产指数	物质资产指数	社会资产指数
贫困户	0.184 0	0.300 8	0.139 4	0.345 2	0.140 6
中等户	0.221 4	0.413 1	0.232 3	0.514 4	0.171 9
富裕户	0.302 9	0.472 1	0.363 9	0.649 0	0.336 3
平均	0.225 5	0.383 7	0.226 6	0.480 4	0.196 9

从表 5-15 的数据可以初步发现，不同类型农户在资产的拥有程度上的差异比较显著，富裕农户的各项资产指数都要高于贫困农户。将农户的资产指数用雷达图的形式来表现会更为直接(图 5-1)，富裕农户和贫困农户的资产结构相比，富裕农户的资产结构呈现出明显的外扩趋势，资产结构的半径较长；而贫困农户的资产结构呈现出明显的内缩趋势，资产结构的半径较小。

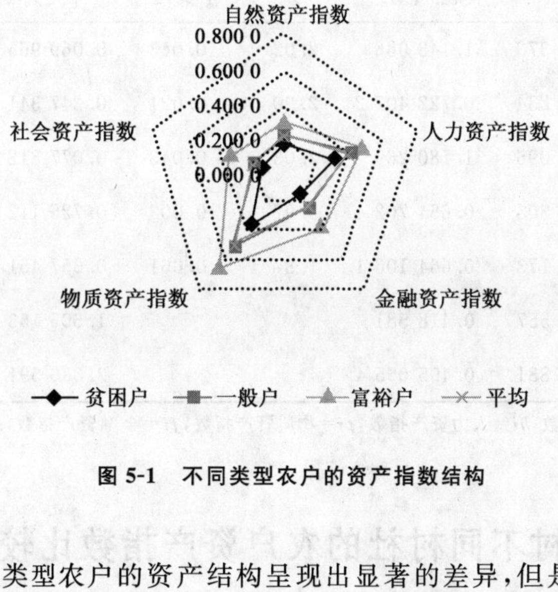

图 5-1 不同类型农户的资产指数结构

虽然不同类型农户的资产结构呈现出显著的差异，但是有一点却是共性的，即每一种类型农户的物质资产的指数和其他资产指数相比都是最高的，富裕农户的物质资产指数为 0.649 0，中等农户的物质资产指数为 0.514 4，贫困户的物质资产指数为 0.345 2,这种共性在一定程度上反映出各种农户在资产存量的积累上更倾向于选择以物质资产的形式进行。

为了更加清楚地说明资产指数和贫困之间的关系,笔者对各个资产指数和农户类型进行了稳健 ordered probit 回归模型来检验。具体模型结果如表 5-16 所示。模型结果显示,各个资产指数和农户类型之间都呈现出明显的因果关系,这也就是说,用资产结构能够充分解释农户的发展水平,也就是说造成农户贫困的核心原因是农户生计资产的组合。

表 5-16　资产指数和农户类型之间的关系

oprobit poverty ni hi pi fi si,robust

Ordered probit regression　　Number of obs = 116

Wald chi2(5) = 47.44

Prob > chi2 = 0.000 0

Log pseudolike lihood = −90.450 507　　Pseudo R2 = 0.271 1

		Robust				
poverty	Coef.	Std. Err.	*z*	*P*>|*z*|	[95% Conf. Interval]	
ni	2.310 373	1.143 086	2.02	0.043	0.069 965 5	4.550 781
hi	1.663 234	0.722 407 2	2.30	0.021	0.247 341 6	3.079 126
pi	2.391 096	1.180 269	2.03	0.043	0.077 812 1	4.704 381
fi	2.008 305	0.654 702 4	3.07	0.002	0.725 112 2	3.291 498
si	1.244 173	0.664 106 1	1.87	0.061	−0.057 451 3	2.545 797
/cut1	2.425 557	0.418 581			1.605 153	3.245 96
/cut2	4.000 881	0.495 055 4			3.030 591	4.971 172

(*ni*=自然资产指数,*hi*=人力资产指数,*pi*=物质资产指数,*fi*=金融资产指数,*si*=社会资产指数,poverty=农户类型)。

5.2.3　水村不同村社的农户资产指数比较

在第 4 章的论述中笔者提到从和当地村干部、村民代表的访谈以及入户调研的直观感受,感觉到处于比较偏远的两个自然村社(一社和五社)的贫困程度要高于其他村庄，为了检验这种直观感受，在这里将对不同社区的农户的资产指数进行了比较，具体结果如图 5-2 所示。从图 5-2 可以看出，不同村社之间的农户资产结构并未呈现出明显的离散趋势，不同村社之间的农户资产结构重合性较高，这也就意味着农户资产结构和农户所处的自然村社之间并没有显著的相关性。

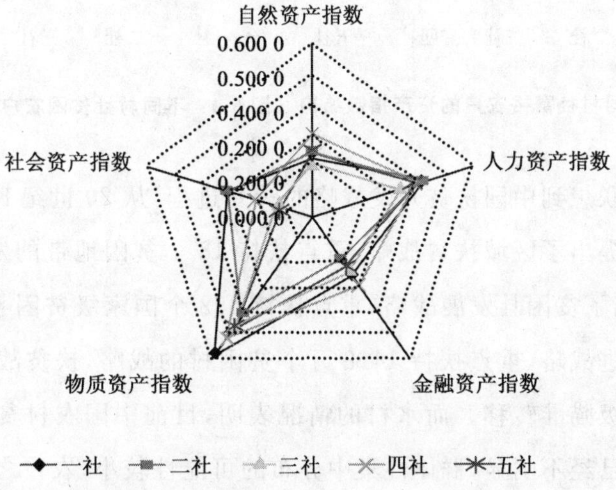

图 5-2　不同村社农户的资产指数结构

为了进一步验证上述的发现，图 5-3 和图 5-4 分别对不同村社的富裕农户和贫困农户的资产结构进行展示，可以发现，不同村社富裕农户的资产结构呈现出高度的集中重合趋势，不同村社贫困农户的资产结构的集中趋势不像富裕户那样明显，但是可以观察到的是一社的贫困农户的资产结构的开合程度要高于四社，这也就是说在一社的贫困农户的资产结构要优于四社的贫困农户，这和直观的观察发现有所冲突。

因此，从雷达图所反映出来的情况可以看到，虽然从贫困发生率来看，各个村社之间有一定的差异，但是这种差异并不是由村民和笔者先前所感受的是因为社区的差异造成的，而主要是由于农户自身的差异引起的。这

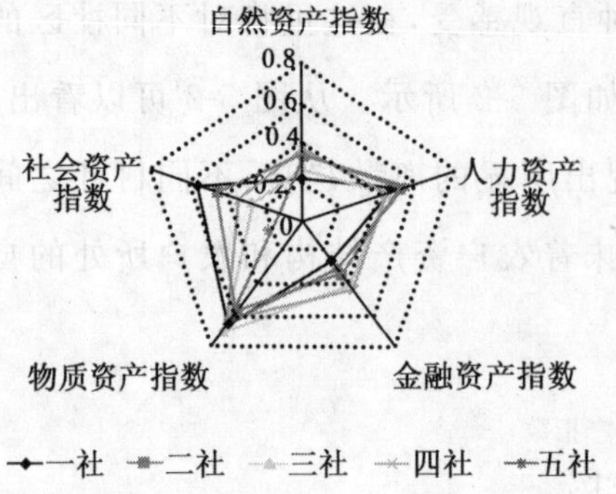

图 5-3　不同村社富裕农户的资产指数结构

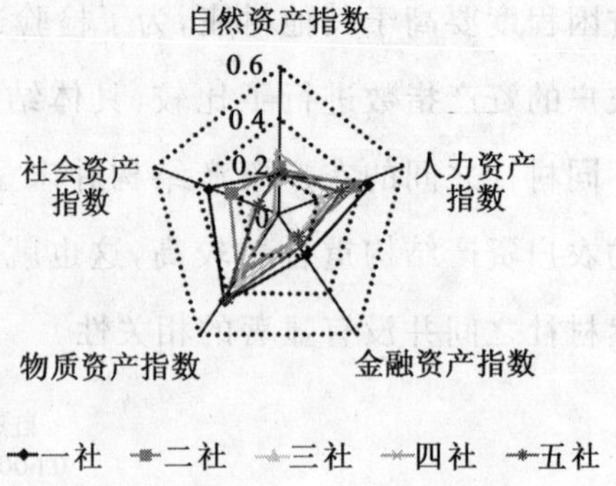

图 5-4　不同村社贫困农户的资产指数结构

就让笔者联想到中国扶贫开发战略的转变过程，从 20 世纪 80 年代初开始，中国开始提出了区域扶贫战略，重点扶持 18 个贫困地带的发展；80 年代中后期，提出了贫困县发展战略，重点扶持 592 个国家级贫困县；21 世纪初提出整村推进战略，重点扶持 14.8 万个贫困村的战略，扶贫战略逐渐从区域瞄准向村级瞄准转移。而水村的情况表明，目前中国农村贫困人口分布的地域特征已经不明显，群体性集中分布的可能性较小，农户之间的贫富差异主要取决于个体的差异，这就需要反思希望通过改善村级发展条件而促进减贫的扶贫战略，是否更应该考虑扶贫资源直接到达农户层次。为了更加慎重地提出这样的判断，笔者又将农户所在村社、自然资产指数、人力资产指数、金融资产指数、物质资产指数、社会资产指数以及农户类型等变量之间进行了 Spearman 相关检验，发现农户所在村社和其他指标之间并没有相关性。

5.3　不同类型农户资产组合

农户的不同类型的资产禀赋和其是否贫困之间存在显著的关系（表 5-16），农户不同类型资产之间并不是孤立的，资产之间是相互转化的，本研究用Spearman相关系数对农户不同资产之间的关系进行了检验，检验结果呈现出以下几个方面的特征：①不同资产对于农户的发展程度的相关性有所差异，从相关系数来看，物质资产、金融资产和农户是否贫困的相关程度最高，社会资产最低，人力资产和自然资产居中，这在很大程度是因为金融资产和物质资产对于贫富的直接测量和观察性，而自然资产、人力资产，尤其是社会资产在农户贫富中更多起到的是归因性作用。②各种资产之间具有较强的相关性，具体来说，自然资产和农户的物质资产和金融资产相关性较高，人力资产和农户的物质资产、金融资产、社会资产的相关性较高，物质资产和金融资产之间的相关性较高，这也就意味着如果农户具有较高的自然资产水平，则其物质资产和金融资产水平就极有可能较高；如果农户具有较高的人力资产水平，则其物质资产、金融资产和社会资产水平就极有可能较高；如果农户的金融资产较高，则其物质资产就极有可能较高。因此，农户之间各种资产是可以相互转换的，这也就意味着，贫困农户如果一种资产不足，就极有可能会导致其他资产的不足，从而形成资产结构总体内缩的特点(表5-17)。

既然农户不同资产之间具有较强的相关性，那么一种资产的不足就极有可能会造成多种资产的不足，从而使得资产结构内缩，而造成最终的贫困状态，为了验证这种判断，笔者对所有贫困农户的每一种类型的资产指数进行了分析，将每一种资产指数低于贫困农户的相应资产指数的平均值界定为该种资产为严重不足，按照此方法将所有贫困农户的资产指数进行排序分析后，可以发现，在44户贫困农户中，只有一种资产不足的农户有3户，占到所有贫困农户的6.82%；有10户农户是2种资产同时不足，占到22.73%；有13户农户是3种资产同时不足，占到29.55%；有9户农户是4种资产同时不足，占到20.45%；有6户农户是5种资产同时不足，占到13.64%，详细情况见表5-18，这也就验证了贫困农户的贫困并不是单资产不足造成的，而更多的是多资产共同不足造成的。

表 5-17 农户各种资产之间的相关性(Spearman's rho)

		NI	HI	FI	PI	SI	POVERTY	VILLAGE
NI	Correlation Coefficient	1.000	0.269**	0.326**	0.367**	0.096	0.365**	0.081
	Sig. (2-tailed)	—	0.003	0	0	0.305	0	0.385
	N	116	116	116	116	116	116	116
HI	Correlation Coefficient	0.269**	1.000	0.371**	0.427**	0.331**	0.419**	−0.114
	Sig. (2-tailed)	0.003	—	0	0	0	0	0.224
	N	116	116	116	116	116	116	116
FI	Correlation Coefficient	0.326**	0.371**	1.000	0.588**	0.206*	0.550**	0.003
	Sig. (2-tailed)	0	0	—	0	0.026	0	0.975
	N	116	116	116	116	116	116	116
PI	Correlation Coefficient	0.367**	0.427**	0.588**	1.000	0.155	0.553**	−0.070
	Sig. (2-tailed)	0	0	0	—	0.097	0	0.455
	N	116	116	116	116	116	116	116
SI	Correlation Coefficient	0.096	0.331**	0.206*	0.155	1.000	0.329**	−0.235*
	Sig. (2-tailed)	0.305	0	0.026	0.097	—	0	0.011
	N	116	116	116	116	116	116	116
POVERTY	Correlation Coefficient	0.365**	0.419**	0.550**	0.553**	0.329**	1.000	−0.010
	Sig. (2-tailed)	0	0	0	0	0	—	0.914
	N	116	116	116	116	116	116	116
VILLAGE	Correlation Coefficient	0.081	−0.114	0.003	−0.070	−0.235*	−0.010	1.000
	Sig. (2-tailed)	0.385	0.224	0.975	0.455	0.011	0.914	—
	N	116	116	116	116	116	116	116

**:Correlation is significant at the 0.01 level (2-tailed).

*:Correlation is significant at the 0.05 level (2-tailed).

表 5-18 水村贫困农户资产不足情况

项目	5 种资产同时不足	4 种资产同时不足	3 种资产同时不足	2 种资产同时不足	1 种资产不足	其他
户数	6	9	13	10	3	3
比例/%	13.64	20.45	29.55	22.73	6.82	6.82

同时，再看富裕农户的资产结构，将每一种资产指数高于富裕农户的相应资产指数的平均值界定为该种资产拥有程度较高，对富裕农户的资产进行同样的分析，可以发现，只有4户农户1种资产拥有程度较高，占到富裕农户的15.38%；有11户富裕农户2种资产同时拥有程度较高，占到42.31%；有6户农户3种资产同时拥有程度较高，占到23.08%；有2户农户4种资产同时拥有程度较高，占到7.69%；有1户农户5种资产同时拥有程度较高，占到3.85%；只有两户农户没有表现出明显的资产优势，占到7.69%，详细情况见表5-19。这也就是说，农户成为富裕农户，其绝大部分是因为两种或者两种以上资产拥有程度较高。

表5-19　水村富裕农户资产拥有情况

项目	5种资产同时较高拥有	4种资产同时较高拥有	3种资产同时较高拥有	2种资产同时较高拥有	1种资产同时较高拥有	其他资产同时较高拥有
户数	1	2	6	11	4	2
比例/%	3.85	7.69	23.08	42.31	15.38	7.69

5.4 本章结论

本章从资产存量、资产指数和资产组合3个方面具体比较分析了水村贫困农户和富裕农户之间的差异，得出以下基本结论：

(1)从资产存量来看，贫困农户户均耕地面积、家庭总合劳动力、劳动力总合受教育程度、住房的间数、耐用消费品的数量、农用生产工具、人均现金收入以及社会网络等方面都存在着明显的差异，富裕农户资产存量要优于贫困农户。

(2)从资产指数来看，富裕农户的各项资产指数都要高于贫困农户，富裕农户的资产结构呈现出外扩趋势，贫困农户的资产结构呈现出内缩特征，农户的资产结构和是否贫困之间呈现出极强的因果关系。

(3)和其他资产指数相比,不同类型农户的物质资产指数的存量都是最高的,由此可以判断,物质资产累积是农户的生计策略的重要目标。

(4)通过对农户是否贫困、资产指数以及农户所属村社之间的因果关系检验,发现在第4章中直接观察所得的水村贫困农户的空间分布具有明显的地理特征的判断并不正确,农户的贫困和所处的社区之间并没有直接的相关关系。

(5)农户各种资产之间具有明显的相关性,贫困农户的资产不足往往表现为多种资产的同时不足,富裕农户的资产优势也往往表现为多种资产的同时优势。

因此,可以看到,造成农户富裕和贫困的核心问题不是单资产的不足,而是资产结构组合的优劣,只有具有优良的资产组合,农户才有可能成为相对富裕的农户。因此,贫困农户要跨出贫困陷阱,就要形成优良的资产组合,尤其是要具有优势的决定性的资产要素。优良的资产组合是可持续发展的前提,那么如果才能实现优良的资产组合呢?这就是农户的生计策略,所谓的生计策略,也就是说在不同条件下获得资产并利用资产,实现资产间的转换,从而优化资产组合的生计活动。这将是第6章和第7章分析的主要内容。

第6章

农户的生计策略——资产的获得

在第5章中，从不同类型农户的资产禀赋、结构和组合分析中可以发现，造成农户富裕和贫困的核心问题是资产结构的组合，只有具有优良的资产组合，农户才能跨出贫困陷阱。如何才能够具有优良的资产组合，这成为农户生计策略的核心目标，水村的不同类型的农户是如何通过其不同的生计策略而实现不同的资产组合，从而呈现出生计结果的贫困和非贫困特征，这将是本章将要讨论的重点。

生计策略是人们为了实现他们的生计目标而进行的活动和选择的范围与组合（Douglas R. Brown 等，2006），主要是指人们怎样组合他们的创收活动、怎样使用自己的资产、对什么资产进行投资或投入以及怎样想办法来保持现有的资产和收入（DFID，2001），Ellis（1999）提出生计策略是指一系列的行动，包括获得资产以及在一定的社会条件下利用资产的所有行动（Ellis，1999）；M. Kollmair 和 St. Gamper（2002）认为生计策略是指人们为了达到一定的生计目标而采取的行动和选择，生计策略是一个动态的过程，人们会根据不同的地理和经济条件采取不同的行动来实现不同的目标，生计策略取决于资产状况及结构。本研究将参考 Ellis 对生计策略的定义，从资产的获得（第6章）和资产的利用（第7章）两个方面来对水村不同类型农户的生计策略进行讨论和分析。

6.1 水村农户人力资产的获得

人力资产是指体现在人身体上的知识、能力和健康。在经济学中将人力资产的形成过程称为人力资产投资过程,是指为了提升劳动者人力资产水平进而提高生产效率目标而施加于劳动者身上的一切投资(刘纯阳,2002),按照舒尔茨的观点,人力资产投资主要包括正规教育、在职培训、医疗保健和人口迁移等方式。舒尔茨的观点对于中国学者研究农村人力资产的形成有着明显的指导和参考意义,白菊红和袁飞(2003)以及刘焕喜(1998)、彭银祥(1998)等也分别从这4个方面对农村人力资产的投资进行了分析和研究。本研究将以延续第5章对人类资产的分析,主要从人力资产中的劳动力的数量和质量两个维度来考虑农户人力资产的可获得性。

6.1.1 劳动力数量的获得——生育和婚姻

家庭劳动力的根本来源是生育制度,家庭生育从社会发展的视角来看起着“维持社会结构完整(费孝通,1947)”的功能,对于家庭的功能可能除了是“种族绵延的保障(费孝通,1947)”之外,更直接的功能就是保证家庭劳动力的稳定。计划生育政策对农村人口生育观念的影响是明显的(阎云翔,2006),水村也不例外,自1983年该村开始实施计划生育政策以来,1983年之前水村大部分农户家庭的子女数都是4～5人,1983年之后,开始有生育的家庭子女数大部分都为2～3人。1983年以后才开始有生育的家庭一共有80户,其中双孩户为49户,占到61.25%;18户农户是三孩户,占到22.5%;只有一户农户有4个子女,独生子女户开始出现,约为12户,占到总户数的15%。具体情况见表6-1。

表 6-1 水村农户子女情况

农户类型		独生子女户	双孩户	三孩户	四孩户
贫困户	户数	6	19	5	1
	比例/%	19.35	61.29	16.13	3.23
中等户	户数	4	18	8	0
	比例/%	13.33	60.00	26.67	0.00
富裕户	户数	2	12	5	0
	比例/%	10.53	63.16	26.32	0.00
	户数	12	49	18	1
	比例/%	15.00	61.25	22.50	1.25

资料来源:问卷调查。

计划生育政策开始影响生育观念,但是并不意味着农户都开始严格遵守计划生育政策,按照当地"第一个孩子是男孩,则不能再生第二个;如果第一个孩子是女孩,可以隔三年再生一胎;但不允许生第三胎"的规定,即便在水村违反计划生育就要被罚款 2 700～4 200 元,但是不能按照计划生育的规定进行生育的农户数量仍占大多数,表 6-1 中除独生子女户的 12 户农户以及双孩户中有 18 户头胎是女孩户,共计 30 户农户是完全的计划内生育外,其他 50 户农户都不同程度地违背了计划生育政策。在对农村家庭生育观念的研究中,传统的"传宗接代"和"养儿防老"的思想被认为是多生的最主要原因,但是水村中有 31 户农户第一胎是儿子的,仍然还选择继续生育,在 18 户三孩户中,有 9 户在头两胎中已经有儿子的情况下选择继续生育,这也就意味着多生不仅仅是为了生儿子来"传宗接代"和"养儿防老"了。那生育究竟是为了什么呢?不同类型的家庭给出的答案是不同的。对于连续养了两个女儿的农户来说,为'后'考虑是自然的,但最重要的是我们这个地方一个家里以后没有男劳力不行,这边种地干活都是体力活,不养儿子以后活没法干!";对于已经有儿子,但还要坚持再生的,其普遍的考虑是"得养一个女儿,以后给她妈妈搭把手,以后儿子出去打工了,家里只有他妈一个人也忙活不过来!";也有一些农户多生孩子就是为了"以后兄弟姐妹多,可以互相帮助"。这也就是说,水村生育行为上的决策不单纯只是受到传统观念的影响,而是家庭在为家庭劳动力的合理配置考虑,选择多生是为了将来在不同的家庭生命周期阶段都能够保持最佳的劳动力资源配置结构。

虽然在农村地区"越穷越生,越生越穷"的现象比较普遍,但是在水村,不同类型农户在生育行为决策上并没有表现出显著的差异,表 6-1 数据显示,在受到政策要素的影响下,农村不同类型的家庭在子女生育意愿上趋于一致,这也就意味着水村不同类型农户的家庭潜在劳动力的获得上不存在显著性的差异。

随着中国农村分家析产制度对传统家族制度的替代、现代制度安排的生育政策和传统的婚嫁观念的综合作用以及人口迁移机会的增多等多方要素作用的日益增强,生育行为对家庭劳动力结构的影响逐渐具有家庭生命周期特征和不断弱化。也就是说,家庭对于由于生育获得的劳动力的完全拥有只有在其成为劳动力到结婚组建另一个新家庭之前。成立新家庭之后,劳动力是继续留在原有的家庭还是转移到另一个家庭,这将更多地取决于劳动力的性别、受教育程度以及分家析产的方式等多种因素,但无论如何,新生家庭和原有家庭之间的强关系使得家庭不断继承,这最终的结果只会造成人力资产的转移,不会带来实质上的家庭人力资产的损失。但是,水村的另一种情况的普遍存在值得关注,婚姻是家庭劳动力转移但又不断处于平衡的重要途径,如果一个家庭难以通过婚姻的方式来实现劳动力的扩充和延续,那其在人力资产上将会处于比较弱势的状态,而在水村这种情况正在出现。沈红(1992)在分析贫困地区小农的婚姻关系特征时提出了"梯度婚"的概念,并且由于婚姻关系带有人口配置的实际功能,一方向另一方家庭转移了人力资产,而婚姻价格就是对这种劳动力转移的补偿,"低收入高婚嫁"现象比较普遍。笔者对水村的结婚成本进行了调研,通常来说:"结婚要有自己的住房,现在盖一栋房子至少要 2 万元,购置家具大约 2 000 元,彩礼钱通常为 1.5 万～2 万元，不过女方会以嫁妆的形式返回 2 000 元左右；喜酒钱大约还需要 2 000 元，因此结婚至少要花 4 万元钱，这对于贫困户来说无疑是一笔巨款，难以支付”。调查显示，水村由于家庭贫困或者自身身体上的原因而不能成婚的男性达到了 20 人，这些人目前有 10 人是和自己的兄弟生活在一起，有 10 人仍然和自己年迈的父母生活在一起，其共同的特征就是家庭贫困(表 6-2)，“他们因为穷，娶不上媳妇，因为娶不上媳妇，就变得更穷了”，从而陷入了贫困的恶性循环之中。

表 6-2 水村未能婚娶的单身男性的基本情况

姓名	年龄	特征	姓名	年龄	特征
孙 ZQ	46	贫困	安 H	60	贫困
李 M	40	贫困	安 J	52	贫困
冉 W	30	贫困	安 GS	49	贫困
王 Q	37	贫困	安 GY	46	智障
王 XC	40	贫困	安 GF	42	身体不好
李 KW	50	贫困	李 H	42	贫困
王 S	36	贫困	李 P	38	贫困
王 Q	36	贫困	李 C	35	身体不好
王 JF	35	贫困	李 B	32	贫困
冉 Y	34	贫困	安 JT	40	贫困

资料来源：问卷调查。

6.1.2 健康的获得——营养和医疗

劳动力的健康投资主要包括营养供给和疾病的护理。家庭营养条件也会直接影响到人力资产的形成，通常来说，家庭营养条件好，农户的劳动力身体素质相对较好，营养条件的改善则主要是通过食物消费进行的。笔者对农户的食物消费进行了细致的调查，发现不同类型农户在家庭消费上的差异比较显著,贫困农户在主食、杂粮、蔬菜、油脂、猪肉、鸡蛋和水果等食物的户月均消费量上均低于富裕农户,并且差距还很明显,详细情况见表6-3。再对食物消费品的来源进行调研,贫困农户除了水果以外,所有的食物均主要来源于自供给,食物自给率达到90%以上,而富裕农户食物购买比重较高,主食、蔬菜、猪头、水果等购买率几乎都达到了一半左右。从消费习惯上来看,水村的农户在农忙季节每家每户都是吃3顿饭,但到了农闲的季节,以吃两顿饭为主。

表6-3 水村不同类型农户每月的家庭营养消费 千克

农户类型	主食	杂粮	蔬菜	油脂	猪肉	鸡蛋	水果
贫困户	52.00	1.93	2.77	2.57	8.47	0.63	1.57
中等户	49.60	5.23	9.53	2.99	13.03	0.45	2.41
富裕户	71.23	5.59	18.23	4.00	14.22	1.24	7.54
平均水平	60.69	5.03	13.10	3.44	13.10	0.87	4.88

资料来源:问卷调查。

在水村,劳动力健康投资上的重要途径之一是饮水条件的改善,2000年之前,水村农户虽然也都有集雨水窖,但主要都是泥土夯实的,容积相对较小,遇到干旱年景,基本上都不能满足农户的需求,经常需要去很远的地方拉水吃。2000年当地政府在水村实施"121工程",该工程为农户提供部分资金来修建新的水窖,每个水窖补助500元钱,水村大部分农户都对原有的水窖进行了改造,目前,水村贫困农户基本上每个农户都有一个水窖,而富裕的农户中则有相当数量的农户有2个水窖,这个人数占到富裕农户的一半左右。有2个水窖的农户在饮用水方面就不会有任何困难,只有1个水窖的农户则如果遇到大旱之年,每年可能会有3个月的缺水时间。

对于农户来说,对待小病的方式也会直接影响到其健康状况,小病不看,就极容易拖成大病。调研中,几乎所有的农户都表示家庭成员在过去一年里有小病,有18户农户表示生小病都是自己扛着,其中10户是贫困农户,8户是中等农户,富裕农户均表示即便是小病,一般也会到医院看看或者自己买点药吃。

2003年我国农村居民两周患病率续增加,比1993年增加了8.8%,农户的患病率在农村明显增加,医疗费用增长速度超过了人均收入的增长,1998—2003年我国农村居民年均收入水平增长了2.5%,农村医疗卫生年支出却增长了11.81%。农户面临支付不起医药费,经济困难。疾病尤其是大病极可能致患病者劳动时间减少、照料人陪护时间增加而影响收入,研究表明,大病影响患者的劳动时间平均在17.9个月,农户劳动力因疾病损失的工作时间每增加一个月将导致种植业收入减少2 300元,农村贫困户"因病致贫"的比例明显增加,达33.4%(张车伟,2003)。水村的调查发现,大病对农户的影响主要表现为:①能够治好的,会消耗家庭所有积蓄,家庭会因此欠下一笔债务。②治不好,转成长期疾病,不仅消耗家庭所有积蓄,对家庭劳动力的配置产生影响,家庭生计策略会发生明显。③没有治好导致死亡,将会消耗家庭所有积蓄,减少家庭劳动力。

案例6-1 有家庭成员患病的农户情况

付M,有两个女儿和1个儿子,其中一个女儿已经出嫁。自己和儿子都在定西打工,自己和儿子两个人都是长期打工,每年打工都能在8个月左右,媳妇和女儿在家搞农业生产,从2006年开始,媳妇就得了病,这两年治病花了3万多元钱,现在媳妇基本上没有什么大碍,但是不能干农活了。媳妇看病将家里的积蓄全部花光了,不过还好,儿子还比较争气,付M想再打几年工,条件会好转的。

李Q,母亲得到了脑梗塞,今年9月开始在医院住院,一直住了1个月,花了5 000多元钱,现在回家了,但不能继续干活。以前没有生病的时候,其母亲能够帮助媳妇干活,自己就可以在定西打工9个月了,一年能挣将近1万块钱,并且母亲还帮忙喂养六七只羊,每年能够卖上四五只,卖上2 000多块钱。现在母亲病了,在家需要人照顾,媳妇一个人既要忙农活,又要照顾家里,忙不过来了,也就没有精力再养羊了,自己也要回家帮忙干活,今年预计只能打5个月的工了。

何Q,结婚以后一直在外面打工。后来在定西市租了房子做豆浆、稀饭一类的早餐,每天早上3点就要起来做饭,虽然很辛苦,但是收入不错,一年纯收入有8 000~10 000元。但是今年下半年就没有再做生意,原因是家里母亲年初去世,父亲最近身体又不好,得了股骨头坏死,不能活动。家里劳动力不够,就暂时搁置了定西的生意,回家照看地里的活。原先父母身体好的时候还可以干点地里的活,自己只是在农忙的时候回来帮忙,现在不行了,地里的活只能靠自己和妻子干了。自己的兄弟在农忙的时候过来帮一下,但是主要还是靠自己。

孙ZG,女儿得了骨癌,在兰州很多医院都看过病,花了五六万块钱,但是女儿在2008年7月份时候还是去世了。

陈JF,去年,父亲得了一场很严重的大病,花了3万多元钱,最后不得已截掉一条腿,现在在家休养,但是一条腿没有了,生活难以自理,还需要人照顾。

调研数据显示,2006年和2007年两年中,水村一共有26户农户家庭有生大病的情况(表6-4),其中贫困户13户,占到生大病农户总量的50%;中等户8户,占到生大病农户总量的30.77%;富裕农户5户,占到19.23%。生大病的农户平均看病支出为6 330元,贫困户的平均支出为6 500元,中等户为6 262元,富裕户为6 000元,而这3种类型农户除去家庭医疗保健支出之外的平均现金净收入分别为879元、3 385元和4 882元,可见,患大病的医疗支出对于家庭资产的消耗是非常大的,疾病成为农户陷入贫困陷阱的重要因素。

表 6-4 水村 2006 年和 2007 年农户患大病的情况

项目	全部		贫困户		中等户		富裕户	
	户数	比例/%	户数	比例/%	户数	比例/%	户数	比例/%
家庭人员生病	26	22.41	13	29.55	8	17.39	5	19.23
生病开支/元	6 330		6 500		6 262		6 000	
家庭现金净收入/元	2 770		879		3 385		4 882	

注:这里的现金净收入不包括医疗开支。
资料来源:问卷调查。

农村新型合作医疗的实施为农户提供了对健康的保险性投资。水村从2005年开始实施新型合作医疗制度,参与新型合作医疗(以下简称“参合”)的每人每年缴纳10元钱,政府每人补贴40元。参加合作医疗的农民如果在规定的医院看病,可以报销部分费用,其中,到市直医院看病可以报销40%,县级医院可以报销50%,镇卫生所可以报销60%,报销起付线为300元,报销总额不超过1万元,如果医疗费用超过1万元,则可以申请大病救助。据村干部介绍,在过去的两年多里,有21户农户曾经先后到乡镇合管办申请过报销。新型合作医疗的实施在一定程度上缓解了部分农户的就医压力。

案例 6-2 合作医疗报销情况 1

何Q,2008年父亲得了股骨头坏死,由于和自己住在一起,父亲看病的钱主要是自己出的,前后一共住了1个月的医院,当时如果采取手术治疗,需要花费四五万元,但是由于家里没钱了,采取了保守治疗,花了一万余元,后来新型农村合作医疗报销了3 000多元,虽然不多,但在一定程度上缓解了家庭的紧张。

但是新型合作医疗报销程序的复杂以及实际报销比例和政策宣传有很大的出入,使得部分农户对新型合作医疗持怀疑态度,影响了参合的积极性,水村2005年刚刚开始参合时参合率为90%,本以为随着农户对新型合作医疗制度的了解程度的加深以及享受合作医疗报销农户的示范效用,参合率应该有所上升,但是实际情况是 2007 年水村参合率下降到 82%,一共有 17 户农户没有参合,其中有 10 户是本来参合后来又退出的。

案例 6-3　合作医疗报销情况 2

寇 J 的女儿,今年 20 岁,患肾衰竭,发现肚子疼后马上到县妇幼保健所检查,经医生诊断后诊为肾炎,寇 J 家人按照药单在药店购买了 1 个星期的药,共花费了 195 元,准备输液 2 天,回到家中请来村医帮助输液,但刚刚输液不到 3 天,寇 J 的女儿感到腹部胀痛难忍,后来又到医院进行检查,当地医院发现其病情比较严重,就建议寇家去兰州市附属医院检查治疗,在兰州的医院经过检查最后确诊为肾衰竭,为了给女儿治病,寇 J 到处筹钱,总算治疗及时,女儿身体基本恢复,全家人非常高兴,但是为女儿治病花去了 7 000 多元钱。之后,寇 J 带着报销材料到乡镇合管办进行报销,审核来审核去,最后只给报销了 680 元。寇 J 感觉像上当受骗了,"当时政策宣传说了,在外地医院看病可以报销 40%,但是根本就不是,报销的时候说很多的药都不能报,最后才给报了 680 元钱,我花了 7 000 多元钱,报销这么一点有什么用。并且报销还那么麻烦,幸亏我们离镇里还不是太远,要是离得远,路费都不知道花多少呢!"

对水村未参合的农户进行了更深入的了解之后,发现在没有参合的农户中,贫困户所占比重最大,有 10 户贫困户没有参合,占到未参合农户的 58.82%,有 6 户中等户没有参合,占到未参合农户的 35.29%,只有 1 户富裕农户没有参合。从农户不参合的原因来看,表示因为没有钱交参合的费用的农户数量最多,为 7 户,占到了 41.18%(表 6-5)。农户参合是以户为单位,按照水村现在的农户人口规模,平均每户缴纳的费用在 40～50 元,每年的 12 月份一次性交清,但是有部分农户表示他们难以拿出这些现金。

表 6-5 水村 2007 年未参加新型合作医疗农户情况表

农户类型	富裕户	中等户	贫困户	其余
户数	1	6	10	—
比例/%	5.88	35.29	58.82	—
没有参合的原因	政策宣传不到位,不信任	报销额度太少,不管用	没有钱交参合的费用	家里人身体好,不需要
户数	3	4	7	3
比例/%	17.65	23.53	41.18	17.65

资料来源:问卷调查。

案例 6-4 不愿意参合的农户

李 H,他的家庭比较特殊,是由 3 个单身兄弟组成,李 H 是老大,今年 40 岁,老二李 C 今年 38 岁,老三李 P 35 岁,老三李 P 得了类风湿关节炎和腰椎间盘突出,现在瘫痪在床,生活不能自理,老二李 C 在外打工,老大李 H 在家种地,并照料弟弟。问及为什么不参加合作医疗,李 H 说:"我们太穷了,挣的钱也就维持个温饱水平,如果真的有钱,就不会娶不上媳妇了。生病了,我们就平时自己买点药吃,合作医疗只能管住院,要真的生病需要住院,我们肯定也看不起,医院的大门都进不去,拿什么去报销。也就懒得参合了!"

调查过程中还发现,部分农户风险防范意识比较低,在退出参合的农户中,有 3 户是因为这几年连续交钱,但是家里并没有人生大病,就不愿意继续交钱了,2008 年就退出合作医疗,但是其中有 1 户农户在 2008 年 10 月母亲生大病住院花了 5 000 多元钱。

案例 6-5 参合又退合的农户

李 Q,2005 年参加了当地的合作医疗,但是自己家里一直都挺好的,没有人生病,2008 年就没有再继续参加合作医疗,谁知道天不遂人愿,2008 年 10 月 3 日母亲因为脑梗塞住院,在我们前去调查的时候,其为母亲治病已经花掉了5 000多块钱,虽然还没有完全治好,但是因为没有钱,就回家了。因为没有参加合作医疗,所以他们家就不能获得合作医疗的救助。

2007年笔者到乡镇合管办了解水村农户新型合作医疗报销的情况(表6-6),当时合管办对2007年1—8月的报销情况进行了统计,在整个乡镇范围内,累计合作医疗报销的医疗费用为93万元,涉及水村的农户有5户,这5户农户累计花费医疗费用14 564元,累计报销5408元,报销比例平均为37.13%。这也就是说,农户如果参加了合作医疗,合作医疗的报销额度还是能够在一定程度上缓解农户的看病压力的。

表6-6 2007年水村新型合作医疗报销情况 元

姓名	医疗费用	报销额度	报销比例/%	看病医院	时间
李XD	2 876.59	1 226.95	42.65	市二院	2007年1月
王X	1 573.8	185.8	11.81	市医院	2007年2月
安YY	1 175.9	100	8.50	市医院	2007年2月
王DA	3 681.49	1 548.35	42.06	市二院	2007年6月
安YQ	5 256.33	2 347.07	44.65	市二院	2007年7月
合计	14 564.11	5 408.17	37.13		

资料来源:凤镇合管办。

综上所述,不同类型的农户在家庭健康投资上存在着明显的差异,富裕农户在日常饮食的营养供给、小病就医以及大病治疗等方面的投入要高于贫困户。事实上,劳动力的健康水平直接影响到家庭的农业生产和非农就业等收入获得的机会,但是贫困户由于劳动力健康的较低程度的获得性也将直接影响家庭的生计策略和结果。

6.1.3 技能的获得——教育和培训

劳动力的技能投资主要形式为:对于家庭潜在劳动力主要是正规教育投资,对于劳动力则主要是培训等。在正规教育投资方面,由于两免一补政策的实施，基本解决了水村农户义务教育的负担，从乡镇学区办的统计材料中发现，当地的两免一补每年分春季和秋季执行，除了减免其学费和教材费，每个学年还给每个小学生发放50元钱的课外书补贴和150元钱的杂费补贴；每个中学生发放106元钱的课外书补贴和200元钱的杂费补贴。这一政策目前实施得比较好，基本全部兑现，农户都表示只要孩子不是上高中和大学，基本上不用再花钱给孩子投资教育了。因此从2005年水村实施两免一补政策以来，基本上就没有农户会因为家庭经济困难而让子女辍学，但是在该政策实施之前，水村有7户贫困户因为家庭贫困而导致孩子辍学。

据调查，水村一共有33户家庭有高额的教育支出，其中贫困户10户，占到贫困户总量的22.73%；中等农户13户，占到中等农户数量的28.26%；富裕农户10户，占到富裕农户总量的38.46%；不同类型农户在获得高中教育和高等教育的几方面差距不太明显。在教育平均支出额度上，有明显的差异，贫困户的支出额度平均为4 280元，中等农户为6 076元，富裕农户为8 260元，这种差异有可能是受高中或大学教育的子女的个数和所受教育类型不同造成的(表6-7)。

表6-7　水村农户在高中和高等教育方面的获得和支出情况

项目	全部		贫困户		中等户		富裕户	
	户数	比例/%	户数	比例/%	户数	比例/%	户数	比例/%
学生上学	33	28.45	10	22.73	13	28.26	10	38.46
投资额度/元	6 193		4 280		6 076		8 260	

资料来源：问卷调查。

正规教育对家庭劳动力的影响是一把双刃剑，如果家庭的潜在劳动力通过受教育最终实现了迁移，潜在劳动力对于家庭的生计含义将从人力资产转化为社会资产，并且从发展的现实来看，这种转化是受到农户欢迎的，并且被认为是最理想的状态；如果潜在劳动力受到教育水平不足以支撑起迁移的路径，对于家庭的生计含义则增强了人力资产的技能，因为无论是其他人的研究还是水村的数据都表明,家庭主要劳动力的文化水平和收入水平呈正相关关系。

此外,虽然非正规的技能培训对于农户人力资产的提升作用是无可非议的,但是在水村,调研发现,除了镇政府组织过沼气池的使用和管理方面的技能培训以外,并没有开展过其他任何与农民的生计发展密切相关的农民培训活动;农户调研的数据也显示水村劳动力没有自费参加任何培训班的技能,劳动力的农业生产以及外出就业等技能主要是通过农户之间的"口头相传"、"身教力行"等方式进行的,因此,可以得出结论,水村不同类型农户之间在技能的获得性上并不存在明显的差异。但是这种情况将不会持续下去,随着新一轮的劳动力的逐渐成长,劳动力之间的技能的差异将会有所呈现,目前水村大约有 5 名年龄在 20 岁左右的青年正在不同的地方学习外出就业的技能。

综上所述,水村不同类型农户在生育上的观念开始改变,由于家庭的核心化的趋势愈加明显,在通过生育行为获得家庭潜在劳动力方面,不同类型农户并没有呈现出明显的差异;但是随着梯度婚出现和婚姻价格不断上涨,贫困农户难以支付婚姻价格时,贫困农户通过婚姻来获得家庭劳动力的选择性和可能性在不断下降,从而导致不同类型农户在家庭劳动力婚姻获得性上的差异;不同类型农户家庭在劳动力的维持上,如营养的补给、健康的保持和教育的投入上呈现出明显的差异,富裕农户在营养上和小病的治疗上比贫困户要更加重视一些,从而患上大病的几率相对要低;老百姓虽然都能够明白新型合作医疗能够在一定程度上缓解患大病时的压力,但是贫困农户由于缺乏足够的现金并且担心患大病后不能进行住院治疗,从而更多选择放弃合作医疗。不同类型的农户在对子女教育上并没有呈现出明显的差异,尤其是两免一补的义务教育政策实施后,因贫困而辍学的现象基本消除;对于目前正当家的劳动力来说,不同类型家庭劳动力并没有出现劳动技能获得性上的差异,但是对于未来更年轻一代的劳动力来说,劳动技能的获得性途径开始出现多元化的趋势，但是是否会因为家庭经济情况产生显著性差异，目前还无法断定。

6.2 农户自然资产的获得

自然资产是农户生产和生活的基本条件，水村农户的自然资产的主要形式就是耕地，耕地的数量和质量对农户的生计发展影响重大，尤其是在农业经营收入在收入比重仍然还占主要比重的农业型社区，中国农村土地制度决定了农户土地资源的获得途径和获得方式。中国农村土地制度（表6-8）在经历了4次变革以后，最终确定了家庭联产承包责任制和统分结合的双层经营体制，其核心内容包括：第一，土地的所有权和经营权是分离的，土地所有权属于集体或者国有，但是土地的经营权以承包合同的形式分配给农民；第二，农村土地的承包期从15年延长到30年，在土地承包期内，农民的土地承包权是稳定的，提倡实行"增人不增地，减人不减地"；第三，允许土地使用权流转，但保护原土地承包人的利益。

表6-8 1978年以来中国农村土地的政策和法规

年份	政策和法规名称	主要内容
1980	关于进一步加强和完善农业生产责任制的几个问题的通知	对有利于农业生产发展的多种形式的责任制，及时加以肯定和引导
1983	当前农村经济政策的若干问题	肯定了联产承包责任制的优点
1984	中共中央关于一九八四年农村工作的通知	明确提出土地承包期应在15年以上，继续稳定和完善联产承包责任制，延长土地承包期，鼓励农民增加投资，培养地力，实行集约经营
1992	关于在全国开展基本农田保护工作请示的通知	提出建立基本农田的保护制度及地力补偿制度

续表 6-8

时间	政策和法规名称	主要内容
1992	关于加强农业承包合同管理意见的通知	强调依法管理农村承包合同,是稳定和完善家庭联产承包制的重要保证
1993	关于当前农业和农村经济发展的若干政策措施	提出"以家庭联产承包经营为主的责任制和统分结合的双层经营体制"是我国农村经济的一项基本制度 在原定的耕地承包期到期之后,再延长30年不变,提倡在承包期内实行"增人不增地、减人不减地"的办法 在坚持土地集体所有和不改变土地用途的前提下,经发包方同意,允许土地的使用权可以依法有偿转让
1994	关于稳定和完善土地承包关系意见的通知	原土地承包办法基本合理,群众基本满意的,尽量保持原承包办法不变,直接延长承包期;原则上不留机动地,确需留的,机动地占耕地总面积的比例一般不得超过5%;提倡在承包期内实行"增人不增地、减人不减地";土地小调整间隔的时间不少于5年
1996	关于治理开发农村"四荒"资源进一步加强水土保持工作的通知	要实行谁治理、谁管护、谁受益的政策;农村集体经济组织内的农民都有参与治理开发"四荒"的权利,本村村民享有优先权;治理者对"四荒"享有治理开发自主权;承包、租赁、拍卖"四荒"使用权,最长不超过50年
1997	关于进一步稳定和完善农村土地承包关系的通知	全国推行"延包"政策,明确规定集体"机动地"不得大于耕地面积的5%,农户承包土地在30年期限内发生转包,其地租收益归原承包农户
1998	关于农业和农村工作若干重大问题的决定	要坚定不移地贯彻土地承包期再延长30年不变的政策,同时要抓紧制定确保农村土地承包关系长期稳定的法律法规
2001	关于做好农户承包地使用权流转工作的通知	土地流转的主体是农户,土地使用权流转必须建立在农户自愿的基础上。农户的土地收益包括承包土地直接经营的收益,也包括流转土地的收益
2001	关于依法加快集体土地所有权登记发证工作的通知	要依法加快集体土地所有权登记发证工作,强化耕地保护机制,保护农民土地的合法权益
2002	中华人民共和国土地承包法	以法律形式赋予农民长期而有保障的农村土地承包经营权,对土地承包的诸多方面做出法律规定,以切实保护农民的合法权益
2008	中共中央关于推进农村改革发展若干重大问题的决定	加强土地承包经营权流转管理和服务,建立健全土地承包经营权流转市场,按照依法自愿有偿原则,允许农民以转包、出租、互换、转让、股份合作等形式流转土地承包经营权,发展多种形式的适度经营规模

资料来源:左停,唐丽霞.变迁与发展:中国农村三十年.北京:中国农业出版社,2009:24-25.

根据我国目前的土地制度安排，农村土地属于村集体所有，农村集体经济组织成员有权依法承包由本集体经济组织发包的农村土地，农村居民对于耕地的承包权和使用权受到《中华人民共和国土地承包法》的肯定和保护，这也就是通常所说的家庭联产承包责任制，这种土地制度安排保障了社区农户土地的获得权，虽然法律并没有明确各地土地承包的具体方式，但是从中国农村的实践来看，按照人口平均分配土地的方式成为通行的承包原则，这也在一定程度上保护了土地资源分配的公平性。此外，法律还明确规定通过家庭承包取得的土地承包经营权可以依法采取转包、出租、互换、转让或者其他方式流转，这也就意味着农户除了通过家庭联产承包权可以获得土地使用权以外，还可以通过土地流转来获得土地的使用权。并且法律还强调了村集体有权利组织土地综合开发，提高土地生产能力的活动。因此，可以说，我国农村农民耕地资源的获得性主要是法定的途径，实现的方式是家庭联产承包责任制，这一点水村也不例外。调研还发现，除了法定的途径以外，开荒、分家析产和非正式转包也成为农户耕地资源获得的重要途径。此外，水村也曾经组织过多次机修梯田来改善耕地的质量。

6.2.1 自然资产法定途径的获得——家庭联产承包责任制

水村在家庭联产承包责任制的实施上和中国其他地区相比并无特殊性。1981 年水村开始进行土地分配，土地分配以村社为单位进行。水村当时就有 5 个社，按照人民公社之前的土地所属状况，在进行家庭联产承包责任制改革时，各个村民小组来组织土地的分配，但分配方法是一致的：每个村社将耕地分为梯田和坡地，根据土地总面积和人口数，分别将两类土地按照人口平均分配。当时参与分地的人口有 499 人。由于各个村社的土地面积和人口数量不一样，农户在土地分配面积上并不完全相同，当时四社由于在三年自然灾害时,饿死的人数最多,将近一半人,在1981年分地时,该社人口最少,平均每个人能够分到5垧地,相当于15亩;一社和二社农户分得的土地最少,平均每个人能够分到2.5垧地,相当于8亩地。全村平均每人大约是10亩地。当时家庭联产承包时,并没有进行土地丈量,按照当地梯田开垦时候的习惯,一块梯田大约为1垧地,所以分地时主要以目测为主,成块分配。所以大部分农户家里的土地实际面积都要大于承包面积。

1981年分地到户的时候,承包期只有5年,后来随着国家土地承包政策的不断完善,在20世纪80年代中期将承包期延长至15年,水村也借着调整土地承包期对土地进行了调整,并签订了新的土地承包合同,调整的主要依据是人口的变动,当时调整的办法是家庭人口减少3人,按照要求需要调出一个人的土地,当时全村一共调整出了13个人的土地,然后把这些调整出来的土地分给了17户有新增人口的农户,农户退出的土地是属于地力中等的土地。根据乡镇经管站保存的水村农户的土地承包登记资料,1988年水村有513人获得了承包土地。后来,水村再也没有调整过土地,即便是1998年土地第二轮承包的时候,也只是重新签订土地承包合同,并未对土地进行调整。

1998年水村没有借着签订土地二轮承包合同进行相应的土地调整,并且一直到现在,即便水村农户数量和人口数量都发生了比较明显的变化,但是一直都没有进行相应的土地调整,这和其他学者对于农村土地权的稳定性研究的结果有些出入,王礼力(2006)研究发现中国大多数村庄即便是现在,仍然3~5年进行一次土地调整;对于“为什么没有进行土地调整”,笔者和水村的村干部以及村民代表进行了小组访谈,通过访谈,发现其原因主要在于:第一,因为1998年土地第二轮承包的时候,当地没有发展洋芋种植,土地生产率非常低,大部分农户家的土地都比较多,并且种地还需要缴纳农业税,地多并不是十分划算;第二,虽然土地没有调整,但由于本来当地土地就多,所以各家各户的土地面积还是比较多的;第三,当地距离县城很近,很多农户都到县城里打工，土地对农户的重要性并不是特别高；第四，现在虽然种植土豆，土地的生产率提高了，但是 1998 年签二次承包合同时，明确土地的承包期为 30 年。也正因为如此，村里并没有农户提出要调整，并且村里也没有调整土地的计划；第五，村中大部分农户家都有不在册的开荒地。

土地承包权的长期稳定虽然有利于提高农民对土地投资的积极性，保护土地肥力和生产力，Scott Rosella 等研究表明，地权稳定性对那些有长期效率的投入有系统的影响，尤其是在对土地进行的投资上，如灌溉、有机肥和磷肥的投入①(王礼力，2006)，但也的确在一定程度上影响了土地按人口平均分配的格局的公平性，因为从 1988 年以来，水村土地没有进行调整，这也意味着 1988 年以后的水村的新增人口都没有从土地承包中再获得土地，而到 2007 年，水村的人口数量已经达到了 610 人，这也就意味着有近 100 人没有承包土地。新增人口的法定土地获得途径被剥夺，但是由于这样的土地制度安排是对于全村农户是普适性的，不存在对贫困农户的歧视，但是由于不同类型农户在家庭人口结构变迁上的差异，不变的土地承包期权会使得这种结构的变动直接转化成土地资产的拥有上的变化。不过，水村内部的自然资产的非正式获得途径在一定程度上减缓了这种差异性扩大，解决了部分新增人口的土地获得性问题。

6.2.2 自然资产的非正式途径获得——开荒、耕地转包和分家析产

自然资产的非正式获得途径主要是指农户通过除与村集体签订正式的家庭联产承包合同以及和土地承包权所有者签订正式土地转包合同等方式以外的非制度性获得土地使用权的途径，非正式主要是指没有严格的土地

① 转引自王礼力."土地承包权长期不变"绩效评价及政策建议.安徽农业科学，2006(34)：4486-4490.

承包合同。调查发现,水村土地的非正式获得途径主要有 3 种方式:开荒、耕地转包和分家析产等。

在刚刚开始实施家庭联产承包责任制的前几年,由于遇到了严重的旱灾,加上土地瘠薄,一些家庭由于人口增加和子女长大对口粮的需求刚性增长,仅仅靠承包到户的耕地进行农业生产难以满足口粮需求,并在"谁开荒谁得"的非成文政策的鼓励下,水村农户开始在村庄周围的荒山荒坡上开荒,并且一直耕种。据当地村民讲,至少有 2/3 的农户家有开荒地,面积从三四亩到 20 亩不等。对于开荒耕地的数量,可以有这样的一个估计,1988 年水村在册耕地是 3 900 亩,2007 年我们入户调查获得的数据其耕地总量为 3 120 亩,加上有 10 户非常住农户和 4 户未调查到的农户,按照户均耕地 15 亩计算,则可以推算 2007 年水村耕地面积为 3 330 亩,加上退耕还林的 1 176 亩和从 2000 年以来的耕地占用约为 50 亩,水村的耕地总面积约为 4 556 亩,这样可以推算出开荒地的总面积大约为 656 亩。

水村的耕地转包或租赁并不普遍,但已经开始出现,并可以预测,随着人口的流动性增强,耕地的转包或租赁情况会逐渐增多。目前水村一共有 5 户农户通过耕地的转包获得了其他农户耕地的种植权利(表 6-9)。表 6-9 反映出水村土地转包呈现出以下几个特点:①土地转包方主要是要搬出去和迁移出去的子女同住的年迈父母,有 4 户是这样的,但开始出现青壮年外出务工而迁移出去将土地转给其他人耕种的现象,目前有 1 户;随着水村独生子女户和双女户的日益增多,一旦这些家庭的子女因为教育、婚嫁或者其他途径迁移出去,其父母将土地转包给他人耕种的情况会增多。②耕地转包的形式都是非正式的,并没有签订任何的转包合同,并且土地承包方在使用土地上通常是无偿的。在农业税费改革之前,转包耕地的农户要为农户原土地承包户缴纳各种土地承包费和农业税;农业税费改革之后,目前国家对耕地实施了粮食直补和生产资料综合补贴,部分耕地是退耕还林可以获得粮食补助和现金补助,但这些补助均是给原土地承包人,而非现在的土地耕种人。③耕地的转包主要是在亲属内进行，在5户转包土地农户中，只有1户是将耕地交由邻居耕种，其他4户均是转给自己的至亲耕种，这也是所有的耕地转包都是无偿的一个重要原因。

表 6-9 水村耕地转包情况

姓名	离开村的原因	土地转包情况
付Z	因为儿子在定西县城工作，搬去和儿子同住了	无偿交给邻居李Z种
何JX	双女户，老伴出车祸死了，于是就搬到定西县城和女儿同住了	把土地给嫁在本村的另一个女儿家种
陈MC	年龄大了，搬到县城和女儿一起住	把土地给自己侄子种
寇Y	在城里打工，在定西买了房子	把土地给自己的侄子种
付Y	双女户，女儿都嫁走了，老两口年龄大了，种不动了，日常生活主要靠两个女儿供给	把土地交给了弟弟种

资料来源：村干部访谈。

虽然水村并没有进行频繁的正式土地调整，但是通过家庭内部的土地使用权的继承和转移这种民间的非正式土地使用权的转移，弥补了正式土地调整的缺失，非正式的土地使用权转移客观上使得村中相当一部分新增人口虽然没有契约形式的土地承包权，却拥有实际的土地使用权，也就是说只要家庭成员户口迁出，如女儿出嫁，其原先承包的土地就会转移给家庭其他成员。

家庭内部的土地使用权的转移第二种形式是以分家为基础的土地经营权的分割。水村和中国其他村庄一样，家庭结构核心化的趋势十分显著，但凡有兄弟超过2人的农户无论是以一次性分家还是系列分家[①]的形式基本上都会分开单过，分家过程中家庭财产的分割是重要的内容，而其中最为重

① 阎云翔(2006)提到一次性分家是指所有的儿子都结婚以后，大家庭将所有的财产进行平均分配，一次性分开；系列分家是指每个儿子结婚就从大家庭里分出去，重要特征是整个分家过程包含着数次财产分割——每个儿子只能从中得到一小部分家产。

要的是耕地的分割。水村土地的分割有3种方式:第一种方式是按兄弟人数平均分配耕地,不给父母留“养老田”,通常采用这种分配方式都是经济条件比较好的家庭,兄弟几个之间关系比较和谐,并且经济都还不错。第二种方式是给父母留“养老田”,父母和谁一起过,土地就归谁,这种分配方式最为普遍,大约有70%的农户都采取这种方式。第三种方式是给父母留“养老田”,但父母单过,兄弟共同照顾父母,父母离开后,则土地平均分配给兄弟几个,这种方式现在还不太普遍,村中大约有5户农户采取这种分家方式。不管是何种土地分配方式,都是以男性为主的,女儿是不能获得自己的承包地,即便是嫁在本村,女儿也不能获得自己在娘家时的土地。并且妻子和小孩在分土地时不参与的,分家时,并不考虑各家拥有的子女数,而只是根据儿子数量来进行分配。水村是承认这种家庭内部的土地二次分配的。在1998年重新签订土地承包合同时,如果已经分家的农户,土地承包合同会分别和新立的户主签订;1998年以后分家,虽然土地承包合同没有更改,但是在村里核定退耕还林面积和粮食直补面积的时候,也以另一种法定形式承认了这种家庭分配,而将退耕还林补助和粮食直补的花名册订到新立户的户主上。

案例6-6 水村的分家析产

不留“养老田”的土地分割:1981年,安YG家一共有8个人,具体为父母2人,兄弟4人,姐妹2人,当时就分得了8个人的耕地,人均15亩,总共大约为120亩;1987年安YG结婚,但并没有分开单过,因为底下还有3个弟弟和2个妹妹都没有成家,等到1990年老二结婚,才开始分家。分家的时候,就将120亩耕地平均分成4份,每份30亩,然后每个兄弟领1份。老大和老二已经结婚分开单过,每户分得30亩耕地;后来老三、老四分别成家，每户分别获得30亩耕地，父母和老二一起过，姐妹二人虽然都嫁在本村，但是没有给其分配土地。

留“养老田”的土地分割，养老田给父母同住的儿子：1981年，王J家一共有7人，父母2人，兄弟3人，姐妹2人，分得了7个人的土地，人均10亩，共70亩土地，后来王J的两个哥哥相继结婚，开始分家。他们家在分地的时候把地分成7份，每个兄弟分得两个人的土地，其父母分得一个人的土地；分家之后，父母和哪个儿子一起过土地就归谁，现在王J的父母和王J一起过，因此王J就能得到3个人的土地，但王J需要对父母承担主要赡养义务。

留“养老田”，父母单过，最后均分：王YC，今年已经65岁了，有3个儿子，其中老三在山东工作成家了，老大和老二在村里。当年老大和老二结婚以后就开始分开单过，家里有6个人的土地，分家的时候，分别给老大和老二2个人的地，王YC夫妇留有2个人的土地，现在王YC夫妇二人自己单独生活，地自己耕种，但老大和老二要帮助其耕种，老三每个月给老人寄两百块钱的生活费。

分散的土地经营再加上农村的分家制度，形成了土地细碎经营，使农业生产单位规模缩小，抗御自然灾害和市场风险的能力变差（张尔升、蒋咏涛，2003），但是随着家庭核心化趋势的增强以及土地承包制度30年不变的政策，分家成为农村土地资源调整合再分配的主要途径和方式。分家并不具备家庭条件的选择性，无论是贫困农户还是富裕农户只要有分家的条件，都会分家，但是不同农户会由于家庭人口结构和流动情况的差异而造成分家新的家庭土地资产的差异，而这种资产获得的差异也就会影响到家庭生产的发展。

6.2.3 自然资产禀赋的提升——机修梯田

水村土地的立地条件并不好,在大集体之前,其耕地以坡坡地为主,不能保水、保墒和保肥,产量很低,即便是现在,坡地和梯田之间的产量差异如果以土豆为例,同样的雨水条件下,坡坡地一亩能收 1 500 千克,梯田能收 2 500 千克。因此从农业学大寨的时候,水村就开始集体统一组织机修梯田,1980 年以后土地承包到户,村委会根据当地镇政府的要求也组织过几次机修梯田的活动,但具体的信息已经很难获得,现在能掌握的关于机修梯田的情况是 1998 年到现在的(表 6-10)。

表 6-10　1998 年以来水村机修梯田的情况

<table>
<tr><th>时间</th><th>地点</th><th>面积</th><th>配套项目</th><th>老百姓筹资情况</th></tr>
<tr><td>1998 年</td><td>四社</td><td>50 亩</td><td>没有</td><td>在全村范围内按照承包人口收缴,每人 25 元</td></tr>
<tr><td>1999 年</td><td>二社</td><td>100 亩</td><td>世行贷款</td><td rowspan="2">按照每亩 300 元,平均分摊到每个承包人口上,和农业银行正式签订贷款合同,到 2010 年开始还款</td></tr>
<tr><td>2000 年</td><td>五社</td><td>210 亩</td><td>世行贷款</td></tr>
<tr><td>2001 年</td><td>一社</td><td>310 亩</td><td>农田水利建设项目</td><td>村委会当年按照承包人口每个人收缴 400 元</td></tr>
<tr><td>2002 年</td><td>五社、四社</td><td>170 亩</td><td>农田水利建设项目</td><td>农田水利部门按照每亩 30 元进行补贴</td></tr>
<tr><td>2003 年</td><td>二社</td><td>43 亩</td><td>农田水利建设项目</td><td></td></tr>
<tr><td>2004 年</td><td>三社</td><td>36 亩</td><td>农田水利建设项目</td><td></td></tr>
<tr><td>2005 年</td><td>三社</td><td>100 亩</td><td>农田水利建设项目</td><td>农田水利部门按照每亩 50 元进行补贴</td></tr>
</table>

资料来源:村干部访谈。

由于集体经济时期共同出钱出力来修梯田的传统,到现在水村的机修梯田仍然是集体统一组织进行,在收缴机修梯田款,也完全是按照集体时代的平均主义，而不是按照谁受益谁付费的市场原则。1998 年村委会机修 50 亩梯田，按照承包人口每人收缴 25 元的标准在全村范围内收机修梯田款，而梯田是在四社修的。1999 年和 2000 年正好赶上世行贷款机修梯田，一共修了 310 亩梯田，每亩 300 元钱，将修梯田的 9 万块的世行贷款同样按照承包人口平均分配到各家各户，人均大约不到 200 元，世行贷款的还款时间是 2010 年。2001 年农田水利部门对机修梯田给以每亩 30 元钱的补贴，水村继续开始机修梯田，按照每个承包人口 400 元钱收款。但是这一次修梯田款就不是很顺利，因为按照 400 元钱来收，一些农户人口较多，是一笔非常大的开支，因此有部分农户都没有缴纳梯田款，但是村干部为了完成上面的任务，仍然组织了修梯田的活动，因为他们觉得“只要我们把梯田修好了，老百姓是愿意交钱的”，于是他们就采取向乡镇政府借款(1.5 万元)、赊欠挖土机老板费用(4.8 万元)以及银行贷款(1.4 万元) 3 种途径筹集了机修梯田的款项(表 6-11)。到 2006 年，由于欠款太多，挖土机老板拒绝继续为水村机修梯田了，因此自那以后水村就不再组织机修梯田了。

表 6-11 水村二社部分农户梯田款收缴情况 元

姓名	承包地人数*	应收梯田款	2004 年	2005 年	2006 年	2007 年
王 XA	3.7	1 400	380	370	380	270
王 R	2.7	1 080		536	276	268
冉 FR	2.5	1 000	236	226	236	302
王 J	2.5	1 000		189.76	164	131.2
王 Q	2.5	1 000	140	130	140	112
王 F	3.8	1 520	210	200	210	168
何 FL	3.5	1 400	76	66	76	608
王 YA	2	800	202	192	202	141.6
王 B	2	800	800			
王 J	6.8	2 720	170	160	170	136
王 G	3	1 200	196	186	196	156.8
王 X	4	1 600	124	114	124	99.2

续表 6-11

姓名	承包地人数*	应收梯田款	2004 年	2005 年	2006 年	2007 年
王 G	2	800		436	218	46
王 CA	5	2 000	196	186	196	156.8
何 DR	2.6	1 040				
何 DH	4	1 600	114	104	114	91.2
王 YA	4	1 600	88	78	88	70.4
王 Y	7	2 800	107.2			107.2

资料来源:根据二社小组长保管的梯田缴费单整理。

* 按劳动能力折算的家庭人口。

对于机修梯田的欠款,村干部在自己能够运作的空间中采取了相应的措施来解决,该村有 89 户农户有退耕还林的计划,退耕还林的粮食折款是从乡镇政府直接通过银行划拨到农户的账户上,而每年每亩 20 元的管护费则是由乡镇政府转到村委会账号上,村委会决定将此管护费用于抵押农户所欠的机修梯田费用,这些补贴款项主要用于支付挖土机老板的欠款;银行的欠款因为前几年水村有征地补偿,银行已经从征地款中自动扣除;至于所欠乡镇政府的钱,村干部坦言不会去还的,"因为乡镇也没有找我要,我们也就不想还了。因为村里没有钱还,乡里也就没办法了,他们又不能把我的工资扣掉,因为一年就只有 3 000 多元钱,他要是扣我的工资,我就不干了,现在干什么都比当村干部挣钱多。一般人都不愿意干。其实大家都知道说是向乡政府借钱,其实就等于找乡政府要,但是为了防止所有的村庄都来借钱,对外宣称是借钱,这样可控制出钱的规模,并且如果村集体突然变得有钱,乡政府也好找村里还钱。"从调研中发现,乡镇和村的关系是非常微妙的,经常处于博弈的状态,乡镇会通过制度的安排和设置将一些需要花钱的任务转移给村里,如由于实行村财乡管,乡镇知道村里的底子有多少,这样就能够非常清楚地了解村里能办什么事情;而村庄也并不是从来都在乡镇和村的博弈过程中处于弱势地位,村庄也会想方设法通过各种手段来从乡镇获得一些实质上的好处,如借钱就是一个很好的方式。

在机修梯田中，农户不愿意交钱的原因其实是机修梯田是成片进行，并不能保证每家每户都能修同样面积的梯田，但是修梯田的款项并不是根据修的面积来收取，而是平均分摊到各个土地承包人口身上，这样就出现了有部分农户没有修梯田，却仍然要交钱，并且现在每个人口缴纳 400 元，平均下来每个农户要交 1 500 元钱左右，这对于农户来说是一笔不少的钱。在和村干部讨论为什么要采取这种明显不公平的方法来收缴梯田款时，村干部表示因为这个村里一直都是用这种大家共同集资的方法来修梯田，如果现在改变收钱的方法，以前已经交过钱但是又没有修上梯田的人就肯定会不满，并且村里修梯田会尽量保证绝大部分农户都能修上，只是时间的早晚问题。但有一点可以肯定，在机修梯田的过程中，在机修连片地块时主要是考虑其连片的面积和开垦的难度，并没有出现农户类型选择，也就是说，并没有因为谁家富裕就先修谁家地，谁家贫困就后修谁家的地。

综上所述，由于作为自然资产的唯一形式的耕地实施的按人口平均分配，不同类型农户在获得法定的耕地的机会上并没有不同，但是由于家庭人口结构的差异，尤其是成年已婚子女性别结构上的差异，加上在过去 30 年里水村并未根据人口的变动进行过土地调整，从而造成了事实上的不同类型农户在自然资产拥有上的差异。而这种自然资产拥有上的差异成为影响水村农户在国家转移性收入和补偿性收入等金融资产获得上的差异。这也就是说，自然资产的差异在水村农户贫困方面的影响更多承载的是“因”的功能，也就是说并不是农户因为贫困才拥有较少的耕地，而是更多因为拥有较少的耕地才会贫困。

6.3 农户金融资产的获得

金融资产指的是农户所拥有的能够利用的金钱储备，主要是指存款及以各种形式获得的借贷。金融资产不仅仅是农户进行发展投资的直接来源,同时也是农户进行资产利用产生的结果,农户获得金融资产的途径有4种:第一种是农户通过资产利用获得收入,如利用自然资产从事农业经营获得收入、外出务工就业等获得收入。第二种是借贷,农户临时性金融资产获得的途径,从水村借款现象的情况来看,借贷行金融资产的获得主要是社会资产利用方式的一种表现。第三种是物质资产的变卖折现,如销售牲畜和固定性生产资料等,因此可以说,这3种途径的金融资产的获得其实是农户对自然资产、人力资产、社会资产以及物质资产的利用,因此将在下一章进行详细的论述。第四种是指农户获得转移性收入,主要是指农户由于对某些自然资源的拥有而获得的国家转移性收入或补偿性收入,在水村主要有3种形式:征地补偿、退耕还林补偿和农业生产补贴。

6.3.1 征地补偿

水村四社的土地紧邻着通过定西的几条高速公路,这几年高速公路修建征地情况十分普遍,水村土地的补偿是全部偿付给土地承包农户,由银行直接转账,而并不是像其他地方农村,是将土地的补助金中的部分拿出来在集体内大分配。当问及村书记为什么会出现这种补助方式,村书记坦言,前些年的土地征用,的确采取的是后面的补助分配方法,引起了很多的问题,尤其是这些年土地征用补偿成为上访的热点问题,当地政府为了减少这种摩擦,保证征地的顺利进行,就采取了现在的这种做法,因为被征用去的土地,集体已经没有土地再给这些农户进行分配,同时土地调整在当地也很难进行,因此也就只好按照谁的土地谁得补偿的方式进行补助分配。将土地所有的占用费、青苗补助费和附属物补助费等费用一次性补贴到农户手中,平均每亩土地大约能获得15 000元土地征用补偿费,而按照当地农户的估算,即便是在土豆价格良好以及没有发生严重自然灾害的年景下,一亩土地的净收益大约只能维持在700元左右，这样需要耕作21年才能获得土地补偿得到的费用，并且还要付出辛苦的劳动，因此当地农户都非常期盼自己的土地能够被征用。同时，对于已经有征地的农户来说，由于每户拥有土地面积比较大，征去几亩地，对农业生产并不会产生什么影响。目前，四社有13户农户的土地部分征用，最高获得补偿款达到77 547元，最少的为2 402元，高额的征地补偿快速地改善了农户的经济条件（表6-12）。

表6-12 四社农户土地征用获得补偿情况 元

姓名	占用面积/亩	土地占用费	青苗补助费	附属物补助费	合计	还剩耕地面积/亩
张Z	3.373	49 110.9	674.6	555	50 340.5	58.13
安H	0.576	8 386.6	115.2	2 900	11 401.8	30.12
安CX	4.168	60 686.1	833.6		61 519.7	57.33
安YJ	0.419	6 100.6	843.3		6 943.9	40.58
张ZR	2.979	43 374.2	595.8		43 970	58.52
王ZX	3.836	55 852.2	767.2	2 628	59 247.4	53.46
安YL	1.382	20 121.9	276.4		20 398.3	49.82
安X	2.777	40 433.1	555.4		40 988.5	38.79
安GL	4.888	71 169.3	977.6	5 400	77 546.9	25.81
安HJ	4.511	6 680.2	902.2	12 235	19 817.4	37.45
安YJ	3.958	57 628.5	791.6	15 150	73 570.1	16.62
安YG	3.979	55 086	217.2	6 452	61 755.2	16.52
张HR	0.165	2 402.4			2 402.4	10.17

资料来源：村委会纪录。

6.3.2 退耕还林

三社、四社和五社的土地紧挨着当地受浙江省JH市对口帮扶建设的重点工程“JH林”。“JH林”是保护312国道的绿色生态屏障，计划总投资1 000万元，但后来JH市政府只提供了400多万元，于是当地政府只能整合其他项目资金，将“JH林”建设纳入到林业部门的退耕还林工程和水利部门流域综合治理项目中,后来由于甘肃省搞"共产党员保持先进性教育"系列活动之一就是建设"保先林"。一块土地被冠上了"JH林"、"退耕林"、"综治林"和"保先林"等数块招牌,项目建设的规模也相应扩大,从原先只是沿着312国道的第一道山脊线开始延伸到水村的在大沟西侧分布的三社、四社和五社的部分坡耕地上。这3个社因为土地临近JH林,才有了退耕还林的政策用地。从凤镇退耕办了解到,水村一共有89户农户有退耕还林,其中三社户均退耕9.91亩,每年获得现金补助1 585元,四社户均退耕10.75亩,每年获得现金补助1 720元,五社户均退耕16.64亩,每年获得现金补助2 662元。退耕还林的补助款在每年的8月由县财政局直接转入农户的存折上。对于当地农户来说,虽然每亩地160元的粮食折价和林木管护费并不高于当地土地的正常年景的净产值,但是他们表示这一块是稳定的收益,即便是非常干旱的时候,其他土地不能生产足够的粮食,但是仍然可以用这部分资金来购买足够的口粮,因此当地农户非常拥护退耕还林这项政策。所有土地都在大沟西侧的一社和二社无法受益于退耕还林政策,调查中这两个社的村民对沟对面3个社的农户充满了羡慕之情。表6-13为不同村社的退耕还林情况。

表 6-13　不同村社的退耕还林情况

村社	退耕还林户数/户	退耕还林面积/亩	户均面积/亩	户均补助/元
一社	0	0	0	0
二社	0	0	0	0
三社	26	257.6	9.91	1 585
四社	22	236.6	10.75	1 720
五社	41	682.3	16.64	2 662

资料来源:凤镇退耕办。

6.3.3　农业补贴

水村农户获得农业补贴主要有两种:粮食直补和农业生产资料补贴。

粮食直补开始于 2005 年，补贴额度从 2005 年的 7 元/亩上升到 2007 年的 12 元/亩，农业生产资料综合补贴开始于 2006 年，补贴额度为 6 元/亩，也就是说每亩耕地可以获得 18 元的国家转移支付现金补贴。补贴的发放主要是根据 1998 年土地二轮承包时的承包面积，梯田和坡坡地的补贴标准是一致的。农业补贴的发放是由乡镇政府每年 8 月将补贴款项直接转账到农户的粮食直补存折上。由于不同类型农户的耕地面积有差异，农户获得农业补贴额度也不尽相同（表 6-14），富裕农户由于耕地面积多，获得的农业补贴也就最多。

表 6-14　不同类型农户获得农业补贴的情况

农户类型	户均梯田面积/亩	户均坡坡地面积/亩	农业补贴额度/元
特困户	14.3	5.2	351
贫困户	14.99	6.41	385.2
中等户	18.98	7.49	476.46
富裕户	24.06	11.13	633.42

资料来源：问卷调查。

综上所述，建立在自然资产的基础上国家转移性收入和补偿性收入对于水村的农户来说更是一笔额外的稳定可靠的收入来源，但是由于农户耕地资源在地理位置上的差异，从而使得农户在这些政策上的受益呈现差异，这也极大可能解释了水村的农户为什么会认为四社、三社的农户应该富裕的原因了。

6.4　农户物质资产的获得

本研究中农户物质资产包括房屋、固定生产工具（摩托车、三轮车）和牲畜 3 个方面的内容，这里将分别讨论这几种资产的农户获得情况。

6.4.1 房屋的修建

和其他农村一样,建房是水村农户的一项主要物质资产投资活动,调研中农户也表示住房条件的逐渐改善是水村缓贫的一个重要表现。农户建房的主要原因为:①家庭人口增多,原有住房不够住,需要加盖房屋;②儿子结婚分家单过,需要住房;③原有房屋太陈旧,需要翻新。调研发现,和其他农村不一样的是,水村新修房屋很少择址新建,而主要是在原有住房上进行加盖或者重建,2006—2008年,全村共有15户农户进行了房屋建设,但并没有农户申请宅基地。在15户新修住房的农户中,富裕农户有7户,占到了富裕农户总量的26.92%;中等农户5户,占到中等农户总量的10.87%;贫困农户只有3户,占到贫困农户总量的6.82%。在房屋建设的资金投入上不同类型农户之间差异明显,平均每户农户建房投资大约为20 133元,贫困户平均每户建房投资约为13 333元,中等户平均每户建房投资16 600元,富裕户平均每户建房投资为25 571元(表6-15)。

表6-15 2006年和2007年水村农户新修房屋情况

项目	全部		贫困户		中等户		富裕户	
	户数	比例/%	户数	比例/%	户数	比例/%	户数	比例/%
修建住房	15	12.93	3	6.82	5	10.87	7	26.92
投资额度	20 133		13 333		16 600		25 571	

资料来源:问卷调查。

6.4.2 固定生产工具的购置

随着土豆种植在当地的推广,作为土豆的主要运输工具三轮车/拖拉机开始成为当地农业生产的必备工具,“种土豆必须要买三轮车或者拖拉机,否则就没有办法卖土豆,也没有办法把种土豆需要的化肥、种子等运回家”,但是从其拥有情况来看,富裕户家庭购买三轮车/拖拉机的比重远远高于贫困户，富裕农户目前三轮车/拖拉机的拥有比重达到了76.9%，中等户的拥有比重为67.4%，而贫困户的拥有比重仅为34.09%；随着外出务工人员的不断增加，当地的外出务工主要是县内就业，通常情况下，在同县的城务工人员更倾向于每日回家，摩托车就成了必要的交通工具，不同类型农户在摩托车的拥有程度上差异也比较显著，富裕农户摩托车的拥有比重达到了88.5%，中等户拥有比重为69.6%，而贫困农户仅为38.63%(表6-16)。

表6-16 不同类型农户拥有固定生产工具的情况

农户类型	三轮车/拖拉机		摩托车	
	户数	比例/%	户数	比例/%
贫困户	15	34.09	17	38.63
中等户	31	67.4	32	69.6
富裕户	20	76.9	23	88.5
合计	66	56.90	72	62.07

资料来源：问卷调查。

从2006年和2007年农户购置固定生产工具的情况来看，在这两年里，一共有44户家庭购买了摩托车或三轮车/拖拉机，其中富裕农户为17户，占到其总户数的65.38%，其中大约有一半的家庭是购置第二辆摩托车；中等户为17户，占到其总户数的36.96%；贫困户为10户，占到其总户数的22.73%；中等户和贫困户绝大部分都是第一次购买摩托车或三轮车/拖拉机。从购置的金额来看，贫困户的平均购置金额为5 197元，中等户的平均购置金额为4 760元，富裕户的平均购置金额为7 842元，不同类型农户之间的差异比较显著(表6-17)。

表6-17 水村2006年和2007年购置固定生产工具的情况

项目	全部		贫困户		中等户		富裕户	
	户数	比例/%	户数	比例/%	户数	比例/%	户数	比例/%
购买摩托车或三轮车	44	37.93	10	22.73	17	36.96	17	65.38
投资额度	6 215		5 197		4 760		7 842	

资料来源：问卷调查。

6.4.3 牲畜的饲养

水村的养殖业历来都不是很发达,并且随着当地种植结构的调整和现代化农业生产机械的使用,养殖业的发展呈现出日益衰落的趋势。根据村干部的介绍,在家庭联产承包责任制之前,水村的耕地根据功能分成两种类型:耕地和草地,耕地主要是用来生产满足口粮需求的作物,草地主要用来种植苜蓿草等饲料作物。这种划分的方法在目前水村的土地承包证上仍然有着明显的印记,在土地承包证的土地类型上依然是耕地和草地。在家庭联产承包责任制之前,由于农业生产都是集体统一协调和安排,耕地和草地分工明确,水村当时的养殖业还是比较发达的,养殖较多的家畜有驴子、牛、羊和猪,有集体统一的驴棚、猪圈和羊棚等,养殖业最主要的功能是为种植业提供农家肥和役畜,其次是逢年过节的时候给老百姓分一些肉或者现金。家庭联产承包责任制实施以后,农户自己可以进行种植决策了,大部分农户都将分到户的草地改成耕地,很少有农户再继续种植苜蓿草了,但是每家每户仍然饲养猪、羊和驴子,猪主要是以家庭喂养为主,羊和驴是放养和喂养相结合,而放养的地点主要是水村范围内的荒山和荒地,喂养的饲草主要是种植在耕地上的糜子、高粱、荞麦等作物,之所以农户不选择苜蓿草作为主要的饲草作物,是考虑到如果当年的雨水条件不错的话,农户还可以收获一些糜子、高粱和荞麦,补充口粮,如果气候干旱,则可以有秸秆来做饲料。2000年以来,国家加强了对西部地区生态恢复和保护的政策实施力度,禁牧政策和退耕还林政策实施范围最广,水村位于甘肃省境内几条高速公路的交汇地带,同时也是响河流域综合治理的核心区,因此水村被纳入到禁牧范围之内,受到农户不再允许继续在荒山上放牧以及劳动力外出务工人数增多等多方因素的影响,水村养殖业日益衰落,大部分农户只是少量饲养一些猪和役畜,养羊的农户数量和规模也都在明显减少(表6-18)。

表 6-18 水村养殖业的发展变迁

项目	第一阶段（1949—1980 年）	第二阶段（1981—2003 年）	第三阶段（2004 年到现在）
养殖种类	猪、羊、驴	猪、羊、驴、牛	猪、羊、驴、牛
养殖方式	集体统一喂养	农户分散喂养＋放养	农户分散喂养
饲草	苜蓿、秸秆	秸秆	秸秆、土豆、玉米
养殖的普遍程度	集体统一	几乎户户都养	部分农户养殖
养殖规模	较大	较小	较小，但有少量养殖大户

资料来源：关键人物访谈。

虽然三轮车（手扶拖拉机）在水村日益普及，但是并没有像很多平原地区那样取代了役畜的耕田功能，水村由于耕地都是梯田和坡坡地，很难用拖拉机耕田的，因此仍然保持着牲畜耕地的生产方式，主要使用耕牛、驴子和骡子，通常情况下耕地的时候需要用一头耕牛，或者是两头驴子，或者是两头骡子，或者是一头驴和一头骡子；因此，当地的饲养习惯是或者饲养一头耕牛，或者饲养两头以上的驴子或骡子。表 6-19 为几种不同役畜的比较情况。

表 6-19 几种不同役畜的比较

项 目	耕牛	驴	骡子
小役畜的价格	2 000 元/头	1 000 元/头	1 500 元/头
成年役畜的价格	5 000 元/头	2 000 元/头	3 000 元/头
喂养时间	1 年	2 年	1 年
饲草	秸秆、苜蓿	秸秆、苜蓿	秸秆、苜蓿
食量	大，相当于两头驴	小	中等
耕地需要量	一头	两头	两头
耕地速度	1.5 亩/天	2.5 亩/天	2.5 亩/天

资料来源：小组访谈。

表 6-19 的信息表明虽然耕牛、驴和骡子都可以用作役畜，但是不同品种之间仍然是有差异的，从饲养成本上来说，饲养两头骡子的成本最高，饲养一头耕牛和两头驴子的成本基本持平；从耕地速度来看，两头驴子或骡子的

耕地速度要快于一头耕牛;从销售成年役畜价格来看,两头骡子的价格最高,两头驴子的价格最低。这些要素直接影响了水村饲养役畜的品种选择偏向,农户在役畜的选择上第一偏向于速度最快和成本最低的驴,其次是骡子,最后才是牛。调查数据显示,调查农户中有105户农户饲养了役畜,占调查总量的90.5%,只有11户农户没有饲养任何役畜,占到调查户的9.5%;在拥有役畜的农户中,耕牛的拥有农户数量只有9户,占到7.75%;驴的拥有农户数量为68户,占到58.62%;骡子的拥有农户数量为39户,占到33.62%(表6-20)。

表6-20 水村不同类型农户的役畜拥有情况

农户类型	役畜		耕牛		驴		骡子	
	有	比例/%	有	比例/%	有	比例/%	有	比例/%
合计	105	90.5	9	7.75	68	58.62	39	33.62
贫困户	36	81.8	2	4.54	24	54.5	14	31.8
中等户	43	93.5	4	8.7	27	58.7	15	32.6
富裕户	26	100	3	11.5	17	65.4	10	38.4

资料来源:问卷调查。

如前所述,水村农户如果自已要有足够的役畜,驴或骡子需要2头,耕牛则只需要1头,笔者对农户的拥有役畜的数量也进行了了解,调查农户中只有43户农户拥有能够独立耕地的役畜,占到调查总量的37.07%,其余的农户都需要借用其他农户家的驴或者骡子才能完成耕地的任务,具体情况如表6-21所示。

表6-21 拥有足够役畜农户情况

农户类型	耕牛1头或以上		驴2头或以上		骡子2头或以上		1头驴+1头骡		合计	
	户数	比例/%	户数	比例/%	户数	比例/%	户数	比例/%	户数	比例/%
平均	9	7.76	24	20.69	3	2.59	7	6.03	43	37.07
贫困户	2	4.55	6	13.64	1	2.27	5	11.36	14	31.82
中等户	4	8.70	8	17.39	1	2.17	2	4.35	15	32.61
富裕户	3	11.54	10	38.46	1	3.85	0	0.00	14	53.85

资料来源:问卷调查。

表 6-21 的数据从另外一个角度说明了为什么水村农户偏向于养驴，正如当地的农民所说："养牛成本太高，养驴，如果两头养不起，还可以养一头，这样可以和别人家共用"，水村的社会关系网络十分紧密，每一个社基本上是同一个家族的后代，基本上是同姓居住①，并且兄弟几个往往住在同一个村，因此建立在如此之强的社会网络上生产互助行为对当地的役畜的饲养业产生了明显的影响，这样饲养 1 头驴在当地是最适合的。

从不同类型农户来看，役畜的饲养和农户的经济条件也有着很强的相关性，富裕农户役畜的拥有比重和拥有量都要高于贫困户。虽然富裕农户中有 12 户只拥有 1 头驴子，但是其中的 5 户是因为购买了围耕机来代替役畜耕地，因此只有 7 户农户没有独立耕地的役畜，因此真正需要借用牲畜的富裕户只有 7 户，占到 27%；贫困户有 30 户没有拥有独立耕地的役畜，占到 68.18%。在中等户和贫困户中没有家庭购买围耕机。

水村的自然条件虽然并不适合发展养殖业，但是仍然有很多农户饲养鸡、羊和猪的习惯，水村用于消费性的禽畜饲养主要是鸡、猪和羊，尤其是猪和鸡，几乎家家都饲养，调查数据显示，有 85.3%和 83.6%的农户都饲养了鸡和猪，鸡和猪主要是为了自家的消费，鲜有用来销售的。2000 年之前，水村农户普遍都喂几只羊，主要用来销售，但是 2000 年以后，农户就不再普遍养羊了，只有 33.6%的农户饲养羊，其主要也是为了消费(表 6-22)。

表 6-22　水村不同类型农户的家庭养殖情况

农户类型	鸡		羊		猪	
	有	比例/%	有	比例/%	有	比例/%
总体	99	85.3	39	33.62	97	83.62
贫困户	35	79.54	10	22.73	33	75
中等户	42	97.7	19	41.3	40	87
富裕户	22	84.6	10	38.5	24	92.3

资料来源：问卷调查。

① 水村的五个社，其中一社主姓为李，二社主要是姓王和李，三社主要是姓王、张和李，四社主要是姓杜和安；五社主要是姓陈、付和寇。

从养殖规模上来看,农户养鸡的规模一般都在5～6只,猪为1～2头,羊的规模差异较大,从1只到十几只不等。从不同类型农户的养殖情况来看,贫困户的养殖规模要低于富裕户和中等户:虽然有10户农户饲养羊,但是其中8户只饲养1只羊,有1户饲养2只,还有1户饲养4只;中等户中有19户农户养羊,只有4户饲养1只,其余的15户饲养规模都在5只以上,富裕户中有10户养羊,有3户饲养1只,2户饲养3只,其余的5户饲养5只以上。当地农户养猪主要是为了吃肉,由于粮食有限,养殖规模都不大,基本上都是1头或2头,富裕户中养2头猪的有19户,中等户中有12户,贫困户中只有5户。

通过访谈,村民表示养羊的规模减小了很多,这主要有两个方面的原因:一是政策方面的因素,从2000年以后国家开始重视环境保护,西部地区开始实行禁牧和退耕还林政策,水村是定西响河流域治理和"JH林"项目建设区,也实行了禁牧政策,这样就不能养羊了,因为羊必须要放,无论刮风下雨每天至少要放两次,这样的羊才长肉,家里圈养的羊是不长肉的;二是现在外出务工的人越来越多了,又要种土豆,家里没有劳动力放羊了,所以就不再养羊了。

水村的养殖习惯直接影响了当地政府推行羊暖棚建设项目的推进。2005年当地政府给水村下达了补贴100户农户建设羊暖棚的项目,村干部在村里宣传了该项目之后,只有50多户农户报名参与,并且在这报名的50多户农户中,有近1/3的农户是在村干部的督促下才完成圈舍改造的,农户都担心万一自己盖好了,政府不给补贴怎么办,并且据当地村民反映,圈舍改造项目在当地并不是很适应,当地农户历来都是习惯于放养,由于退耕还林实行禁牧,很多农户已经放弃了养殖业,羊暖棚建设项目虽然鼓励大家舍饲养殖,但是因为:第一,当地没有舍饲养殖的习惯;第二,当地的农业生产不能提供足够的饲草,因此后来虽然有50户农户盖了羊暖棚,但只有21户在羊暖棚中养羊,剩下的29户都是空着的。

因此，可以看到水村的物质资产是农户后天在自己经济能力的限定下购置的，和农户的贫富程度密切相关，因此不同类型农户在物质资产的获得上呈现出明显的差异，而这种差异实际上也正是农户贫富差异的具体表征。

6.5 农户社会资产的获得

本研究中对于农户社会资产的考量主要是农户的社会关系网。在对中国乡村社会关系网的大量研究中，通常将乡村社会关系网分成地缘关系、亲缘关系、业缘关系和姻缘关系。本研究也将从这 4 个方面来分别讨论水村不同类型农户的社会资产的获得。

地缘关系是指以地理位置为联结纽带，由于在一定的地理范围内共同生活、活动而交往产生的社会关系。水村农户顺沟而居，根据地势形成了 5 个不同的村社，每个村社也并不像平原地区聚集而居，每个村社都有一个中心组，中心组大约居住着村社一半数量的农户，围绕着中心组会有规模在三到五户不等的村民居住点。这种居住方式是历史形成，不同类型农户混杂而居，并没有形成明显的村庄富裕带和贫困带。

同姓而居是水村的一个典型特征，在每一个村社都有一个或几个大姓，如一社有 20 户农户，其中李姓为 17 户，段姓为 3 户；二社 17 户，其中王姓 14 户，何姓 3 户，详情见表 6-23。这些同姓之间都有着很近的亲缘关系，基本上不超过“五服”，以二社王姓家族为例，其亲属关系最远的中年户主共一个曾祖父。笔者也对各个大姓的贫困和富裕情况进行了分析，但并没有发现大姓和农户类型之间有必然的联系，每一个大姓家族中都有贫困户和富裕户，并且其比重大致相当。

表 6-23　水村不同村社农户的户主姓氏分布

项目	一社	二社	三社	四社	五社
总户数	20	17	28	26	29
户主姓氏分布	李姓 17 户	王姓 14 户	王姓 15 户	安姓 7 户	陈姓 12 户
	段姓 3 户	何姓 3 户	李姓 8 户	张姓 4 户	冉姓 4 户
			寇姓 2 户	杜姓 6 户	付姓 4 户
			常姓 2 户	其他 3 户	何姓 5 户
			张姓 2 户		李姓 3 户
					孙姓 1 户

资料来源:关键人物访谈。

业缘关系主要是指由于工作关系而形成的社会关系网络,在水村具体表现为外出务工中所结识的人际,而这难以统计发现其内在的规律性,这里不再描述。但在调研中,笔者发现按照当地农户外出务工的工资水平来看以及水村集体经济的空壳化,担任村干部并无经济动力,该村的主要村干部只有两人:书记兼主任 1 人和文书 1 人,这两个人每年的固定工资是 3 000 元,远远要低于外出务工就业的收入水平,当问及他们为什么还要当村干部呢?"要是光看工资,我们肯定不当,但是当村干部有其他的好处,当了村干部,就能认识乡镇的干部或者是县里的干部,有事请帮忙、找人就容易;并且各种信息也了解得早和多。要不担任村干部,那你们也不会住在我家里,我儿子在上大学,说不准以后我有事请找你,你肯定会帮忙的吧"。由此可见,在水村担任村干部最大的收益就是能够通过这种业缘关系构建自己的社会资产,而社会资产有时候不仅仅会带来直接的经济收益,可能还会有很多其他的意想不到的收益。

案例 6-7　农户的业缘社会资产

安 YG,1995 年开始担任村干部,在担任村干部之前,自己打过工,后来和自家兄弟一起买了一辆车跑运输,同时还在定县招待所烧锅炉,一年的收入有10 000元,在当时已经是很高的了。1994年10月乡镇干部来动员他担任村干部,刚开始他没有答应,但乡镇干部经常来他们家,一直到1995年5月,他实在不好意思再拒绝,就开始担任村里的文书,1个月只有40元的工资,加上村提留每年的1 200元,一年当干部就只能挣上1 700元钱左右,自己又不能出去打工了。收入损失很多,只好在家发展养殖业,每年养30多只羊,大约能挣上3 000多元钱。不过当村干部的好处越来越多了,这些年定西这一边搞基础设施建设,修高速公路和各种道路设施,乡镇干部觉得他工作能力挺好的,就让他承包了几段公路的修建,一年都能挣上10 000多元钱;前几年水村开始征地,因为他是村干部,在丈量土地时工作人员总是会放松一些,能给多算几分,并且附属物的补偿也多算一些,算下来,要多得1万多元。现在当村干部更好了,上头给办了养老保险,以后老了也有依靠了。

婚姻是将农户的社会关系网从亲缘向姻缘关系扩展的唯一途径,随着出嫁的女儿和娘家往来的日益增多(阎云翔,2006),婚姻关系的功能也从"劳动力转移"扩展为"姻缘关系的构建",从而充实了农户社会资产的内容。沈红(1992)的研究发现,"婚迁对于边缘地带的小农,近乎是唯一的流动机会,所以许多人把婚姻当作跳板,以改变自己的边缘性特点……多数女孩的父母,千方百计为女儿找到一个区位更好、地位更高的人家,以弥补自家的区位差。女子从贫困地区向非贫困地区渐次流动,这种流动长期累积的结果,将会导致边缘贫困地带的人口结构失衡,区位最差地区的男子婚配就可能构成严重的社会问题"。尤其是近年来外出务工扩大了农村青年的通婚圈(崔燕珍,2007),并且因婚姻迁移的性别选择性(孙琼如,2004)等原因,贫困地区的男性,尤其是比较贫困的男性婚姻变得困难,男性不能婚娶开始成为社区问题(杨华,2008)。大量男性劳动力不能顺利结婚,不仅仅意味着其家庭结构将会残缺,造成人力资产积累的不足,同时也意味着该男子所在的家庭也会缺失社会资产的重要组成部分—姻缘关系,如表6-2所示,部分贫困家庭由于无法承担高额的婚姻价格而无法通过姻缘关系来扩大自己的社会关系网络,从而造成了社会资产的部分缺失。

家庭潜在劳动力在家庭人力资产投资和行为的作用下,要不就逐渐成长为家庭主要劳动力,要不就会离开家庭,转化成家庭的社会资产。中国现行的高考制度和相应的户籍制度使得通过高考的农村人口的身份发生根本变化,从户籍的角度来说,这些人将不再拥有农村人口的身份,而转化成城市居民身份,在其毕业以后,基本上是不会回到村庄的。这也就意味着家庭对其长期的教育投资的直接结果是这些家庭将不再拥有这些潜在的劳动力资产,而是转化成家庭强势的社会资产。

案例 6-8　有子女上大学的农户

寇 Z,两个儿子都是大学毕业生,一个是西北师范大学,一个是临洮师范学院,现在两个儿子一个在四川工作,一个在定西市工作,曾经因为两个儿子都上学而欠下很多债务的寇 Z 现在家庭条件有了明显的改善,现在寇 Z 夫妻两个住在村里,但是已经不再种地了,其收入主要依靠两个儿子每个月提供的赡养费。

王 YD,有 3 个儿子,大儿子和二儿子在本村生活,三儿子考上了大学,现在在山东济南工作,王 YD 自己单过,大儿子和二儿子负责提供粮食和日常生活照料,三儿子经常寄钱回来给他花,并且他也每年去三儿子家住上一两个月。有时候大儿子和二儿子需要钱用,向老三开口借,也是没有问题的。

虽然农户普遍希望子女能够通过高考来实现身份的转化,但是真正能够实现这一目标的农户数量并不多。在水村过去的 30 年里,通过上大学而离开村庄的只有 3 个家庭的 4 个人,寇 Z 家的 2 个儿子,付 Z 和王 YD 家各 1 个。目前在读的大学生一共有 14 人,来自 8 个家庭。其中有 1 户家庭是 3 个孩子在上大学,4 个家庭是 2 个孩子在上大学,2 个家庭是 1 个孩子在上大学，但各有1个孩子正在上高中，只有1个家庭有1个孩子在上大学，并不会再有孩子继续上了。

由此可以发现，在水村相对封闭的社区中，由于地缘、亲缘和业缘关系的高度同质性，农户的在同村内的社会关系网络基本相同。由于水村中通过高考等其他途径流出去的男性人口相对较少，没有呈现出贫富分化的趋势，因此婚姻关系成为扩展社会关系网的重要途径，富裕农户在婚姻关系上的选择主动权更多，并未出现婚嫁难的情况，贫困农户则出现因为贫困难以成婚的情况，对于这些农户来说，不仅失去了扩展社会资产的机会，同时家庭人力资产的配置也将失去平衡，从而陷入更深的贫困陷阱。

6.6 本章结论

本章对农户的各种资产是如何获得的进行了详细的论述，可以得出这样的结论：

(1)贫困户和富裕户并不是在每一种资产获得上都存在差异，劳动力数量、耕地、以地缘和亲缘为基础的社会资产获得并没有农户类型选择性，在同一个社区其获取途径是相似的，但是其结果存在差异，而这些差异也许就是农户是贫困还是富裕的重要原因；在劳动力的教育和健康投入、建立在金融资产基础上的物质资产以及以姻缘为基础的社会资产上，贫困农户和富裕农户在获得性和获得途径上的差异明显。从这些资产获得情况来看，贫困农户和富裕农户在先赋资产的获得方式上并没有差异，而后天资产的获得方式和获得性上贫困农户和富裕农户则表现出明显的差异。农户资产的获得性可以用矩阵表6-24表示。

表 6-24　不同类型农户的资产获得性比较

资产类型	具体内容	获得途径	获得的条件	获得条件特征	不同类型农户的差异
人力资产	劳动力	生育	文化观念、政治制度	先赋性	无明显差异
		婚姻	家庭经济条件	后天性	有明显差异
	健康	营养	家庭经济条件	后天性	有明显差异
		小病就医	家庭经济状况	后天性	有明显差异
		大病治疗	家庭经济条件	后天性	有明显差异
	技能	正规教育	家庭经济状况	后天性	无明显差异
		培训	制度供给	后天性	无明显差异
土地资产	耕地	正式途径	制度供给	先赋性	无明显差异
		非正式途径:开荒、转包、分家析产	家庭劳动力和人口结构	后天性	无明显差异
		机修梯田	土地的位置	先赋性	有明显差异
金融资产	部分收入	政策性收入	土地的拥有情况、制度供给	先赋性	无明显差异
物质资产	房屋	修建	家庭经济条件和需求	后天性	有明显差异
	固定资产	购置	家庭经济条件和需求	后天性	有明显差异
	牲畜	购置	家庭经济条件和需求	后天性	有明显差异
社会资产	社会关系网络	血缘亲属网络	亲属关系	先赋性	无明显差异
		地缘关系网络	居住的空间	先赋性	无明显差异
		业缘关系网络	从事的职业或行业	后天性	有明显差异
		姻缘关系网络	婚姻状况	后天性	有明显差异

(2)不同类型农户的生育观念并无显著差异,家庭劳动力数量供给从生育角度来看并无差异,但是不同类型家庭由于在营养供给、饮水条件以及对待小病的方式等方面存在明显差异,贫困农户患大病的风险高于富裕农户,同时由于农户家庭积累上的差异,因病致贫情况也容易在中等农户家庭出现。并且受制于婚姻价格和婚姻中女性流动性等因素,贫困农户家庭娶亲难,从而造成家庭结构的不完整,劳动力资源配置难以达到平衡,进而也影

响了贫困农户以姻缘为基础等社会资本的积累。

(3)在分家制度安排下,水村在 1981 年之后新出现的家庭由于家庭人口结构和流动上的差异,同时由于缺乏制度上的土地分配调整,造成了农户耕地拥有上的差异,但是这种差异将随着计划生育后的新增下一代人口的家庭的组建,农户在耕地拥有上的差异将会延续下去,但从理论上来说不会再继续扩大,并且随着独生子女家庭和双女户的增加、人口流动性日益增强等人口迁移的推拉机制作用日渐明显,农村土地转包的情况极有可能逐年增加。

(4)从资产的获得性来看,自然资产、社会资产和人力资产是和家庭相伴相生的,物质资产和金融资产则是家庭对自然资产、社会资产和人力资产利用的直接后果。也就是说,在农户的资产组合中,自然资产、社会资产和人力资产更多意义上是工具性资产,而物质资产和金融资产则更多意义上是目标性资产,是农户生计策略的目标。农户如何利用其自然资产、社会资产和人力资产来实现物质资产和金融资产的最大化则是农户生计策略的重要内容。这也将是第 7 章分析的重点。

第7章

农户的生计策略——资产的利用

生计策略是指获得资产以及在一定的社会条件下利用资产的所有行动(Ellis,1999),在第6章已经对农户生计资产的获得进行了详细的分析和讨论,本章将在重点讨论不同类型农户对资产的利用,农户资产的利用通常分为两种情形:日常生活中对于工具性资产的利用和在面临风险时对目标性资产的利用。

通常来说,农户的资产之间不是孤立的,资产之间是互相流动和转化的,对资产的利用同样也不是能够割裂开的,对每一种资产的利用都不是单资产行为,而是一种综合行为,如在耕地上种植土豆,不仅仅需要有合适的土地,还要有适当的人力资源投入,同时还要使用物质资产(如役畜)和金融资产(购买化肥和种子)等。但资产之间的转化又是有一定的顺序性(李琳一,2004),也就是不同资产在生计策略中所处的作用是不同的,在某种特定的生计策略中,有的资产是基础性的,有的则是条件性的,本研究将据此来组织对农户资产利用的分析。正如在前一章中提到,在农户的资产组合中,自然资产、社会资产和人力资产更多意义上是工具性资产,而物质资产和金融资产则更多意义上是目标性资产,是农户生计策略的目标,农户如何利用其自然资产、社会资产和人力资产来实现物质资产和金融资产的最大化则是农户生计策略的重要内容,因此本章将重点讨论农户对自然资产、人力资产和社会资产的利用，在讨论每一种资产利用时，涉及其他资产时将作为其影响利用方式的因素分析。在分析面临风险时目标性资产的利用时，主要讨论农户是如何将物质资产转化为金融资产来应对风险的。

7.1 自然资产的利用——农业生产

7.1.1 水村自然资产利用方式——品种的选择

根据对水村的几位年长者的访谈以及相关的统计资料等，可以发现该村自然资产利用方式经历了 3 个阶段。

第一个阶段，1949—1980 年。水村是 1948 年解放的，1949 年进行的土改，1958 年开始成立人民公社；到 1966 年之前，水村所有的土地都是坡坡地，加上定西地区历史上长期是一个干旱地区，根据各种有关气候的数据资料，从 1900 年到 2003 年的 103 年中，发生旱灾 61 年，平均 1.6 年一旱；其中大旱 32 年，平均 3 年一大旱；新中国成立以来到 2003 年的 54 年中共发生旱灾 39 年，平均 1.3 年一旱，其中大旱 17 年，平均 3 年一大旱(李金梅，2004)。1959—1962 年，持续几年的干旱气候对水村农业生产产生了极为严重的影响，当时饿死了很多村民，整个水村只剩下了 60 多户，造成饥荒的一个原因是当时的历史环境要素，另一个原因是坡坡地的立地条件太差，导致出现了粮食产量极低，每亩只产 50 千克左右的小麦。1966 年，水村开始农业学大寨，村集体成立了基建队，长年进行机修梯田，到分产到户的时候，大约有一半的耕地都被修整成了梯田。在人民公社期间，保证口粮的供应成为农业生产的第一要务，当时农作物的种植品种主要是糜子、豌豆、小麦和胡麻；因为在没有使用化肥的情况下，种植糜子的产量要比小麦高，种植一垧(相当于 2.5～3 亩)可以收成 200 千克，而种植小麦一垧才可以收 80 千克，并且糜子的秸秆可以用来饲养牲口,因此糜子是当时最主要的粮食作物。胡麻主要用来榨油,满足食用油的需求,豌豆主要用来销售,可以保证年底有一定的现金分工分,小麦种植得比较少,玉米等喜水作物基本上没有种植。当时农户的主要口粮是粗粮。

第二个阶段,1980—2003 年。水村 1981 年开始分产到户,这一时期虽然整个定西地区的气候条件并未发生显著变化,仍然十分干旱,1980—1982 年连续 3 年大旱,1993—1997 年连续 5 年大旱,此外在不同的年份也分别发生了不同季节的干旱,气候条件和土地禀赋和 1981 年之前并无明显变化,因此从总体上看,农业种植品种上也没有发生变化,仍然是以耐旱作物为主;但是在种植比重上发生了变化,这主要是得益于化肥的使用。水村使用化肥的历史最早可以追溯到 1978 年,当地政府开始推广氨水,但是由于气候干旱,氨水的使用并没有对农业生产产生积极的影响,以至于 1980 年当地政府开始推广土磷肥的时候,大部分农户并不相信,把政府配发的土磷肥当作垃圾扔掉,现任村书记的父亲则将被村民当作垃圾的土磷肥捡回来,堆撒到自家的地上①,当年他们家种的小麦获得了高产,一垧地打了 500 千克,村民这才开始使用化肥;有了化肥,村民开始调整作物种植结构:小麦种植为主,主要满足口粮需求,这也就意味着村民开始以细粮为主要口粮了;胡麻仍然作为油料作物;糜子、高粱、燕麦等作物作为饲草作物,主要喂牲口;豌扁豆是最为主要的经济作物。并且由于当地有大面积的荒山荒地,在"谁开荒谁得"的非成文政策的鼓励下,水村农户在此期间开荒了很多耕地,据当地村民讲,至少有 2/3 的农户家有开荒地,面积从三四亩到 20 亩不等,而这些荒地成为 2004 年农户退耕还林面积的主体。这一时期,每家每户的种植结构大致相同。

第三个阶段,从 2004 年到现在。从 2004 年到现在,水村的种植结构变化显著,2003 年当地政府开始推广大面积种植土豆,并采取了相应的鼓励措

① 化肥的使用和推广在中国农村地区具有戏剧性,笔者在安徽霍山和云南西双版纳的农村进行调研的时候,都听说过先把化肥当作垃圾或者是糊墙的石灰粉的故事。

施，如果农户种植土豆，每户给补贴 200 千克土磷肥，但是在水村 2004 年只有一户农户种植土豆，但这一户的示范效果非常好，加上从 2004 年开始，该村有 89 户纳入到退耕还林工程中，村民认为用退耕还林的补助款可以购买口粮，加上土豆种植的经济效益非常明显，因此村民开始大面积种植土豆；2005 年水村一共有 8 户农户开始大面积种植土豆，2006 年有 38 户农户，到 2007 年，只有 5 户农户没有大面积种植土豆了。同期，当地政府开始推广地膜玉米技术，有部分村民开始种植地膜玉米。表 7-1 为水村土地资产利用方式的变迁情况。

表 7-1 水村土地资产利用方式的变迁

项目	第一个阶段（1949—1980 年）	第二个阶段（1981—2003 年）	第三个阶段（2004 年到现在）
土地条件	前半段时期全部都是坡坡地，后半期有部分梯田	梯田和坡坡地各占一半	梯田为主，坡坡地主要都退耕了
种植土地权属	集体的耕地	承包到户的耕地和开荒地	承包到户的耕地
气候条件	几乎年年干旱	几乎年年干旱	几乎连年干旱
土地耕种方式	集体统一耕种	分产到户	分产到户
最主要作物及用途	糜子，主要用于口粮和饲草	小麦，主要用于口粮	土豆，主要用于经济收入
其他作物及用途	胡麻，用于油料 豌扁豆，用于现金收入	胡麻，用于油料 糜子，用于饲草 豌扁豆，用于现金收入	小麦，用于口粮 糜子、玉米，用于饲草 豌扁豆，用于现金收入 胡麻，用于油料
农户之间的差异	统一经营，没有差异	农户之间没有太大差异	农户之间开始出现结构上的差异
土地功能	满足口粮	满足口粮为主，现金收入为辅	现金收入为主，口粮为辅

资料来源：关键人物访谈。

综上所述,从新中国成立之初到现在,水村的土地条件和气候条件并未发生明显的变化,但是村民对土地利用策略发生了变化,同时土地资产对于农户的生计功能也发生了明显的变化:农民开始在土地上耕种越来越多的经济作物,土地的功能从满足基本粮食需求向提供现金收入转变。这种土地利用方式的变迁也再次验证了随着农村经济发展与农户生活水平的提高,以及各种生产要素的相对稀缺程度的变化,农户的技术选择行为发生了较为显著的变化,由原来温饱型的高产技术选择开始逐渐向小康型的优质技术选择转移(宋军、胡瑞法,1998),只不过这里的技术是作物品种。

水村农户的种植品种属于典型的旱作作物,主要品种为夏粮作物小麦、胡麻和豌豆、扁豆,秋粮作物主要为土豆和玉米。农户调查数据显示,水村的种植结构特点为:种植面积最多的是土豆,平均户均种植 9.98 亩,占其播种面积的 57%;其次为春小麦,平均户均种植面积为 4.14 亩,占其播种面积的 23%;排在第三位的是豌豆、扁豆,平均户均种植面积为 1.97 亩,占其播种面积的 11%。并且农户种植结构保持多元性特征,户均作物种类为 3 种左右。表 7-2 为 2007 年水村农户的种植结构。

表 7-2　2007 年水村农户的种植结构

项目	土豆	小麦	胡麻	饲草	豌扁豆	玉米	平均种植作物种类
户均情况面积/亩	9.98	4.14	0.23	0.99	1.97	0.32	2.69
比例/%	57	23	1	6	11	2	

资料来源:问卷调查。

水村农户单块土地的种植仍然是一年一季,同一年内没有轮种或复种,这主要是由当地的气候条件决定的,水村的无霜期只有 140 天左右;各种作物开始播种时间有差异,小麦和豌扁豆的播种时期最早,通常在 3 月份;玉米和胡麻的播种时期通常为 4 月中旬,土豆的播种期为 5 月初。到 9 月中下旬和 10 月上旬,土豆挖完以后,水村的农户进入农闲时期,通常会将耕地进行深翻平整，等待来年的春季再次耕种。2008年当地政府推广“双垄沟地膜玉米种植技术”，提倡在冬天对待种玉米的耕地进行追肥和地膜覆盖，从而起到保墒的作用，来年春天就直接点种玉米即可，虽然当地政府每亩地提供100元的地膜，但是目前只有几户农户进行试验。因此秋季以后，水村的耕地是空闲的。

为了预防病虫害和土豆的根腐病等，水村的地块种植通常会实行倒茬轮种和更换品种的方式。倒茬轮种的方法主要是：一块土地连续两年耕种土豆以后，会在第三年的时候倒茬种一季小麦、胡麻或者豌扁豆等。更换品种主要是更换土豆和小麦的品种，更换的方法通常是村内农户的互换，比如说2007年村文书王J家就用自己的新大坪土豆品种更换李Z家的渭薯6号等，小麦品种的互换也主要是在农户间进行。因此在当地，除了玉米品种需要购买以外，其他的作物品种均采取自己留种的方式。

7.1.2 不同的自然资产利用方式的收益

水村种植不同作物，其收益有明显差距，表7-3就是对水村主要作物品种的耕种情况和投入产出进行的比较。

表7-3 水村不同作物品种的比较(以梯田为例)

项目	土豆	小麦	玉米	胡麻	豌扁豆
播种时间	5月份	3月份	4月中旬	4月份	3月份
收获时间	10月份	7月份	9月中旬	7月份	6月份
化肥投入	25千克尿素、20千克二胺、50千克土磷肥、2车农家肥，折价235元	7.5千克尿素、5千克二胺、1车农家肥，折价80元	15千克尿素、7.5千克二胺、25千克土磷肥、2车农家肥，折价150元	二胺5千克、复合肥5千克、农家肥1车，折价80元	2.5千克土磷肥、2.5千克二胺、农家肥1车，折价60元
其他投入	无	除草剂8元	地膜70元 种子18元	无	无

续表 7-3

项目	土豆	小麦	玉米	胡麻	豌豆、扁豆
总现金投入折现	235 元	88 元	238 元	80 元	60 元
留种方式	自留和换种	自留和换种	购买	自留	自留
田间管理	锄草两次(人工)	除草一次	5 月放苗和间苗一次	靠天吃饭	靠天吃饭
劳动力需求	14 个劳动日	8 个劳动日	9 个劳动日	5 个劳动日	5 个劳动日
产量	1 250 千克	200 千克	400 千克	75 千克胡麻子,折油 20 千克	100 千克
价格	0.6 元/千克	2.0 元/千克	1 元/千克	16 元/千克	2.4 元/千克
收益	750 元	400 元	400 元	320 元	240 元
净现金收益	515 元	312 元	162 元	240 元	160 元
对雨水的要求月份	7 月和 8 月雨水	5 月	6 月	5 月	4 月

资料来源:关键人物访谈。

从表 7-3 中不难看出,水村农户的种植结构从以小麦为代表的粮食作物为主向以土豆为代表的经济作物为主的转变趋势是符合农户追求利益最大户的生计策略动机的。以土豆种植为主,说明贫困地区农户种植结构的调整具有很强的决策理性。和其他作物相比,土豆种植具有明显的特点:①从气候适应性来讲,土豆的生产周期特点符合当地的降雨条件,这对水村这个没有一点地表径流的旱作农区村来说是非常重要的。当地百姓反映,当地出现 5—6 月的春末初夏旱的概率要远远高于 7—8 月旱,而如果 5 月小麦和胡麻等作物的扬花期没有雨水的话,基本上都是绝收,而不像种植土豆,即便 7—8 月降雨偏少,大约也就减产 3～4 成,一般不会出现绝收情况[①]。

① 根据当地的气象资料显示:定西市城关区全年的降水量分配是 4—6 月占 25%,7—9 月占 60%,其他各月占 15%。

②从种植比较优势来说，目前在当地种植土豆的经济回报率是最高的，据估算，土豆的亩均净收益约为515元，而小麦只有312元，玉米只有162元，胡麻为240元，豌豆、扁豆为160元。因此种植土豆从经济上来说是最为有利的。③种植土豆的对于劳动力的需求比较大，是高劳动密集型的，当地村民表示这主要是因为土豆的田间管理需要至少锄三遍草，并且不能洒除草剂，而小麦等作物则主要是用除草剂来进行除草的。这也是造成水村青壮年劳动力更倾向于选择在县内务工的原因之一。

因此，水村土豆种植的推广是比较迅速的，从2004年只有1户种植土豆，到2007年几乎所有农户都开始大面积种植土豆，并且逐渐取代小麦占据主导作物地位，这种趋势反映了水村农户的生计策略开始由追求粮食安全向追求经济效益转变。不过值得注意的是，既然土豆的种植效益远远高于其他种植作物，为什么水村的农户并没有完全改种土豆呢？这主要是和农户生计的多样性特征和需求决定的。种植业在水村农户的生计发展中发挥着重要的功能，农户对种植业的依赖程度比较高，其需求也是多样化的，主要表现为：①种植业是农户的最主要现金收入来源，调查数据显示，水村户均种植业收入为4 766元，户均现金总收入为11 640元，种植业收入占现金收入的40.95%，占其收入比重最高。其中来自于土豆的平均现金收入为3 079元，占到总现金收入的26.45%以及种植业收入的68.79%。②为农户提供了基本的口粮需求，虽然有一些农户表示如果口粮不够可以购买，并且也有相当一部分农户开始购买一些口粮，但是口粮供给主要还是靠自己种植。③种植业为农户家庭养殖业的发展提供了饲草，特别是为役畜（牛、驴和骡子）提供了饲料。通过小组访谈，可以发现每种作物在农户的生计发展中都起着多重的作用。表7-4为不同作物对农户的主要功能。

表 7-4 不同作物对农户的主要功能

作物名称	对农户的功能(按重要程度排序)
土豆	销售获得现金、蔬菜和主食、喂猪的饲料之一
小麦	口粮、秸秆用来喂役畜
胡麻	榨油、秸秆用来喂役畜
豌豆、扁豆	蔬菜、销售获得现金
玉米	喂猪、青贮用来喂役畜、销售获得现金

资料来源:小组访谈。

7.1.3 不同类型农户自然资产利用方式的比较

从上述的水村土地利用方式的变迁可以看到,在 2004 年之前,水村的土地利用方式保持着高度的一致性,从 2004 年以后,水村的土地利用方式开始出现分化,调查显示,这些分化主要表现在以获取收入为导向的经济作物(土豆)的种植时间和种植比重,而这细微的变化对农户的资产结构产生了显著的影响。因此,本研究将以土豆种植为例来分析不同类型农户在自身资产条件的限制下生计策略的差异。

1.土豆品种的引入

在前一节的论述中,已经粗略地介绍了水村的土豆种植的历史,在和水村村干部的深入访谈中,可以将其概括为该村的土豆种植是村中相对富裕的农户逐渐向全村农户扩散的一个过程。在 2004 年只有冉 XL 一家种植土豆。

案例 7-1 冉 XL 的土豆种植

冉 XL,从 20 世纪 60 年代开始一直担任村里的妇女主任,同时还兼任三社的社长。土地承包到户以后,家里因为人口多,分得了 80 亩土地,后来又开荒了近 20 亩土地。一共有 4 个子女,大女儿嫁到外镇,大儿子和三儿子在本村，二儿子落户到四川，1986 年大儿子分家单过，分去旱地 30 亩。冉 XL 夫妻和三儿子一起过，一共有地大约 60 亩，在 2003 年之前冉 XL 家的 70 亩旱地主要种植小麦、糜子、谷子、豌豆、扁豆、胡麻以及苜蓿草等，主要现金收入依靠儿子打工和养殖业。2004 年水村开始退耕还林，冉 XL 家一共退耕耕地 30 亩，每年能获得近 4 000 元的补贴。冉 XL 家很早就开始种植土豆，1996 年她就种了 15 亩当地的老兰花和老白花两种老品种，不过当年干旱十分严重，土豆还没长成就被干死了，产量很低，一共才卖了 1 000 元钱。后来停了很多年就没有再种植土豆。2003 年，冉 XL 家的一个亲戚告诉她渭源县新研究的土豆品种渭薯 6 号比较好，耐旱，产量高，适合在定西种植，于是她就拿了 300 元钱请亲戚帮忙在渭源调一些渭薯 6 号的品种，2003 年开始试种，头一年就种了 2 亩地，渭薯 6 号的产量非常高，当时挖了 6 000 千克；2004 年种了 15 亩土豆，考虑到粮食的问题，2005 年种了 12 亩；2006 年当地政府将冉 XL 所在的三社列为土豆种植示范点，给种植土豆的大户补贴土磷肥，冉 XL 家种了 30 亩土豆，此后 2007 年和 2008 年冉 XL 每年都种 30 亩土豆。并且由于她家是最早从渭源调进渭薯 6 号等优良土豆品种，因此他们家也就成为水村的土豆良种供给中心，2006 年冉 XL 仅仅卖土豆种就卖了 5 750 千克，水村有 9 户农户的土豆种都是从冉 XL 家购买的。当问及冉 XL 为什么要种植土豆的时候？她说："我们这个地方，天气太干旱，种什么产量都不高，种小麦如果天气旱那就会彻底绝收；土豆抗旱，即便是大旱，也还会有一些收成。过去种不行，过去我们这个地方只有一个淀粉厂，土豆种了卖不掉，又不能当饭吃，那个时候土豆才卖 4 分钱 1 千克；这几年，我们这边新修了大量的淀粉厂，政府搞了马铃薯交易中心，土豆价格比较好，这些年平均下来，每千克大约能卖 6 角钱。退耕还林以后，地更少了，我们这里是广种薄收，地少了，种粮就划不来了，反正退耕还林的补助款也足够我们买粮食吃，自己种一点，再买一点，吃饭没有问题了。现在不像过去，家里存上几年粮最重要，现在只要有钱就行。"

从冉 XL 的介绍中,可以看到,他们家之所以能够成为开水村种土豆之先河者,主要有 3 个方面的原因:①他们家拥有丰富的耕地资源,他们家的承包地和开垦荒地的总面积达到了 70 亩,因此拿几亩出来试种土豆并不会影响其粮食问题;退耕还林的补贴款的到位更加保证了其粮食的安全;②他们家拥有丰富的劳动力资源,冉 XL 家一共有 5 口人,其中 4 人都是主要劳动力;③他们家有亲戚在湄源种土豆,刚好为其提供了准确的良种信息。

2.不同类型农户土豆引种时间和生计后果

我们对从 2004—2006 年开始大面积种植土豆的农户进行深入的调查(表 7-5),发现情况正如村干部所介绍,富裕农户能够更快和更早地接受以市场为导向的土豆的种植,开始大面积种植的比例比较大,而贫困农户则更多地考虑是否能够承担市场的风险和家庭生计的安全性,在发现土豆种植相对比较稳定的情况下才选择种植。“刚开始的时候不敢种,万一土豆卖不出去,又没有种粮食,没钱没粮食吃,那怎么办?”这是很多贫困农户最普遍的心态,正如詹姆斯斯科特(1976)曾经指出的“安全第一原则”。

表 7-5　不同类型农户开始种植土豆的时间分布

农户类型	2004 年	2005 年	2006 年	2007 年
贫困户	0	1	5	37
中等户	0	2	7	35
富裕户	1	4	18	3

资料来源:问卷调查。

贫困农户和富裕农户表面上看在种植土豆上只相差了 2 年的时间,但是就是这两年的时间差,不同类型农户在土豆种植上的收益就相差甚远。

案例 7-2　土豆的价格

寇 D,也是村里的土豆种植大户,从 2005 年开始大面积种植土豆,2006 年种了 10 垧地,一共卖了 15 000 元;2007 年种了 10 垧地,卖了 12 000 元;

今年也种了10垧地，土豆全挖出来了，因为父亲生病了，已经住院21天了，花掉了12 000元，医生说至少还要住20天，估计还要花8 000元左右，家里的积蓄花得差不多了，就想着能把土豆都卖了，好给父亲支付医药费。他从10月6日开始卖土豆，每隔几天拉上一车去土豆销售中心，土豆价格起伏不定：10月6日和10月8日，平均土豆价格是0.44元/千克；10月9日，0.43元/千克；10月11日，0.42元/千克；10月13日，0.20元/千克；10月30日，0.38元/千克，10月31日，0.40元/千克；并且他表示往年卖土豆都能拿到现金，今年淀粉厂好像也不景气，全部都是打的白条[①]，要到明年3月份才能付钱。寇D表示今年雨水条件还不错，土豆产量比较高，本以为至少能卖上15 000元，但是现在估计最多能卖7 000元，今年化肥涨价涨得利害，几乎翻了一倍，幸亏其有一个亲戚是卖化肥的，化肥都是赊欠的，还能再拖一拖。

寇D的情况非常具有代表性，很多农户都表示2008年是土豆生产的一个拐点，对2009年的土豆生产都不持乐观态度，并且表示，由于连续几年大面积耕种土豆，土豆病虫害的发生几率将会增加，土豆产量可能会下降。通过对土豆种植大户的小组访谈，对2008年土豆生产收益的下降有了更加清楚的认识，其主要原因在于3个方面：一是土豆生产要素成本的提高，二是市场价格的下降，三是土豆的平均产量有所下降。

第一，土豆生产要素成本的提高。水村的土豆种植是比较粗放的，和拥有水浇地的邻村——友谊村的土地种植有很大的差距，现金投入主要是化肥投入，而无须浇水、施农药以及地膜等其他费用，不过，最近几年当地的化肥价格上涨十分明显。笔者对当地土豆主要使用的二胺、尿素和土磷肥等3种化肥的价格进行了深入的调查，具体结果见表7-6，从表7-6中，可以明显

① 访谈期间，寇D将白条拿出来给笔者看，也正因为如此，才能知道如此准确的关于每天的土豆的价格。

看到,如果按照当地的平均施肥量来计算,2008年每亩土豆种植的化肥投入达到了171元,比2004年亩平均化肥需100元上涨了71%,化肥上涨造成的土豆种植现金投入的年均上涨率达到了14.5%左右。由于土豆种植季节在5月份,按照水村户均10亩的种植面积,仅化肥一项的投入就需要近2 000元,这对于水村很多农户来说都是一笔不小的开支。因此很多农户只好减少化肥的投入量,而化肥投入量的减少,则会影响到土豆的单产,水村土豆单产的差异非常大,最低的为1 000千克/亩,最高的能达到4 000千克/亩,村民认为造成产量差异的最主要原因就是化肥投入量上的差异。

表7-6 水村农户购买化肥价格变动

年份	二胺/(元/斤)	尿素/(元/斤)	土磷肥/(元/斤)	年每亩土豆平均化肥投入/元
2004年	—	—	—	100
2005年	1.07	0.66	0.3	106
2006年	1.45	0.76	0.3	126
2007年	1.6	0.74	0.43	144
2008年	1.8	0.92	0.53	171
每亩平均投入	40斤	50斤	100斤	

注:每斤=0.5千克。

资料来源:关键人物访谈。

第二,市场价格的下降。调查显示,2004—2007年,在当地政府的努力下,土豆价格是逐年上升的。2003年开始,定西政府成立了马铃薯经销协会,建立了临洮康家崖、陇西文峰、安定马铃薯综合交易中心、安定巉口、渭源会川、岷县梅川等6个较大规模的马铃薯专业批发市场,并每年举办一次马铃薯经贸洽谈会,并且调运火车专列进行土豆的调运和销售,定西土豆成为知名的名牌,水村所属的城关区被评为“中国马铃薯之乡”,当地政府给予了到当地收购土豆的经销商以免交场地费以及交通、税收等多方面的优惠;这些措施极大地提高了定西土豆的知名度,大量的商贩来定西收购土豆,土豆价格相对较高;2007年,当地政府从保护农民利益出发,防止农户上当受骗，对来进行土豆收购的经销商进行了严格的资质审查，不允许小商贩来收购土豆，并且制定了土豆收购保护价，每千克 0.8 元。2007 年这些保护措施并没有对定西土豆的销售构成威胁，当年的土豆价格创下了最高纪录，农民反映大小土豆平均下来每千克的价格达到了 0.72 元。2008 年当地政府仍然推行和 2007 年相似的政策，但是土豆生产和销售的大环境发生了变化，“这些年，我们定西种土豆改变了模样，我们的书记被称为是土豆书记，现在我们西部很多干旱地区都开始大面积种植土豆，内蒙古和宁夏这两年土豆种植发展非常快，特别是今年，内蒙古的土豆冲击了我们的市场，我们甘肃交通不好，内蒙古交通条件好，并且我们政府不让小商贩来收购，这些小商贩都跑到内蒙古去了；我们政府给定的收购价高，做生意的都跑到内蒙古去收了，内蒙古的土豆比我们的便宜，我们今年土豆都卖不出去了”①。笔者 2007 年 11 月到达水村的时候，当时农户大部分都已经挖完土豆，并且也销售了大部分土豆，因为价格好，大家都非常高兴，表示来年要多种土豆，并且对政府的保护价政策拥护程度相当高；2008 年 11 月笔者第四次去水村调研的时候，听到最多的就是“今年不行了，土豆卖不出去，价格太低，都不想挖了，先存在地里再说吧”。2008 年土豆的平均收购价格仅为 0.38 元/千克。

第三，土豆单产下降明显。通过访谈，当地土豆单产下降的主要原因为：①种植品种的老化，目前水村的土豆品种主要是村内调种和换种，村内调种和换种方便，并且节约成本，但是也不可避免地带来了土豆品种的退化，造成产量的下降。②连续几年种植土豆，土壤立地条件变差，也影响了土豆的产量。因此，水村的土豆平均单产从 2004 年的 3 000 千克下降到 2008 年 2 000 千克。

表 7-7 清楚地展示了从 2004 年开始当地土豆生产收益的变化情况，可

① 水村的一个土豆种植大户的访谈记录。

以看到,土豆种植收益[1]在前几年都是保持稳定或者呈上升趋势,而2008年降幅非常明显,从每亩收益的1 075元下降到414元,因此可以看到一种新品种的采纳,在最初的几年里能够获得最多的利润,而等到新品种普遍推广以后,利润也就随之下降,由于富裕农户能够在利用自己的资产优势先于贫困农户受益于新品种的使用,新品种的使用对其生计成果的改善也是更加有利的。

表7-7 土豆的价格、成本等要素变化(以梯田为例)

项目	2004年	2005年	2006年	2007年	2008年
土豆价格	0.4元/千克	0.48元/千克	0.64元/千克	0.72元/千克	0.38元/千克
土豆销售情况	容易	容易	容易	容易	困难,卖不掉
交易方式	现金	现金	现金	现金	白条支付,2009年3月才能兑现
化肥成本(不含农家肥)	100元/亩	106元/亩	126元/亩	144元/亩	171元/亩
薯种成本	120元	120元	120元	120元	120元
平均产量	3 000千克	2 500千克	2 500千克	2 000千克	2 000千克
亩均收益	980元	974元	1 354元	1 176元	545元

资料来源:关键人物访谈。

3.不同类型农户土豆种植结构的差异

虽然不同类型农户在新品种的采用上存在着差异,但是在农村社区,农户之间有较强的示范和相互学习过程,最终同一社区中不同农户在对土地资产的利用上趋向一致。调查数据显示,到2007年,水村不同类型农户对土地资产的利用趋势上呈现出高度的一致:土豆成为各种类型农户最主要

---

① 土地种植实际收益要低于表中的数据,因为土豆种植还需要喷洒农药,有时候还需要运输成本或者雇工,但是这些费用要不就非常低,要不就是不具有普遍性,要不就是年度之间没有明显变化,村民很难说清楚,因此并没有考虑在其中,如果按照当地农业生产部门官员的估算,种一亩土豆还需要农家肥费80元,农药费10元,畜力费40元,共计130元左右,这还不考虑劳动力的价格。

的种植作物品种，数据显示，不同类型的农户在平均种植种类上为3种左右，种植多样性也趋向于一致；平均土豆种植比重均超过了耕种面积的50%，这标志着水村农户对土地利用的生计策略均开始朝着获得更多的经济收入转变。

再对农户调研数据进行进一步分析，发现虽然不同类型农户在对土地资产的利用方式呈现出结构性一致的趋势，但仍然存在着一些差异。具体表现为：①虽然不同类型农户土豆种植面积均超过一半，但是显然富裕农户种植土豆的比重要远远高于贫困农户。数据显示，贫困农户的土豆平均种植面积为7.72亩，占其总播种面积的51%[①]；中等农户土豆的平均种植面积为9.63亩，占其总面积的58%；富裕农户土豆的平均种植面积为14.42亩，占到播种面积的61%。相对应而言，对于满足农户口粮需求的小麦种植，贫困户的种植比重显然高于富裕农户，贫困户小麦的种植比重达到了30%，而富裕农户的种植比重仅仅为17%(表7-8)。

表7-8 2007年水村不同类型农户的种植结构

农户类型	土豆	小麦	胡麻	饲草	豌豆、扁豆	玉米	平均种植作物种类
贫困户面积/亩	7.72	4.55	0.22	0.50	1.81	0.29	2.66
比例/%	51	30	1	3	12	2	
中等户面积/亩	9.63	3.79	0.15	1.15	1.73	0.28	2.61
比例/%	58	23	1	7	10	2	
富裕户面积/亩	14.42	4.08	0.40	1.52	2.69	0.46	2.88
比例/%	61	17	2	6	11	2	

资料来源：问卷调查。

① 在农村调查中，笔者发现在人均耕地面积比较多又有很多荒地的地方，要了解一个社区中农户准确的土地面积是十分困难的，以水村为例，农户土地承包证上的面积仍然还是1981年刚刚分产到户时的土地面积，而在20世纪80年代中期，当地农户大量开垦荒地，一些农户的开荒地面积甚至超过了承包土地。当我们在调查各种作物的播种面积时，发现农户的播种面积和耕地面积也有一定的差距，笔者对不同类型农户的介绍的播种面积和在第6章用来计算土地资产时农户说的耕地面积进行了比较，发现不同类型农户之间在播种面积和耕地面积上的差异趋向一致，因此在这里并没有对农户的播种面积进行调整，而是直接使用了农户的调查数据。

4.不同类型农户种植的投入产出比较

水村的农户表示虽然大家都很清楚,要想获得高产,则需要投入适量的化肥,每一种作物的最佳化肥投入量上有所差异,除去农家肥,每亩地的土豆、小麦、胡麻、豌豆、扁豆、玉米等投入分别为 144 元、40 元、30 元、15 元、70 元。如果按照当地农户的平均种植面积来计算,贫困户的理想投入为 1 347.73 元,中等户的理想投入为 1 588.37 元,富裕户的理想投入为 2 324.23 元,但是调查数据显示,贫困户的实际投入为 988 元,中等户的实际投入为 1 263 元,富裕户的实际投入为 2 120 元,每种类型的农户都不能按照最佳投入进行投资,从相差额度来看,富裕农户投入的差额最低,仅为 204.23 元,贫困户的差额最高,为 359.73 元。从不同的作物投入来看,不同类型农户在土豆种植投入上差异最为明显,富裕农户的亩均土豆投入为 121 元,中等户为 101 元,而贫困户仅为 90 元。显然,不同类型农户在种植上的投入能力差别还是比较显著的,富裕农户的投入能力显然高于贫困户(表 7-9)。

表 7-9 不同类型农户的种植的化肥投入 元

农户类型	土豆投入	小麦投入	胡麻投入	豆投入	玉米投入	总投入	理想投入	差距
最佳投入	144	40	30	15	70	—	—	—
贫困户	90	46	26	33	68	988	1 347.73	359.73
中等户	101	52	35	39	75	1 263	1 588.37	325.37
富裕户	121	52	21	47	52	2 120	2 324.23	204.23

资料来源:问卷调查。

由于投入上的差异,不同类型农户获得作物的单位产量差距也是比较明显的,尤其表现在土豆上,富裕户的亩均产量达到了 1 708 千克,中等户的亩均产量为 1 407 千克,贫困户的亩均产量仅为 1 313 千克,富裕户和中等户之间相差近 400 千克。如果按照 2007 年土豆市场价格 0.72 元/千克,如果不考虑其他方面的差异①,富裕农户的亩均土豆毛收益要比贫困户多288元,净收益要多257元。表7-10为各种作物的单位产量。

表7-10 各种作物的单位产量 kg/亩

农户类型	土豆产量	小麦产量	胡麻产量	豆产量	玉米产量
贫困户	1 313	87	66	62	256
中等户	1 407	102	86	64	347
富裕户	1 708	90	70	84	384

资料来源:问卷调查。

7.1.4 简短结论

虽然不同类型在自然资产的利用方式皆以旱作农业为主,种植品种的选择上趋于一致,不存在本质上的差异。但是由于自然资产、金融资产等其他资产禀赋上的差异,不同类型农户在种植结构上仍然表现出显著的差异,富裕农户能够更快地采纳新的作物品种,尤其是在市场为导向的新品种采纳上,不同类型农户应对风险的脆弱性的差异造成了贫困农户在新品种采纳上的滞后性,这种滞后性在客观上也就影响了农户对自然资产利用中所获得的生计结果;此外,由于在金融资产储备上的差异,富裕农户和贫困农户在自然资产利用中的投入存在差距,从而造成农业产量和收益上的差距。

7.2 人力资产的利用——非农就业

7.2.1 水村非农就业的总体情况

20世纪80年代初期,中国政府开始允许农村劳动力外出流动,此后,农

① 其他方面的差异还包括销售土豆的运输成本,这将在后面的分析中提到。

村大量青壮年劳动力开始进城务工,到2006年,农村劳动力外出务工人数达到了1.32亿人,人均工资性收入达到了1 375元,占其总收入的38.33%(国家统计局,2007),成为农民收入结构中增长最快的收入来源,劳动力输出转移从事非农产业成为中国农民收入增长的主要动力之一。水村虽然地处偏僻的西部地区,但是在维持生计的需求下的外出务工就业也是从20世纪80年代初开始的,如今,以外出务工就业为主要形式的非农就业已经成为水村农户生计策略中人力资产利用的重要方式之一。

案例7-3　安YG的非农就业经历

安YG:村里的书记,是水村最早出去打工的人,也是当年水村文化程度最高的。"我在家是老大,有两个弟弟,两个妹妹。1981年我高中毕业,参加高考,就差0.5分,当时家里很穷,没有钱补习,到现在我都觉得挺遗憾的,我的几个弟弟妹妹还经常开玩笑,说就是因为我这个老大没带好头,如果当时我再努力一把考走了,他们一定会以我为榜样,好好念书。我在他们眼里是最聪明的,我都没有考上,他们也就觉得自己一定没戏,个个上完初中就不念了。家里的地就那么多,1982年我们这里遇到了罕见的大旱,麦子什么基本上都没有怎么出苗,一大家子人在家连饭都吃不上。我的一个亲戚家在兰州,看我是高中生,那个时候不像现在大学生都这么多,一个高中生也是稀罕的,就介绍我去兰州的建筑工地上打工,我在兰州一共干了6年,从小工一直干到大工。1988年回家结婚,不过没有和家里人分家,因为当时弟弟妹妹都还小,父母年龄大了,结婚以后还到兰州打了两年工。1990年在熟人的介绍下到定西行署烧锅炉,每年从11月烧到来年的3月,每个月能挣300元钱的工资,并且还管吃管住。1993年与两个弟弟凑了10 000元左右买了一个四轮车,冬天烧锅炉,平时开车拉货跑运输。买车的时候兄弟三人每家出了3 000元钱,当时算是入股合伙投资,跑运输挣到的钱兄弟三个平分。1995年镇里领导开始劝说我当村干部,当时我不想干,因为当村干部一个月只有160元钱的工资(乡里发40元,村提留给120元),和我开车比差远了,并且那个时候当干部不像现在,现在是人人都争着当,那个时候是没人愿意当,光收农业税和搞计划生育就让人头疼。当上村干部以后,就不再外出打工了。现在在家主要靠养羊,同时也因为当村干部,所以认识一些人,在附近搞些工程承包的活,一年也能挣上一些钱。

从安书记的经历中可以看到,外出务工就业是水村村民在当时特定的环境下为了发展生计的一种选择。1982年左右是定西地区旱灾最为严重的年份,据1979—1983年5年全市灾情统计:每年平均受灾面积385.35万亩,占播种面积49.82%,其中旱灾占受灾面积的63.79%,雹灾占19.99%,霜冻灾占0.78%。各县(区)中受灾面积最大的城关区年平均受灾面积87.42万亩。1982年是近年来灾情最严重的年份,全市受灾面积245.83万亩,占各类灾害面积的63.79%,占作物播种面积的52.77%。受灾最重的城关区受灾面积占作物播种面积的73.44%[①]。这次大旱引起了中央政府的高度关注,1982年国务院专题召开了甘宁两省区救灾会议,决定从1983年开始实施"三西专项扶贫计划",每年投入2亿元专项资金用于解决包括定西在内的三西地区[②]的贫困问题。旱灾也直接影响了水村农户的生存,据村里的老人回忆,那个时候刚刚分产到户,大家都准备好好干一场,谁知道天不作美,旱得连饭也吃不上,四处挖草根吃。在这样的背景下,村里一些有文化的青年开始外出打工,据调查,从1982—1986年,村中大约有16人在外打工,这些人的共同特点就是文化水平相对较高,基本具有初中以上文化程度,所从事的工作主要都是在建筑工地上打工。表7-11为水村最早从事非农就业的农户。

---

① 民盟定西市委,关于定西气象减灾和人工影响天气工作的调查报告,http://www.mmgs.org.cn/new_view.asp?id=4345,2008年12月2日。

② 三西地区指的是宁夏西海固地区、甘肃定西地区和河西走廊。

表 7-11　水村最早从事非农就业的农户

农户姓名	文化程度	打工时间	打工地点	打工行业	农户类型
付 M	初中	1983 年	定西	建筑	富裕户
何 GY	初中	1984 年	定西	木工	富裕户
李 Y	初中	1982 年	定西	建筑	富裕户
李 M	初中	1983 年	定西	建筑	一般户
李 XG	初中	1984 年	定西	建筑	一般户
李 XM	初中	1983 年	定西	装潢	富裕户
陈 JF	高中	1985 年	定西	建筑	贫困户
安 YL	初中	1985 年	兰州	建筑	一般户
安 YG	高中	1982 年	兰州	建筑	一般户
李 J	初中	1984 年	定西	装卸	一般户
王 X	初中	1984 年	兰州	兰化厂	一般户
何 YY	初中	1985 年	定西	木工	一般户
何 DH	初中	1984 年	定西	建筑	富裕户
杜 ZP	初中	1986 年	定西	木工	富裕户
李 XY	初中	1986 年	定西	木工	富裕户
段 K	初中	1986 年	定西	做小生意	富裕户

资料来源:关键人物访谈。

除了外出务工以外,水村村民也开始在不断寻找其他非农就业的机会,如一些村民利用自己的手艺,从事木工;一些村民买车跑运输等。但是从总体上来看,外出务工就业仍然被水村的村民认为是最有效的非农就业形势,一些农户经过多次的尝试,最终仍然选择外出务工作为其非农就业的途径。

案例 7-4　崔 Z 的非农就业经历

1993 年从鲁家沟搬迁落户到水村。1995—1997 年,崔 Z 在河湾边挖沙、卖沙,主要卖给建筑工地,这样挖沙一年能挣 500～600 元。到后来河道管理处禁止在河湾挖沙了,这个买卖就放下了。1997—1998 年,听说在城里蹬黄包车能挣钱,就买了一辆二手的黄包车在定西城里拉客,一天能挣几元到十几元不等；但是费用也挺高的，养路费、工商费，等等，基本上每天都干，一年能挣1 000多元；不过从2000年开始，定西市城管规定黄包车不能进市里，崔Z的黄包车只能在城边上拉生意，也就挣不上什么钱了。从2000年开始到2004年在城关预制厂打工，这个工作是自己的堂兄弟介绍过去的，一年能挣1 000～2 000元，由于工资比较低，家里的孩子大了，需要更多的钱上学读书，于是干到2004年就不再在厂里干了。从2004年到现在，崔Z又在定西市正立建筑公司找到小工的工作，按工日挣工资，一个工日30元，干满一天计算一天，每天从早上七点半一直到下午六点半，干满10个小时就算一个工日，一个月大约能挣上800块钱，一年下来，可以挣上个七八千元。

在过去的20多年里，和全国其他乡村一样，越来越多的水村农户开始从事非农就业，到2007年，在所有调查的116户农户家庭中有95户农户家庭有成员从事非农就业，占到调查户数的82%，只有21户农户没有人从事非农就业，没有人从事非农就业的原因都是因为家庭没有富余劳动力，而没有富余劳动力的主要原因在于年龄大、身体不好或者是家中孩子尚小或老人年龄太大需要人照顾等，因为年龄大的有6户，身体不好的有7户，家中太忙走不开的有8户；因为年龄大或者身体不好的农户不能出去打工将是长期的，而因为家中太忙走不开的农户通常会等孩子大一些或者家中老人身体恢复或者是去世以后，他们还是会选择外出务工。

案例7-5 不能外出打工的人

冉W，30岁，家中3口人，和父母一起住。冉W从12岁的时候就开始出去打工，先是在兰州打工，做室内装潢，刚开始17元一天，后来和哥哥一起去上海干装修，一直干到2005年，平均一天工资能到40元。2005年夜里骑摩托车从城里回家，车翻到边水渠里，造成双腿骨折，在医院前前后后花了6万多元，大部分钱都是向亲戚朋友借的，现在还有一部分钱没有还清。

目前冉W的身体基本恢复,但是不能干重活,还需要在家休养,父母年龄也大了,一家人在家种地,不能出去打工。

何Q,结婚以后,打了几年工,攒了点钱,就在定西市租了房子做豆浆、稀饭一类的早餐生意,每天早上3点就要起来做饭,虽然很辛苦,但是收入不错,一年纯收入有8 000～10 000元。但是今年下半年就没有再做生意,原因是年初家里母亲去世,父亲最近身体又不好,得了股骨头坏死,不能活动。家里劳动力不够,就暂时搁置了定西的生意,回家照看地里的活。原先父母身体好的时候还可以干点地里的活,他自己只是在农忙的时候回来帮忙,现在不行了,地里的活只能靠他自己和妻子干了。

李XG,今年39岁,家里有3个孩子,都在上小学,没有老人可以帮忙照顾孩子,家里有20亩地,要照顾孩子,要种地,如果光靠妻子一个人忙不过来,所以暂时还不能外出打工。等孩子长大一些,再想办法出去打工。

王YD,老夫妻两人,今年都已经60多岁了,和儿子们分了家以后,自己单独过,年龄太大了,不可能出去打工,就在家种种地,放放羊,维持生活就可以了。

从有家庭成员从事非农就业的95户农户来看,其中外出务工的有88户,占绝大多数,并且有部分家庭有多名外出务工人员,外出务工总人数为102人;从事其他非农就业的只有7户,其中做生意的有2户,开木匠店的1户,跑运输的2户,帮别人看风水的1户,因为担任村干部而不能外出务工的2户,即村书记安YG和村文书王J两人。鉴于水村绝大部分农户非农就业都是外出务工,将对农户外出务工进行深入的讨论。

水村中绝大部分外出务工人员是男性,女性外出务工很少,在102名外出务工人员中,只有7名是女性,仅占外出务工人员的6.86%,有95名是男性,占到外出务工人员的93.14%。从家庭身份特征来看,以户主外出务工为主,有65人是户主,占到63.73%,其次是家庭中成年儿子,有30人,占到29.41%,只有3位儿媳妇和4位女儿外出务工,比重较低(表7-12)。女性很少外出务工的主要原因就是女性是家务劳动的主要承担者，水村绝大部分农户家庭结构是核心家庭或联合家庭，已婚妇女需要在家操持家务和从事农业生产，没有时间外出打工。而对于未婚女性来说，按照当地的习惯，通常每个家庭都会让孩子念完初中，水村儿童入学年龄较晚，一般都是8岁，上完5年的小学和3年初中，一般中间还会留上一级或两级，等初中毕业了大部分女孩都已经十七八岁了，通常在家里帮妈妈干两三年活就要嫁人了，当地女性的结婚年龄比较偏低，通常在20～24岁，嫁到婆家以后，就要操持家务，也就没有时间外出打工了。并且还有一个重要的原因，就是女孩出去打工就不愿意再回来了，村里以前也有一些年轻女孩到东部打工，这些女孩出去了就在外面找人嫁了，很少再回家，家里什么都指望不上了，因此一些父母就更不愿意让女孩出去打工了。

表7-12 外出务工人员的人口学特征

项目	男性	女性	户主	儿子	女儿	儿媳妇
人数	95	7	65	30	4	3
比例/%	93.14	6.86	63.73	29.41	3.92	2.94

资料来源：问卷调查。

案例7-6 女儿外出打工远嫁

张LY，今年53岁，有两个儿子，一个女儿，5年前，女儿到江苏常州去打工了，在外面打了几年工，认识了一个安徽的小伙子，就和这个小伙子结婚了，这个小伙子家里虽然也是农村的，但是生活在长江边上，有水。定西这个地方就是缺水，女儿结婚以后，女儿、女婿和亲家来过家一次，以后女婿和亲家就再也不来了，说定西这个地方不是人待的地方。定西这里到女儿家太远，女儿也就很少回来，一个女儿算是白养了。

7.2.2 不同类型农户外出务工情况比较

外出务工的普遍性使得水村不同类型的农户家庭外出务工的比例都比较高,据问卷统计,贫困户中有37户家庭有外出务工人员,占到84.09%;中等户有40户,占到86.96%;富裕户有25户,占到96.15%。富裕户中外出务工的比重要高于贫困户,其原因在前面的分析中已经有所阐述,这里不再赘述了。

1.不同类型农户外出务工地点

从外出务工的地点来看,在102名外出务工人员中,大部分村民都选择在定西县城就近打工,到外地务工的很少。调查数据显示,有76名外出务工村民选择在本县范围内就业,占到总的外出务工人员数量的74.51%,有17名外出务工人员是在本省内的其他城市就业,占到外出务工人员数量的16.67%,只有9名外出务工人员选择到外省就业,所占比重不到10%,并且不同类型农户之间的差别并不显著(表7-13)。

表7-13 水村外出务工人员的工作地点

农户类型	外省	比例/%	外县	比例/%	本县	比例/%	合计
贫困户	4	10.81	4	10.81	29	78.38	37
中等户	4	10.00	8	20.00	28	70.00	40
富裕户	1	4.00	5	20.00	19	76.00	25
合计	9	8.82	17	16.67	76	74.51	102

资料来源:问卷调查。

笔者对于"为什么村民多选择在本地务工,而不选择到外省务工"和村中的务工人员进行了讨论,了解其主要原因有以下几个方面:①劳动力文化程度普遍不高,难以到经济发达地区找工作,水村的外出务工人员以年龄在35岁以上的劳动力为主,这些劳动力大部分都只具有小学和初中的文化水平,加上年龄偏大,难以在南方找到合适的工作。即便是到外省就业,也主要是去新疆、青海等西部省区，从事的主要是农业劳动、建筑和开矿，工资水平低，条件也比较差，一般村民都不太愿意去。②水村的农业生产仍然在家庭生计中发挥重要作用，尤其是这几年进行土豆种植，加上农业税费减免以及国家实行各项直接补贴政策，种地的比较收益有了显著的提升，在水村这样一个广种薄收的旱作农业生产区，农业生产的强度比较大，如果到外地打工则不能兼顾到家庭农业生产，因此水村农民更倾向于选择可以兼顾家庭农业生产的兼业型打工，这样可以做到双赢。③近几年由于定西市城市规划的调整，城市不断扩大，尤其是要将市行政中心搬迁到城北地区，以及甘肃省的几条重要高速公路都要过境定西，大规模的基础设施建设提供了大量的就业机会，水村距离县城不过 10 千米，获得县城的就业机会相对容易。④在定西就业的工资水平在逐年上涨，本地就业的工资水平基本上和外出打工差不多。调查发现，定西建筑业的工资水平在过去的几年里上涨速度比较快，到 2008 年，每个小工能挣 40 元/天，每个大工能挣 60 元/天。⑤本地就业工资容易结算，一般不会出现拖欠工资的情况。村民崔 Z 介绍了当地普遍的工资支付的方法，“一般来说，在建筑上打工，工资不是按月发放，每年结三次，都是赶着节日，端午节结一次，中秋节结一次，元旦的时候结一次，工资按天计算，我今年已经结了两次工钱了，一共结了 4 500 元，大约还有两个月的工资还没有结，快要到元旦了，包工头会通知我们的”，当问及为什么在当地不会出现拖欠工资的情况，“都是本地人，谁也拉不下那个脸!”表 7-14 为定西建筑行业农民工的日工资水平。

表 7-14 定西建筑行业农民工的日工资水平

元

工种	1990—1994 年	1995—1997 年	1998—2000 年	2001—2005 年	2006 年	2007 年	2008 年
小工	4	5	10	25	28	38	40
大工	8	14	18	30	40	50	60

资料来源：关键人物访谈。

案例 7-7　从外地打工到本地打工

寇 Z,今年 35 岁,1990 年开始打工,跟着一个亲戚到青海打工,当时在定西打工,每天才能挣上 3 元钱左右,如果去青海的话,每天可以挣上 5 块钱,并且还包伙食。那个时候和父母一起过,自己也没有结婚,在外面打工没有什么关系,自己一直干到 1997 年,1998 年结婚以后,就没有再到青海打工了,因为结婚以后就分家了,家里的事情媳妇一个人照料不过来,就改在定西打工了,1998 年在定西打工,一天能挣上 18 元钱,算下来也不比在青海挣得少,后来,就一直留在定西打工,现在每年大约打 150 天工,早出晚归,现在的工价是 50～60 元/天,一年也能挣上个 8 000 元钱左右,家里的生产还不耽误。其在家还种着 15 亩地,其中 10 亩种了土豆,一年也能卖上个四五千块钱。

从寇 Z 的案例中,可以得到这样的一个信息:年轻人在没有结婚前比较倾向于到外省打工。在水村不同家庭角色外出务工的目的和态度有着明显的差距,承担户主身份的外出务工人员则更加从家庭生计维持和发展出发,更多的愿意选择在定西本地就业,不仅能保证挣上钱,也可以从事家庭农业生产,还可以照顾家里。而更多的年轻人则愿意选择到外地就业,主要是希望能够学技术,见世面。因此很多农户表示儿子出去打工,很少有挣钱回来的,有的甚至连路费还要家里人寄。笔者对到外省或者外县务工人员的身份特征进行了进一步分析,到外省和外县打工人员中以未婚的年轻人为主,有 18 名,占到 69.23%。

案例 7-8　外出务工的年轻人

何 DR,原村主任,因为家中屡遭变故,其妻生病瘫痪在床一年多,家里事情太多,就辞去了村主任一职,在家工作,后来妻子因病去世了;有两个儿子,小儿子仍然在上高中,大儿子外出打工了,现在在山东的胜利油田工作,现在已经3年了，头一年出去由于是学徒，工资很少，连生活费还需要家里补贴，第二年稍微好一点，能够自给自足，但是好景不长，在油田上开车把一个人给撞伤了，赔了三四万元钱。

2.不同类型农户获得工作途径

从获得工作途径来看，水村大部分村民的工作仍然以非正式途径为主，主要是靠自己找或者亲戚朋友邻居介绍两种方式，政府组织的比较少，仅有5名农户是在当地政府的组织下进行劳务输出的(表7-15)。并且不同类型农户之间的差异不太显著，只不过贫困农户自己寻找就业机会的比重更高一些。当问及村干部当地政府是否组织农民外出务工的时候，村干部表示因为水村距离县城比较近，当地村民很容易就能就近找到工作，当地政府主要是在深山沟等交通不便的村庄组织劳务输出，比如说鲁家沟村，那些地方的农户在定西打工也不能照顾家里，索性就都到外地打工了。

表7-15 获得工作途径

农户类型	政府组织		亲戚朋友邻居		自己找		合计
	人数	比例/%	人数	比例/%	人数	比例/%	
贫困户	2	5.41	8	21.62	27	72.97	37
中等户	2	5.00	12	30.00	26	70.00	40
富裕户	1	4.00	12	48.00	12	48.00	25
合计	5	4.90	32	31.37	65	63.73	102

资料来源：问卷调查。

3.不同类型农户的工作内容

从工作种类上看，水村外出务工人员的就业以建筑业为主，在建筑业工作的人数为68人，占到总人数的66.67%；因为定西有火车站，水村还有相当一部分村民在火车站从事搬运货物的工作，占到13.73%；在工业、采矿业以及服务业从业的务工人员比例比较低。分不同类型农户来看，各类农户之间的差异不显著(表7-16)。

表 7-16 水村外出务工人员从事的工作种类

农户类型	工业		采矿业		建筑业		服务业		搬运业	
	人数	比例/%	人数	比例/%	人数	比例/%	人数	比例/%	人数	比例/%
贫困户	2	5.41	2	5.41	25	67.57	4	1.83	4	10.81
中等户	4	10.00	0	0.00	30	70.00	2	5.00	4	10.00
富裕户	2	8.00	0	0.00	15	60.00	2	8.00	6	24.00
合计	8	7.84	2	1.96	68	66.67	8	7.84	14	13.73

资料来源:问卷调查。

从工作性质来看,水村外出务工人员以从事体力性劳动为主,占到79.41%,从事技术性工作的占到19.61%,只有1个人从事管理性的工作(表7-17)。以建筑业为例,该村有11个人都在定西正立建筑公司打工,其中只有3个人是大工,其余8个都是小工。技术性工人的工资水平要高于体力性工人的工资水平,同样以建筑业为例,2008年,小工的日工资只有40元/天,大工的日工资为60元/天。从不同类型农户的情况来看,富裕农户中从事技术性工作的比重要高于中等户和贫困户。

表 7-17 水村外出务工人员从事的工作性质

农户类型	技术性		体力性		管理性	
	人数	比例/%	人数	比例/%	人数	比例/%
贫困户	4	10.81	33	89.19	0	0.00
中等户	7	17.50	33	82.50	0	0.00
富裕户	9	36.00	15	60.00	1	4.00
合计	20	19.61	81	79.41	0	0.98

资料来源:问卷调查。

案例 7-9 从小工到大工

王M,1990年开始出去打工。最早在定西的一个工地上做小工,一天只有几毛钱的收入,每年大约打工七八个月。在干小工的同时,自己就跟着那些瓦工们学习,这样在工地上大约折腾了三四年,自己也掌握了一手好技术，开始做大工。做大工不仅挣钱多，而且还能多认识包工头，后来跟着一个包工头干，关系还不错，并且长期和这个包工头合作，包工头对他也比较信任，干大工大约又干了五六年。这个包工头开始让他当领工，当领工工作比较轻松，相当于管理了，并且挣钱还多。以前干小工的时候，一年能挣上2 000多元，干大工一年能挣上5 000元左右，现在干领工一年能挣上1.5万元左右。

4.不同类型农户外出务工时间和收入

从外出务工时间来看，外出务工时间主要是农闲季节，村民表示因为以建筑业就业为主，工资是按日计算，工作时间比较有弹性，忙的时候就请假，不忙的时候就外出务工。一年累计外出务工时间多为3～6个月，占到了60.78%，而这也体现了水村外出务工人员就业的兼业性特征(表7-18)。从收入来看，平均每个月的工资水平保持在803元。不同类型农户之间在工作时间上的差别不显著，但在收入上差别比较明显，富裕户的外出务工人员月均工资水平999元，中等户外出务工人员的月均工资为805元，贫困户外出务工人员的月均工资为698元。

表7-18 水村外出务工人员工作时间

农户类型	月收入/元	3个月以下		3～6个月		6～9个月		9个月以上	
		人数	比例/%	人数	比例/%	人数	比例/%	人数	比例/%
贫困户	698	2	5.41	23	62.16	9	24.32	3	8.11
中等户	805	1	2.50	24	60.00	10	25.00	5	12.50
富裕户	999	1	4.00	15	60.00	4	16.00	5	20.00
合计	803	4	3.92	62	60.78	23	22.55	13	12.75

资料来源：问卷调查。

从就业成本上来看，对于在本地就业的外出务工人员来说，居住在距离县城比较近的四社和二社的农户主要是早出晚归，每天早上骑摩托车去，晚上回家；居住在县城相对较远、路又不好的其他3个社来说，部分农户选择在定西租房子,尤其是家里有小孩在县城附近的柏林小学上学[①]的家庭,在县城租一个房子,每月的租金只要 80 块钱,还能照顾上学的孩子,如果每天往返,步行不可能,只有骑摩托车,每天的油钱至少需要 6 元钱,因此一些村民宁愿租一间房子。

7.2.3 简短结论

综上所述,水村对人力资产的非农利用方式主要是外出务工,水村的外出务工总体上呈现出“走西不走东,走近不走远;分散输出多,有组织输出少;兼业性和季节性多,长期在外务工人数较少;投亲靠友输出多,政府有组织输出少”(甘肃省农调队,2005)的特点,只要是在家庭劳动力条件允许的情况下,无论何种类型农户都会将外出务工作为获得现金收入的主要途径。但是由于不同类型农户在外出务工的时间上不同,外出务工越早的家庭其富裕的可能性就越高,在水村第一批外出务工的 16 户农户中,有 8 户成为村中的富裕户,有 7 户成为村中的中等户,只有 1 户是村中的贫困户。不同类型农户在外出务工的时间、地点和从事的行业上并没有表现出显著的特征,但是在外出务工的工作途径、工作性质和工资水平上差异明显,富裕农户更多地是依靠亲朋介绍找到工作,更多地从事技术性的工作,因此工资水平相对较高;贫困农户更多地依靠自己找工作,更多从事体力性的工作,其工资水平相对较低。

7.3 社会资产的利用——农户的互助

社会资产是一种无形的资产,越来越多的研究发现无形的社会资产对

① 水村没有学校,只有教学点,小学必须到县城附近的柏林小学上学,虽然路程距离不是太远,但是交通条件不好,如果步行,则需要走两个小时。

农户生计发展起着重要作用。周长城和陈云(2003)从社会资产视角对贫困进行了解释,指出社会资产逐渐成为了对贫困的一个有效解释概念和分析起点,贫困因社会资产质量的低劣而产生,社会资产的发展也为人类最终摆脱贫困提供了契机。叶敬忠通过对农民生计的调查研究发现相对于物质资产、人力资产、金融资产以及自然资产来说,社会资产才是农民生计发展创新的原动力(叶敬忠,2004)。王道勇(2004)从社会资产的视角出发研究了农民的社会资产对其收入增长的影响,发现农民的人际资源短缺、特殊主义信任观以及合作意识的匮乏等消极性社会资产阻碍了农民收入的增长。

在乡村社会中,由血缘和地缘为纽带联系在一起的人们,由于互相承担着特别的社会义务而产生互助行为(费孝通,1947),这种互助行为则构成了农户社会资产利用方式的主要途径和特点,是生计策略的重要组成内容。农户之间的互助行为涉及范围很广,可以根据不同的分类标准进行分类,按照亲疏关系来划分,互助可以分为家庭内互助、家族内互助、家户间的互助和社区性互助;按资源来划分,互助分为财物互助和劳务互助,其中财物包括资金、物品、礼物、工具、田地等资源的交换;劳务互助包括提供劳力、推荐工作、介绍对象、急救、治病等;按照场合来划分,互助则可以分为仪式性互助和非仪式性互助,仪式性互助主要包括庆生、婚娶、丧葬等红白喜事以及建房等活动过程中的互助行为,非仪式性互助主要是指农业生产以及突发事件的互助等(王金凤,2007)。本研究将采取第二种分类方法,按照互助的资源将农户间的互助行为分为劳务互助、生产工具互助、种子和信息互助以及现金互助等类型,从这些方面来分析水村农户是如何利用其非正式社会网络促进其生计维系和发展的。

7.3.1 水村社会资产的利用——劳务互助

虽然自实行家庭联产承包责任制以来,农民的劳动组织形式由集体劳动变成了农户单门独户的分散劳动,基本生产单位由以前的生产队变为现在的农户,对于单个农户来讲,一般的生产经营活动可以靠自己家庭的力量独立完成,但是随着农村家庭结构日益核心化以及越来越多的劳动力外出务工等多方面因素的影响,家庭生产劳动力季节性短缺成为一种普遍存在的现象,这种暂时性的人力资产不足在水村主要是通过社会资产的利用——农户间劳务互助来解决。

调查发现,水村农户在农业生产中的互助行为十分普遍(表 7-19)。数据显示,有 88 户农户明确表示在 2007 年他们家的农业生产获得了其他农户的帮助,占到总调查户数的 75.86%,不同类型农户在获得互助方面没有明显的差异。农村生产的互助主要表现在以下几个方面:①耕地时互助,水村的耕地方式仍然以役畜拉动的犁耕为主,扶犁主要是男性劳动力,因为第一需要力气扶住犁,第二需要能够使唤役畜顺着地块的方向前行。一些家庭的男性劳动力外出务工或者是身体不适的时候,农户之间就会相互帮忙。②播种时互助,特别是种土豆,水村种土豆的时候至少 3 个人配合,通常是男劳动力仍然像耕地的时候使用役畜和铁犁将耕好的地弄成一垄一垄的,另一个人将切好的土豆块茎插在垄沟里,再有一个沿着插好土豆垄沟洒肥料,最后由扶犁的劳动力用铁耙子把地耙平,这样 3 个人配合下来一天能够种 2 亩地,在播种的时候互助情况也比较普遍。③挖土豆,农户通常会互相帮助一起来挖土豆。④铺地膜互助,因为铺地膜也同时需要 3 个人配合,因此农户间的互助也比较普遍。

表 7-19　2007 年水村农户在农业生产获得互助的情况

项目	贫困户	中等户	富裕户	合计
户数	34	35	19	88
比例/%	77.27	76.09	73.08	75.86

资料来源:问卷调查。

案例7-10 农户互助铺地膜

2007年11月24日，安书记告诉我们今天不能领我们下去了，因为答应了要帮助他兄弟给玉米地铺地膜。早上9点钟左右，安书记的媳妇就把早饭准备好了，安书记吃完饭，换上他干农活常穿的迷彩服，拿上一把铁锹就走了，我也跟着他去看如何铺地膜。到了地里，安书记的兄弟和媳妇已经到了，正在做着准备工作。铺地膜并不是一件体力重的活，但必须要有3个人配合，安书记负责将卷成捆的地膜慢慢地紧贴着地面摊开，他的兄弟和媳妇分别沿着逐渐摊开的地膜，用铁锹将松土拢到地膜上，将地膜压住固定，大约在地膜的两边拢上10厘米左右的松土，这样从地的一头一直铺到另一头，到头以后再换一行。

在养殖业方面，由于养羊农户的数量减少，役畜饲养主要以舍饲为主，农户间的互助行为逐渐减少。在过去养羊比较普遍的情形下，家住在一起的农户会组成小组，每家轮流负责去放羊，现在这种情况日益减少，但仍然存在。除了农业生产方面的劳务互助以外，在日常生活中农户的劳务互助也比较普遍，如建房时的劳务互助、红白喜事的劳务互助以及日常生活上的帮忙也都是比较普遍的。

案例7-11 两户共同放养

安YL和安YJ两人是兄弟，房子挨得很近，安YL在兰州打工，安YJ就在定西本地打工，两家都养了七八只羊，两家都需要放羊，如果分开来放羊的话，有点划不来，本来两家的劳动力就有限，于是两家就联合起来一起放羊，每家轮流，一个星期轮换一次，但也不是绝对的，如果一家有事请，另一家也会代为放羊。

随着外出务工劳动力的增多以及务工现金收入看涨，一方面随着外出务工获得收入的快捷性和高额回报使得越来越多的劳动力流出水村，另一方面由于农业种植结构的调整,农业需要劳动力的数量和强度也在增加,劳动力的季节性短缺情况越来越严重,农业生产上的互助行为比过去更加普遍,村中一些农户开始结成相对固定的互助结构,从而缓解农业生产劳动力紧缺的压力。对于一些种植大户来说,由于地多,难以和其他农户形成相对平等的互助关系,则开始出现了农业雇工的情况,在水村农业雇工每天的工资大约为 30 元/天。现在水村大约有 4 户农户开始需要雇工干农活,其特征都是种植土豆面积在 30 亩以上的。所请的雇工主要都是本社的邻居,并不像鲁静芳(2008)在贵州农村的研究所发现的"怕本村人不好好干活,又不好说,所以雇工大部分都请外村的人。""我们这边太偏,请外村的人,太远了,来回在路上得花很多时间,并且本村人,大家干活不会太计较时间,早一点晚一点都可以。"目前 4 户农户支付雇工的工资在 300～600 元。

案例 7-12　雇工干农活

王 HR,家里只有夫妻二人和两个小孩,两个孩子都还在上学,家里有近 50 亩耕地,其中土豆种了 35 亩,是村中的土豆种植大户。家里人少,过去种小麦等,种不完,一些地就荒着,现在土豆经济价值高,就将所有的地都种上了,完全靠亲戚帮忙,也不好意思,因为自己地多,没有时间帮别人干活。后来就索性雇人干活,每年在种土豆和挖土豆的时候请两个人帮忙,每次要干四五天,每天给每个人支付 30 元钱,"这样比较好,不用欠人情,钱也支付的不多。"

7.3.2　水村社会资产的利用——生产工具互助

生产工具方面的交换和配合是农户解决自身生产工具不足的有效途径,并且也是一种资源配置的合理安排。前文已经讨论过,在水村由于部分农户家庭所饲养的役畜数量不能满足耕地的需求,农户之间需要借用和配合使用，才能提高农业生产的效率。此外其他一些必要的农用工具，如铁犁、播种用的三角车、铁耙等小型农业生产工具农户也能相互借用。役畜的借用通常是相互的，其他农用生产工具的借用也没有涉及经济报酬，很多贫困家庭通过借用或者交换使用生产工具而改善自家的农业生产条件（表7-20）。

表 7-20 水村农户获得生产工具帮助情况

项目	贫困户	中等户	富裕户	合计
户数	31	26	9	66
比例/%	70.45	56.52	34.62	56.90

资料来源：问卷调查。

除了牲畜以外，随着土豆种植在当地的推广，作为土豆的主要运输工具三轮车/拖拉机开始成为当地农业生产的必备工具，"和摩托车一样，种土豆必须要买三轮车或者拖拉机，否则就没有办法卖土豆"，但是仍然有相当一部分农户没有三轮车，尤其是贫困户，没有三轮车的农户比重为51.4%。没有三轮车的农户在销售土豆的时候或者就是借用亲戚家的三轮车，如果自己不会开车，就需要请别人帮忙送土豆，这种情况下，需要支付一定的费用，其价格是0.02元/千克。

调查数据显示，在生产工具方面的互助行为也是非常普遍的，有66户农户表示在过去的一年里曾经无偿使用过亲戚邻居家的生产工具。从不同类型农户来看，贫困农户无偿使用亲戚邻居家的生产工具的比重要高于富裕户和中等户，这也说明生产工具的互助对于贫困农户的意义更为重要。

7.3.3 水村社会资产的利用——种子和信息互助

农作物品种和信息互助也是农户互助的一个重要内容，并且这种交换会随着农业生产新品种、新技术的不断引入以及农业生产的市场化等发展趋势在农业生产中将会越来越重要。

调查发现,水村农户之间品种的调换现象十分普遍。以土豆种植为例,水村目前主要选用的土豆品种都不再是当地村民历史上曾经种过的小白花,主要是当地土豆良种培育基地培育的新品种,包括大白花、新大坪、渭薯6号以及高什和伦薯。2005年和2006年开始优先种植土豆的农户其品种大部分都是自己从种薯培育基地购买来的,不同品种各有优劣,大白花味道好,但产量低;新大坪和伦薯是城关区研发的土豆品种,土豆含淀粉量比较高,价格较贵,但调种方便;渭薯6号和高什是渭源县研发的品种,产量最高,价格低于本地品种,但调种难度较大。目前水村种植面积最广的是渭薯6号,其次是新大坪。2007年水村农户的土豆品种主要就是农户自己留种以及村内调种和换种,这种留种方式可以在很大程度上节约种薯成本:按照当地的市场价格,如果在种薯基地调种,其价格为1.4元/千克,并且还需要运费;而在本村调种,则只需要支付普通土豆的价格,约为0.8元/千克,如果是换种,则不需要现金支出。以1亩地需要150千克种薯为标准,最少可节约种子成本60元钱。除了土豆品种以外,农户表示他们也会经常交换小麦、豌豆、扁豆等品种,通常如果看到谁家的作物长势比较好,就会和该农户打招呼,让其给自己留一点作种,因为这些品种通常量上比较少,一般都是无偿使用,不会给钱,“大家都是乡里乡亲的,没几块钱的事!”品种的交换除了在经济上比较合算以外,还会降低农作物病虫害等风险,加强邻里之间信息的交流。

案例7-13　土豆品种的互换

土豆协会,水村所属的凤镇在2004年开始成立了土豆种植协会,2006年,水村冉P、王HR、冉XL、李Q、安YL等8户土豆种植大户加入的土豆协会,种植大户户均土豆种植25亩,家里的耕地绝大部分都用来种植土豆。由于参加的土豆协会,会经常参加镇里统一组织的参观、考察、培训等活动,因此他们也是村中最先在种薯基地调研良种的农户,并且他们和其他村的会员之间也有联系，经常调换土豆良种，交流信息。在村中，这些农户的土豆也因为产量高，品质好而受到其他农户的青睐，农户也经常到这些农户家购买土豆品种。

寇D，2008年年初儿子在上学回家的路上骑车不小心摔到山沟里了，住院治疗急需一大笔钱，那个时候农村家家户户都准备种庄稼，购置生产资料，没有钱能够周转，他自己没有办法，就把留种的土豆种全部卖掉了，等到自己种土豆的时候，就没有土豆种了，于是他自己的哥哥、姐姐就每家送给他1 000千克土豆种，让他先种下去，等收土豆的时候再还给他们。

农户信息的交换往往是伴随着品种的调换同时进行的，因为在换种的时候，都会相互将品种的产量、生产过程中需要注意的要素、品质等信息交流清楚。随着农业生产市场化程度的不断提高，市场信息的交流也成为农户互助的重要内容，如哪一家商贩的化肥真，价格公道；哪一家土豆收购商出价公平、不压秤等信息在农户之间也是经常讨论的。

调查数据显示，在2007年，有54户农户表示向本村农户调换过品种，占到46.55％，有44户农户表示获得过信息帮助，占到37.93％。各种不同类型农户之间有所差异，富裕农户相对于贫困户来说，获得种子和信息互助方面的比重更高。表7-21为水村农户信息和种子互助情况。

表7-21 水村农户信息和种子互助情况

项目		贫困户	中等户	富裕户	合计
信息	户数	16	22	16	54
	比例/％	36.36	47.83	61.54	46.55
种子	户数	12	17	15	44
	比例/％	27.27	36.96	57.69	37.93

资料来源：问卷调查。

7.3.4 水村社会资产的利用——现金互助

农户现金互助的形式通常表现为现金赠予和资金借贷。在对现金互助的研究方面,由于农户间的现金赠予多发生在特殊的仪式情景中,如红白喜事、新房落成、新生儿出生、参军升学、生病等,因此将现金赠予多作为社会交往和社会交换行为研究,更多地被社会学和人类学学者关注。王铭铭(1997)提出仪式上的人情往来以及日常互助行为使社会圈子和关系得到不断的强化与重构;阎云翔(2000)将这种现金赠予称为“表达性礼物”馈赠,根据场合的不同又包括了“仪式化”和“非仪式化”两类:仪式化的交换一般涉及较多的社会关系,表现了一个家庭在关系网络上的力量和成就,“非仪式性”是村民日常生活的组成部分,起着维持乡土社会网络的作用,从长远来看,大部分的交换关系都是通过实现互惠来维持的,同时,由于中国社会中独特的“人情伦理”的存在,礼物的流动并不总是遵循互惠原则。资金借贷则更多地被经济学研究者关注,通常被称之为农户的借贷行为,关注其借贷行为的金融特征,将其归为非正式民间金融的范畴,主要研究内容包括影响农户借贷行为的因素、借款的来源、借贷规模、借款期限、还款状况、借款用途等(李晓明、何宗干,2006;郑世忠、乔娟,2007;冯旭芳,2007,何广文,1999;周小斌、耿洁、李秉龙,2004;史清华,2002,2003;李春,2005 等)。本研究将现金赠予和资金借贷都作为农户现金互助的一种行为,主要是基于对水村民间资金流动特点的考虑,调查发现,水村农户之间的现金借贷全部是无息,几乎都是口头协议为担保方式,没有严格的还款期限,主要是亲友邻里之间的资金调剂和周转,功能上更加突出的是农户之间的互助而并非获得资金收益,因此,资金的往来更多地取决于农户社会资产,即关系网络的强弱。

通过小组访谈,水村发生现金赠予行为的情况并不像阎云翔(2000)研究的东北下岬村和王金凤(2007)研究的华中孔村那样频繁和情景多样。像在大部分中国农村地区都普遍盛行的新房落成和生病时现金赠予情况在水村都不存在,“我们这里太穷,过去住在窑洞里,后来盖房子也都没有这方面的习惯,所以现在盖房子也就是上梁时大家互相帮助,没有随礼的”。水村农户之间随礼的情况主要是结婚、庆生（新生儿出世）、升学（大专以及以上）、白事和参军等，随礼的形式从以实物为主转变为以现金赠予的方式为主，过去像结婚，亲戚朋友多送被面、毛毯等用品，庆生主要送鸡和鸡蛋等，但现在基本上都是赠送现金，很少赠送实物了，“随钱方便，并且也不知道别人需要什么，随钱他们想要什么自己去买。”现金赠予的额度会因为赠予缘由和关系远近有所不同，通常来说，庆贺升学的现金赠予额度最高，祝贺庆生的现金赠予额度最低；关系越近，现金赠予的额度就会越高，体现了乡村社会关系的“差序格局”。2007 年，水村一共有 11 户获得了亲戚朋友的现金赠予，其中 5 户是因为上大学，1 户是因为结婚，2 户是因为结婚，1 户是因为白事，1 户是因为生儿子，1 户是因为其他原因。

表 7-22 水村现金赠予额度

元/户

关系	结婚	庆生	升学	白事	参军
邻居	10	5	20	10	10
远亲	50	10	50	20	20
近亲	100	20	200	50	50

注：这里的远亲和近亲是相对的，近亲主要是指自家的兄弟姐妹，远亲主要是指堂表兄弟姐妹及其他。

资料来源：小组访谈。

不同类型农户在获得现金赠予的机会上并不存在差异，主要是因为水村工具性送礼（阎云翔，2000）行为几乎没有。集体经济资源的匮乏以及公共利益不足使得村干部在水村更像是一个服务者，而非权力拥有者，村干部坦言，国家大部分的对农民的补贴政策以及相关的政策实施都是直接对农户，村干部更多的是为乡镇政府提供服务，并没有很多的支配权，村干部的职责主要为：①统计农户数据，核实各种补贴发放的基础计算面积，在粮食直补和农业生产资料综合补贴中，这两项补贴都是根据农户土地承包面积来确定的，本来农村的土地承包合同都是在乡经管站保管，乡镇对农户的土地承包面积应该有一个统计报表，但是当我们到乡经管站去访谈的时候，发现该乡镇并没有做到统计报表电子化，各个村的土地承包合同被打包捆起，放在柜子里，并没有专门的汇总表，因此统计农户承包土地面积的任务仍然需要村里来进行，因此，村委会就根据土地承包合同将每家每户的土地面积进行了统计，做成报表，上报到乡镇。②证明农户的身份和申请缘由的真实性，新型合作医疗的报销以及劳务输出，包括宅基地的申报，都需要村委会出具加盖公章的证明材料。③确定受益农户，如农村最低生活保障对象的确定，都是由村委会根据乡镇的要求，进行农户确定并上报的，在水村具体做法是由各社开小组会讨论适当人选，然后再全村统一张榜公布，最后上报到乡镇政府。④收缴各种费用，比如新型合作医疗农户参合费用的收缴。⑤示范带头，对于农户不太信任的上级政府下达的项目，通常村干部需要带头示范，如前文所说的沼气池建设项目，因为当地在 80 年代中期也曾经开展过沼气池建设项目，但项目失败了，当地农户对沼气池并不是很接受，同时也担心政府的补贴不到位，因此村干部就自己带头去做，并且动员自己的亲属先做，当时一共有 12 户农户，包括所有的村干部都进行了沼气池建设。⑥带路。计划生育是当地的一项重要任务，该村至今仍然有 3 户农户因为躲避计划生育而在外面打游击战，所有没有乡镇计生站的人都要到村里进行育龄妇女的检查工作，水村比较大，当地包村的计划生育工作专干自己是很难在村里开展工作的，通常都是由村干部骑着摩托车带着计划生育专干在村里开展工作。村干部日益演变成为乡镇政权的“代理人”的角色，和普通农户之间的联系日益减少，尤其是距离村干部较远的村舍农户，“我们现在也没有什么要求村干部的，现在的村干部好当得很，啥也不用干”，水村村民如此评价村干部的工作。当然其实并不完全像村民们说的“村干部没什么用”，实际上农户如果需要和任何一级政府、单位建立起关系，村干部掌握的“公章”都是十分必要的，包括最低生活保障制度名单的审核、新型合作医疗报销的相关材料等其他各种各样的证明材料、介绍性材料等。当笔者在村中调研的时候，就有两户农户到安书记那要求盖章，但是这些需求并不足构成“工具性送礼”的动机，往往“一根香烟”即可办妥。因此，对于普通村民来说缺乏必要的激励机制来对村干部进行工具性随礼，水村农户获得现金赠予的原因主要就是如表7-22中所列。

但是，不可否认的是，不同类型农户在获得现金赠予的群体的范围和获得现金随礼的额度上是有一定差异的。通常来说村中相对富裕的农户和村干部以及其他社会网络较强的农户获得现金赠予的群体的范围和额度都要高于其他一般农户和贫困户。对于村干部或者种植大户，来随礼的人除了亲戚朋友外，全村的人都有可能来随礼，并且乡镇的干部也会来捧场；而对于普通农户，尤其是贫困户，除了亲戚朋友外，可能只有居住在同一个社的邻居来随礼，而居住在其他社的农户则不会。“我们这边随礼还是以本社为主，或者是两个社距离比较近，也会互相来往，如三社和四社，但是其他社之间这种随礼的往来并不多见。”

案例7-14 不同农户获得的随礼

2008年水村一共有3个孩子考上了大学，一个是村书记兼主任安YG的儿子，考上了甘肃理工大学，一个是安HJ家的女儿也考上了甘肃理工大学，一个是崔Z家的儿子考上了四川烹饪高等专科学校。安YG的儿子上大学临走之前，获知其儿子考上大学的亲戚朋友和邻居都纷纷来随礼，来随礼的人包括乡镇干部、亲戚、朋友和村民，通常乡镇干部、亲戚和朋友平均都会随上200元，最多的是安书记的一个表兄，给随了500元，“我们两人关系好，从小一起上学，我小时候念书还在他们家住了好几年，所以我儿子考上以后，他给随了500元钱，这在我们这是比较多的”。一般的村民基本上都是随二三十元，村里大约有一半的人随了，“因为我是村干部，和村里的老百姓都比较熟，当时我没有宣传我儿子考上大学的事情，所以村里还有很多农户都不知道，要是都知道了，来随礼的人会更多。”安书记坦言他们家一共收了大约6 000元钱礼钱，不过他表示并没有剩多少，“办酒就花了4 000多元钱,请乡镇领导,并且我也是村干部,条件还好,办酒不能太寒碜!”安 HJ 表示他们家没有收到那么多的礼,只有平时比较熟的邻居和亲戚送礼,一共收了 2 000 多元钱。而崔 Z 则表示因为他们家是后来搬来的,只跟本社的人熟悉,亲戚也都不在一块,随礼的人也就更少,只收了 1 000 多元钱,由于并没有收到足够多礼钱,他们两家的宴请也就较简单,就请亲戚朋友随便吃顿饭,意思意思,花钱也就少了很多。

7.3.5 简短结论

综上所述,社会资产在水村农户的生计策略中占有重要地位,是农户能够安排生产和生活的有效的资产依靠。社会资产对于不同类型的农户都十分重要,而不同类型农户在社会资产的利用上都没有跳出劳务互助、生产工具互助、种子和信息互助以及资金互助的范围,在利用社会资产的频率和可及性上并未呈现出显著的差异。因此可以说,在水村这个相对封闭的生产和生活系统中,不同类型的农户对社会资产都表现出高度的依赖性特征,富裕农户和贫困农户的差异也仅仅体现在不同的利用方式的频率上。

7.4 风险应对时物质资产的转化

虽然农户生计策略目标在于积累金融资产、改善物质资产和改善生活,在遇到风险的时候,按照采取策略的频率依次为动用现金和储蓄、亲朋的借款和捐赠、出售资产、减少食物支出、医疗机构赊账、获得正规医疗保障等(李哲、陈玉萍、丁世军,2008)。陈传波(2003)在对农户的不同风险应对策略的分析基础上指出农户的风险管理策略具有等级性,一般而言,农户会首先减少消费,动用储蓄来应付;但如果储蓄不足,他们会首先向亲朋好友借贷；在求贷无门时，则求助于高利贷；当农户背上沉重的债务以后，农户便“自我剥削”其劳动，例如延长劳动时间，让孩子辍学打工等；如果困难仍无法有效缓解，他们就只好变卖消费性资产以换取收入，维持生计；然后是用生产性资产来换取当期的收入和消费，生产性资产的被迫变卖将产生长期的副作用。

在对农户遇到风险情况的调查中，蒋远胜(2008)采用了5年时间跨度，陈传波(2003)采用了3年时间跨度，本研究采取的时间跨度则为2年，即2006年和2007年。表7-23就是2006年和2007年两年间水村农户各种风险的发生情况。

表7-23 水村农户各种风险的发生情况

项　目	全部		贫困户		中等户		富裕户	
	户数	比例/%	户数	比例/%	户数	比例/%	户数	比例/%
家庭人员生病	26	22.41	13	29.55	8	17.39	5	19.23
家庭人员出现意外	10	8.62	4	9.09	4	8.70	2	7.69
干旱	109	93.97	43	97.73	43	93.48	23	88.46
家畜病死或摔死	13	11.21	4	9.09	3	6.52	6	23.08
农作物市场变化	39	33.62	12	27.27	20	43.48	7	26.92

资料来源：问卷调查。

表7-23的数据表明，水村干旱对农户的影响范围是最广的，有109户农户表示其农业生产受到旱灾的影响，占到所有农户的93.97%；排在第二位的是农作物的市场变化，有39户农户表示受到了市场的冲击，占到农户比重的33.62%；排在第三位的是家庭成员生病，有26户农户在过去的两年中家庭成员出现大病的情况，占到农户比重的22.41%，接下来分别是家畜病死或摔死和家庭人员出现意外。

数据表明，水村农户在家庭人员患大病的费用支出平均为6 330元，家庭人员出现意外的开支为2 625元，干旱对于家庭农业生产的影响平均为减产4成，家畜病死或摔死主要是羊和驴，平均损失约为1 000元，具体情况如

表 7-24 所示。

表 7-24　各种风险对家庭的损失程度　　元

项　目	平均影响程度	贫困户	中等户	富裕户
家庭人员生病	6 330	6 500	6 262	6 000
家庭人员出现意外	2 625	2 637	2 550	2 750
干旱	减产 4 成	减产 4 成	减产 4 成	减产 4 成
家畜病死或摔死	1 000	1 000	1 000	1 000
农作物市场变化	价格压低	价格压低	价格压低	价格压低
除医疗支出外的家庭现金收入	2 770	879	3 385	4 882

资料来源:问卷调查。

虽然从各种风险造成的损失程度上看,不同类型农户之间并没有显著差异,但是由于现金收入上的差异,风险对不同类型农户所产生的影响是不同的。表 7-24 数据显示,富裕农户即便是遇到了风险,但是其现金收入在应对风险时仍然还比较具有保障性,会给家庭带来暂时性的支出困难,但是能够很快恢复,这也就解释了在水村为什么很少出现富裕农户变成贫困农户的情况。风险对贫困农户的打击近乎是彻底的,几乎每一种会有现金支出的风险损失程度都远远超过了家庭除医疗支出外的现金收入。

虽然由于对家庭财富的高度保密性和敏感性,在农村里调研农户是否有存款和存款的额度是非常困难的,因此难以对农户的存款状况有一个比较清楚的了解。但是不能否认,动用家庭存款是农户应对风险的首要考虑策略,这些可以从农户在具体应对风险的语言中看到。表 7-25 为 2008 年水村部分农户风险及应对策略。

表 7-25　2008 年水村部分农户风险及应对策略

农户	风险	应对策略
杜 XX	妻子得了脚底板红肿	花了 3 000 元,都是自己家的钱
李 H	弟弟李平有病	每年要花 1 000 元,自己和另一个弟弟存上点钱就带他去医院看看,没有钱就停止治疗。平时最多买一点止疼药

续表 7-25

农户	风险	应对策略
寇 Z	父亲住院	已经花掉了 6 000 元,预计要花 12 000 元,暂时还没有借款
付 M	妻子生病	花了 3 万多元,把家里的存款都花光了,还借了好多
付 G	妻子盆腔炎 自己得了胃溃疡	以前都没有看,这几年退耕还林退了钱,就拿这个钱看病了,每年花上 3 000 元钱左右

资料来源:农户访谈。

当农户家庭金融资产无法支付风险损失,也无法通过社会资产获得足够的资金支持时,变卖家庭物质资产则成为农户的重要策略,这也就让物质资产真正具有了资产含义(Ellis,2000),因此牲畜和固定资产(三轮车和摩托车)既是重要的生产资料,也是重要的财富储备形式。在应对家庭成员生病和上学这两种风险的时候,变卖资产成为农户使用家庭存款以后最为普遍的策略。在过去的两年里,水村一共有 23 户农户曾经出售过役畜和猪,除一户是因为牲畜年头太长,需要品种更新,其他 22 户都是用来缓解家庭的现金需求压力,有 7 户农户出售三轮车或摩托车来获得现金支持,其目的都是为了孩子上学和看病,具体情况见表 7-26。

表 7-26 水村农户变卖物质资产情况 户

目的	卖牲畜	卖三轮车或摩托车
上学	7	2
看病	12	5
临时急需	3	0
品种更换	1	0

资料来源:问卷调查。

从不同类型农户变卖物质资产情况(表 7-27)来看,中等农户所占比重最高,贫困农户次之,富裕农户所占比重最低。这也意味着物质资产的变卖更多时候来说是贫困农户和中等农户应对风险的主要生计策略,富裕农户由于其金融资产的有效积累而更多时候无需动用物质资产。因此,在一定程度上可以说,贫困户和中等户的物质资产拥有的安全性要低于富裕农户。

表 7-27　不同类型农户变卖物质资产情况

资产	贫困户		中等户		富裕户	
	户数	比例/%	户数	比例/%	户数	比例/%
牲畜	8	36.36	11	50.00	3	13.64
摩托车/三轮车	2	28.57	4	57.14	1	14.29

资料来源:问卷调查。

综上所述,在面临风险时,当金融资产或社会资产不能帮助农户顺利应对时,变卖物质资产,将其转换成金融资产成为农户的生计策略之一,尤其是对于中等农户和贫困农户来说,物质资产在更多意义上是作为金融资产的储备形式存在于农户的资产结构中的。

7.5　本章结论

本章对不同类型农户的资产利用方式进行了详细的分析和讨论,得出以下结论:

(1)每一种类型农户都有自己的生计策略,其生计策略受到自身资产条件的影响,特别是自然资产、人力资产和社会资产 3 种基础性、工具性资产的影响,生计策略在其特定的资产结构中处于农户自身可接受的最优状态。

(2)在相似的自然资产结构和特征下,不同类型在自然资产的利用上皆以传统的旱作农业为主,种植品种选择趋于一致,并未出现现代农业生产方式,农业生产经营仍然是土地和人力密集型,并未出现资本密集型特点。即便如此,富裕农户在农业生产上所表现的创新能力仍然要高于贫困农户,在新品种的选择时间上要先于贫困户,新品种的利用程度上也要高于贫困户,从而能够更多地获得新品种带来的收益。

(3)不同类型农户在人力资产的利用上除了传统的家庭经营性生产外,

也开始寻找其他的途径，外出务工成为其最主要的选择。由于有着得天独厚的区位优势，不同类型的农户只要有剩余劳动力，都能够外出务工就业，而并无年龄、文化程度以及经济发展程度方面的限制。但是由于不同类型农户在外出务工的时间上不同，外出务工越早的家庭其富裕的可能性就越高，不同类型农户在外出务工的时间、地点和从事的行业上并没有表现出显著的特征，但是在外出务工的获得工作途径、工作性质和工资水平上差异明显，富裕农户更多地依靠亲朋介绍找到工作，更多地从事技术性的工作，因此工资水平相对较高；贫困农户更多地依靠自己找工作，更多地从事体力性的工作，其工资水平相对较低。

(4)社会资产虽然不能直接转化成农户生计目标所希望的金融资产和物质资产，但是也的确成为农户发展生计的必要资产准备。农户间建立在社会资产基础上的劳务互助、生产工具互助、种子和信息互助以及资金互助成为农户生计策略的重要前提和必要条件。在相对封闭的生产和生活系统中，不同类型的农户对社会资产都表现出高度的依赖性特征，富裕农户和贫困农户的差异也仅仅体现在不同的利用方式的频率上。

(5)在遇到风险时，富裕农户的应对能力显然高于贫困农户，当农户自身的金融资产的资金储备和社会资产的互助支持不能支撑其顺利渡过难关时，变卖物质资产成为很多农户的重要选择，并且多数情况下是中等农户和贫困农户的选择，而这也正是物质资产作为资产存在的意义。因此，物质资产对于中等农户和贫困农户来说，其生计含义不仅仅是满足农户生产和生活的需求，同时还是金融资产的一种有效的保存方式。

第8章

研究结论

在中国的乡村社会，随着家庭联产承包责任制为核心的分散的小农经济形式日益发展，乡村社会开始呈现出分化的特点，商品经济的发展促进了乡村社会二元经济结构的客观存在，社区中农户由于在人力、自然、社会、物资和金融资产上的差异，生产经营活动呈现出追求经济利益和避免风险等不同的选择倾向，这种选择上的差异造成了农户家庭的不同生计策略和生计结果上的不同。本研究通过对中国西部的一个典型旱作农业村的深入调查和研究，以农户的资产结构为核心，从历史变迁的视角来分析不同农户的生计策略和结果，得出了以下基本结论：

第一，在过去的30年里，水村的贫困特征和致贫原因发生了显著的变化，贫困特征从普遍性的绝对贫困转变为普遍性的相对贫困，绝大部分农户不再为满足“吃饱穿暖”的基本需求担忧，获得更多的收入成为农户的主要生计目标。致贫原因从普遍性的结构性因素，如家庭人口劳动力负担重和人地关系紧张向临时性的风险性因素转变，如上学负担和疾病等意外事件转变。在农村家庭日益核心化的背景下，空巢家庭和单亲家庭等家庭往往是社区中最为贫困的群体，并且单亲家庭的贫困程度上并没有表现出明显的性别差异，男性户主的单亲家庭和女性户主的单亲家庭在贫困程度上是一致的。在一个社区内，不同类型的家庭构成了一个相对稳定的社会结构，不同类型农户之间虽然有流动，但并不频繁，也不普遍，这也就意味着贫困农户跨越贫困陷阱并不容易。

第二，虽然学术界一直都为是采用绝对贫困标准还是相对贫困标准来识别贫困群体而争论，在农村社区，农户已经开始采用相对贫困的标准来识别穷人，因此，虽然水村的农户普遍表示现在的生活已经很好了，但是让他们表示社区中还有多少贫困农户时，他们所认定的贫困农户数量仍然还比较高，至少是在水村，在社区中如果生活水平处于后30%的人都被当地农户认定为是贫困群体。

第三，贫困农户和富裕农户之间的差异不仅仅体现在收入上，这种差异是全方位的，在户均耕地面积、家庭总合劳动力、劳动力总合受教育程度、住房的间数、耐用消费品的数量、农用生产工具、人均现金收入以及社会网络等方面都存在着明显的差异，通过模型检验，贫户农户和富裕农户在这些要素上的差异是具有统计学意义的。以这些禀赋为基础数据计算不同类型农户的资产指数，发现富裕农户的各项资产指数都要高于贫困农户，富裕农户的资产结构呈现出外扩趋势，贫困农户的资产结构呈现出内缩特征，农户的资产结构和是否贫困之间呈现出极强的因果关系。可以看到，造成农户富裕和贫困的核心问题不是单资产的不足，而是资产结构的组合，只有具有优良的资产组合，农户才有可能成为相对富裕的农户。因此，贫困农户要跨出贫困陷阱，则就要形成优良的资产组合，尤其是要具有优势的决定性的资产要素。而客观存在的事实是贫困农户的资产不足往往表现为多种资产的同时不足，富裕农户的资产优势也往往表现为多种资产的同时优势。

第四，造成农户资产结构上的差异的因素是多方面的，从不同资产的获得性上看，以劳动力数量为主要指标的人力资产、以耕地为主要指标的自然资产和以社会关系网络为主要内容的是和家庭相伴相生的，具有明显的先赋性特征，农户获得并具有类型选择型，其获取途径是相似的，但结果却存在差异，而这种差异则又客观上造成了农户的贫困或富裕，是农户贫困的根源。由于先赋资产上的客观差异的存在,从而导致了不同类型农户在劳动力的健康和投入、金融资产以及建立在金融资产基础上的物质资产和以姻缘为基础的社会资产等后天资产的获得性上差异明显,贫困农户患大病的风险高于富裕农户,同时由于农户家庭积累上的差异,因病致贫情况也容易在中等农户家庭出现。并且受制于婚姻价格和婚姻中女性流动性等因素,贫困农户家庭娶亲难,从而造成家庭结构的不完整,劳动力资源配置难以达到平衡,进而也影响了贫困农户以姻缘为基础等社会资本的积累。这种差异则构成了贫困农户和富裕农户的表征上的区别。

第五,不同的资产对于农户生计的作用方式不同。在农户的资产组合中,自然资产、社会资产和人力资产更多意义上是农户的工具性资产,而物质资产和金融资产则更多意义上是目标性资产,是农户生计策略的目标。农户如何利用其自然资产、社会资产和人力资产来实现物质资产和金融资产的最大化则是农户生计策略的重要内容。从资产获得顺序上,工具性资产由于具有先赋性特征,往往是农户物质资产和金融资产获得的前提。

第六,农户的生计策略受到自身资产条件的影响,特别是自然资产和人力资产两种最重要的基础性和工具性资产的影响,不同类型的农户在生计策略上呈现出不同的特征。在相似的自然资产结构和特征下,不同类型在自然资产的利用上皆以传统的旱作农业为主,种植品种选择趋于一致,并未出现现代农业生产方式,农业生产经营仍然是土地和人力密集型,并未出现资本密集型特点。但是从新品种的选择时间和利用程度来看,富裕农户在农业生产上所表现的创新能力仍然要高于贫困农户,在农业生产的决策过程中,富裕农户追求收益最大化的倾向更加明显,贫困农户则更倾向于规避风险,富裕农户的农业生产对于贫困农户具有极强的示范效应。由于有着得天独厚的区位优势,不同类型的农户只要有剩余劳动力,都能够外出务工就业,而并无年龄、文化程度以及经济发展程度方面的限制。但是由于不同类型农户在外出务工时间上不同,外出务工越早的家庭其富裕的可能性就越高，不同类型农户在外出务工的时间、地点和从事的行业上并没有表现出显著的特征，但是在外出务工的获得工作途径、工作性质和工资水平上差异明显，富裕农户更多地依靠亲朋介绍找到工作，更多地从事技术性的工作，工资水平相对较高；贫困农户更多地依靠自己找工作，更多地从事体力性的工作，其工资水平相对较低。社会资产虽然不能直接转化成农户生计目标所希望的金融资产和物质资产，但是也的确成为农户发展生计的必要资产准备。农户间建立在社会资产基础上的劳务互助、生产工具互助、种子和信息互助以及资金互助成为农户生计策略的重要前提和必要条件。在相对封闭的生产和生活系统中，不同类型的农户对社会资产都表现出高度的依赖性特征，富裕农户和贫困农户的差异也仅仅就体现在不同的利用方式的频率上。在遇到风险时，富裕农户的应对能力显然高于贫困农户，不过当农户自身的金融资产的资金储备和社会资产的互助支持不能支撑其顺利渡过难关时，变卖物质资产成为很多农户的重要选择，而这也正是物质资产作为资产存在的意义。

水村是中国西北地区一个典型的旱作农业生产村，毗邻县城的区位一方面使得村庄经济的发展具有极强的外向性，同时村庄内部的农业生产也没有遭遇劳动力短缺，一方面又造成了村庄在获得政府资源上容易成为盲点，从而客观上造成了村内基础设施条件建设的缓慢和政策资源获得性较低，村庄的发展更多是内源驱动。在这种发展模式下，不同类型农户都在进行着自己的发展实践，选择最合适的发展路径，从而促进自身资产结构的优化和外扩。

参考文献

1. Abhijit V. Banerjee, Esther Duflo. The Economic Lives of the Poor. Journal of Economic Perspectives, 2007, 21(1): 141-167.
2. Agnes R. Quisumbing. Investments, Beqests, and Public Policy: Intergenational Transfers and Transfers and The Escape From Poverty. CPRC-Draft, 2006.
3. Alastair Orr, Blessings Mwale. Adapting to Adjustment: Smallholders Livelihood Strategies in Southern Malawi. World Development, 2001, Vol 29, No. 8.
4. Alice O'Connor. Global Poverty Knowledge and the USA: What It Has Been, Why It Needs to Change. CPRC-Draft, 2006.
5. Andrew McKay, David Lawson. Chronic Poverty. A Review of Current Quantitative Evidence. CPRC Working Paper No 15, 2002.
6. Andrew Shepherd. A conceptual framework for understanding and explaining chronic poverty. CPRC Working Paper, 2006.
7. Andries du Toit. Workshop on Concepts and Methods for Analysing Poverty Dynamics and Chronic Poverty. CPRC-Draft, 2006.
8. Ashley C., D. Carney. Sustainable Livelihoods: Lessons from early experience. London, UK: Department for International Development, 1999.
9. C. Palanivel Murugan, P. Adhiguru. Participatory Poverty Assessment: Can PRA Improve the Voices of the Poor?, 2003.

10. Carney D. Implementing the Sustainable Livelihoods Approach, London: Department for International Development, 1998.

11. Carney D. Sustainable Livelihoods Approaches: Progress and Possibilities for Change. London: Department for International Development, 2002.

12. Cesar Calvo, Stefan Dercon. Chronic Poverty and All That: The Measurement of Poverty over Time, CPRC-Draft, 2006.

13. Chambers R, Conway G. Sustainable rural livelihoods: Practical concepts for the 21st century. IDS Discussion Paper 296. Brighton, England: Institute of Development Studies, 1992.

14. Christopher B. Barrett. Nonfarm Income Diversification and Household Livelihood Strategies in Rural Africa: Concepts, Dynamics, and Policy Implications, 2001.

15. Colin Murray. Livelihoods research: some conceptual and methodological issues. Chronic Poverty Research Centre Background Paper 5, 2001.

16. DFID. Sustainable Livelihoods Guidance Sheets. Department for International Development, 2000.

17. Douglas R. Brown, Emma C. Stephens, James Okuro Ouma, et al. Livelihood strategies in the rural Kenyan highlands. AfJARE, 2006, 1.

18. Edward Anderson. Identifying chronically deprived countries: results from cluster analysis. CPRC Working Paper 70, 2007.

19. Ellis, Edward Allison. Livelihood diversification and natural resource access. LSP Working Paper 9, 2004.

20. Ellis F. Rural Livelihoods and Diversity in Development Countries, New York: Oxford University Press, 2000.

21. Frankenberger T. Drinkwater, M. Maxwell. Operationalising House-

hold Livelihood Security: A Holistic Approach for Addressing Poverty and Vulnerability, CARE, 2000.

22. Gisele Kamanou, Jonathan Morduch. Measuring Vulnerability to Poverty. UNU Discussion Paper No. 2002/58, 2002.

23. Goldman, Ian. Sustainable Livelihoods Approaches: Origins, Applications to Aquatic Research and Future Directions. Conference on Practical Strategies for Poverty Targeted Research. Hanoi, Vietnam, 2000.

24. Hartmut Fuenfgeld, S. T. Hettige, Markus Mayer, et al. Investigating Social Vulnerability in Community-Based Poverty Monitoring in Sri Lanka: Scaling Down to the Household Level. CBMS-Draft-0316, 2004.

25. Jalan, Ravallion. Determinants of Transient and Chronic Poverty: Evidence from Rural China, World Bank Research Paper, 1998.

26. James Coleman. Foundations of Social Theory. Belknap Press. Cambridge, 1990.

27. James E. Foster. A Class of Chronic Poverty. CPRC-Draft, 2006.

28. James R. Hargreaves. "Hearing the voices of the poor": Assigning poverty lines on the basis of local perceptions of poverty; a quantitative analysis of qualitative data from participatory wealth ranking in rural South Africa, Q-Squared Working Paper No. 4, 2005.

29. James R. Hargreaves. "Hearing the voices of the poor": Assigning poverty lines on the basis of local perceptions of poverty; a quantitative analysis of qualitative data from participatory wealth ranking in rural South Africa. Q-Squared Working Paper No. 4, 2005.

30. Johannes Grab, Michael Grimm. Robust Multiperiod Poverty Comparisons. Paper prepared for the Chronic Poverty Research Centre (CPRC) at the University of Manchester, 2006.

31. John Harriss. Bringing politics back into poverty analysis: Why understanding social relations matters more for policy on chronic poverty than measurement. CPRC Working Paper 77,2006.

32. John Hobcraft. Child development, the life course, and social exclusion; are the frameworks used in the UK relevant for developing countries? CPRC-Draft, 2006.

33. Joseph Florent Feulefack, Manfred Zeller. How accurate is Participatory Wealth Ranking (PWR) in Targeting the Poor? A Case Study from Bangladesh, 2005.

34. Joseph Florent Feulefack, Manfred Zeller, Stefan Schwarze. Accuracy Analysis of Participatory Wealth Ranking (PWR) in Socio-economic Poverty Comparisons, Discussion Paper, 2006.

35. Jyotsna Jalatn, Martin Ravallion. Determinants of Transient and Chronic Poverty. Policy Research Working Paper 1936, 1998.

36. Karen Brock. Implementing A Sustainable Livelihoods Framework for Policy-Directed Research: Reflections from Practice in Mali, 1999.

37. Karen Moore. Thinking about youth poverty through the lenses of chronic poverty, life-course poverty and intergenerational poverty. CPRC Working Paper 57, 2005.

38. Kate Bird, Nicola Pratt. Fracture Points in Social Policies for Chronic Poverty Reduction. CPRC Working Paper 47, 2004.

39. Kay Sharp. Measuring destitution: integrating qualitative and quantitative approaches in the analysis of survey data. IDS Working Paper 217, 2003.

40. Kay Sharp. Squaring the 'Q's? Methodological Reflections on a study of destitution in Ethiopia. Q-Squared Working Paper No. 70, 2005.

41. Laura Schechter. Vulnerability as a Measure of Chronic Poverty. CPRC-Draft, 2006.

42. Lucy Scott. Chronic Poverty and the Environment: a Vulnerability Perspective. CPRC Working Paper 62, 2006.

43. M. Kollmair, St. Gamper. The Sustainable Livelihoods Approach, Development Study Group, 2002.

44. Martin Prowse. Towards a clearer understanding of 'vulnerability' in relation to chronic poverty. CPRC Working Paper No 24, 2003.

45. Martin Ravallion. Poverty Comparisons: A Guide to Concepts and Methods, Living Standards Measurement Study, Working Plaper No. 88, 1992.

46. Martin Ravallion. Poverty Comparisons A Guide to Concepts and Methods. Living Standards Measurement Study Working Plaper No. 88, 1992.

47. Mayoux. PARTICIPATORY ACTION LEARNING IN PRACTICE: EXPERIENCE OF A RAPID PARTICIPATORY REVIEW OF ANANDI, INDIA, 2003.

48. Menno Pradhan, Martin Ravallion. Measuring Poverty Using Qualitative Perceptions of Welfare. Working Paper32011, 1998.

49. Michael Lokshin, Thomas A. Mroz. Gender and poverty: A life cycle approach to the analysis of the differences in gender outcomes. World Bank Policy Research Working Paper 3153, 2003.

50. Michael R. Carter, Munenobu Ikegami. Theory-based Measures of Chronic Poverty and Vulnerability: Concepts and Application to South Africa, CPRC-Draft, 2006.

51. Niehof, Price. Rural livelihood systems: A conceptual framework, Wa-

geningen-UPWARD Series on Rural Development, 2001.

52. North D. C. Institutions, Institutional Change and Economic Performance, Cambridge University Press, 1990.

53. P. Fouracre, TRL Limited. Transport and Sustainable Rural Livelihoods. Rural Travel and Transport Program ,2001.

54. Paul Mosley. Severe poverty and growth: a macro-micro analysis. CPRC Working Paper 51, 2004.

55. Presentation on CARE's Livelihoods Approach for NRAC '99, CARE Paper, 1999.

56. R. Radhakrishna, K. Hanumantha Rao, C. Raviand B, et al. Estimation and Determination of Chronic Poverty in India: An Alternative Approach, CPRC-Draft, 2006.

57. Rafael Perez Ribas, Ana Flávia Machado. Distinguishing chronic poverty from transient poverty in Brazil: Developing a model for pseudo-panel data. The IPC Working Paper36, 2007.

58. Robero La Rovere, Aden Awhassan, Francis Turkelboom, et al. Targeting Research for Poverty Reduction in Marginal Areas of Rural Syria, Development and Change, 2006, Vol 37, Issue 3.

59. Robert Chambers, Gordon R. Conway. Sustainable rurual livelihoods: practical concepts for the 21st century. IDS Discussion Paper 296, 1991.

60. Rolf Aaberge, Magne Mogstad. On the Definition and Measurement of Chronic Poverty. IZA DP No. 2659, 2007.

61. Samuel Bowles, Stenv Durlauf, Karla Hoff, Poverty Trap.

62. Scoones I. Sustainable Rural Livelihoods: A Framework for Analysis, IDS, Working Paper, No, 72, 1998.

63. Sen A. Famines and Poverty. London: Oxford University Press, 1981.

64. Sen A. K. Editorial: Human Capital and Human Capability, World Development, Vol. 25, NO. 12, 1997.
65. Siddiqur Rahman Osmani. Evolving Views on Poverty: Concept, Assessment, and Strategy. Poverty and social development papers NO7, 2003.
66. Simanowitz, Nkuna. Overcoming the obstacles of identifying the poorest families: using participatory wealth ranking (PWR), 2000.
67. Stefano Ponte. Developing a "vertical" dimension to chronic poverty research: Some lessons from global value chain analysis. CPRC Working Paper111, 2008.
68. Stephen Devereux. Conceptualising destitution. IDS Working Paper 216, 2003.
69. Martha G. Roberts,杨国安.可持续发展研究方法国际进展——脆弱性分析方法与可持续生计方法比较.地理科学进展,2003,22(1):11-21.
70. 阿马蒂亚·森.论社会排斥.经济社会体制比较,2005,3:1-7.
71. 安迪,许建初.可持续生计框架:对云南的生物多样性保护与社区发展的针对性.云南省生物多样性与传统知识研究会社区生计部研究报告1,2003.
72. 安迪.利用可持续生计框架来理解滇西北的半农半牧生计方式.云南省生物多样性与传统知识研究会社区生计部研究报告2,2003.
73. 白菊红,袁飞.农民收入水平与农村人力资本关系分析.农业技术经济,2003,1:16-18.
74. 蔡昉,都阳,陈凡.论中国西部开发战略的投资导向:国家扶贫资金使用效果的启示.世界经济,2001,11:14-19.
75. 曹斌.管窥贫困文化及其变革.甘肃行政学院学报,2006,3:21-24.
76. 曹力群,庞丽华.中国农户消费行为研究.经济研究参考,2001,38:16-23.

77. 陈传波,丁士军.对农户风险及其处理策略的分析.中国农村经济,2003,11:66-71.

78. 陈传波.农户风险与脆弱性:一个分析框架及贫困地区的经验.农业经济问题,2005,8:47-50.

79. 陈传波.中国农户的非正规风险分担实证研究.农业经济问题,2007,6:20-26.

80. 陈传波.中国小农户的风险及风险管理研究:[博士学位论文].武汉:华中农业大学,2004.

81. 陈端计,等.贫困理论研究的历史轨迹与展望.青海师专学报,2006(1):15-20.

82. 陈凡,杨越.中国扶贫资金投入对缓解贫困的作用.农业技术经济,2003,6:1-5.

83. 陈慧.农村女青年精神贫困透视.广东工业大学学报(社会科学版),2006,2:52-54.

84. 陈洁,苏永玲.禁牧对农牧交错带农户生产和生计的影响——对宁夏盐池县2乡4村80个农户的调查.农业经济问题,2008,6:73-79.

85. 陈全功.长期贫困为什么难以消除?——来自扶贫重点县教育发展的证据.西北人口,2006,3:39-44.

86. 程黎军.我国农村贫困人口形成原因探略.陇东学院学报(社会科学版),2006,1:33-34.

87. 楚凤梅.关于社会弱势群体的理论思考.山西高等学校社会科学学报,2006,11:19-21.

88. 崔燕珍.农村人口外出流动对当地婚嫁行为的影响——以崔村的个案研究为例.中国青年研究,2007,1:57-60.

89. 丁士军,陈传波.农户风险处理策略分析.农业现代化研究,2001,22(6):346-349.

90. 费孝通.江村经济.北京:商务印书馆,2001.
91. 费孝通.乡土中国 生育制度.北京:北京大学出版社,1998.
92. 冯旭芳.贫困农户借贷特征及其影响因素分析——以世界银行某贫困项目监测区为例.中国农村观察,2007,3:51-57.
93. 弗兰克艾利斯.农民经济学:农民家庭农业和农业发展.上海:上海人民出版社,2006.
94. 高世伟,王亚盈.西北农村"分家"特点及原因分析——以甘肃白银市X乡Y村为例.合肥学院学报,2008,25(6):28-31.
95. 高文.生命历程视角下的农村贫困:[硕士学位论文].北京:中国农业大学,2007.
96. 高炎琼,唐忠义.我国扶贫政策的演变及前瞻.理论界,2006,5:26-27.
97. 葛怡.洪水灾害的社会脆弱性评估研究——以湖南省长沙地区为例:[博士学位论文].北京:北京师范大学,2006.
98. 葛洲.农村青年婚姻外移与新农村发展的探索.广东广播电视大学学报,2008,17:93-96.
99. 关键.中国贫困问题研究综述.资料通讯,2001,9:30-34.
100. 关丽,费艳颖.我国转型期的社会弱势群体及其保护.长春工业大学学报(社会科学版),2006,1:65-67.
101. 郭劲光.我国农村脆弱性贫困再解构及其治理.改革,2006,11:57-65.
102. 郭鹏,等.中国农村贫困的特征以及反贫困对策.西北农林科技大学学报(社会科学版),2006,1:9-13.
103. 郭熙保,罗知.论贫困概念的演进.江西社会科学,2005,11:38-43.
104. 郭熙保.关于贫困概念的演进与思考.皖西学院学报,2005(6):12-17.
105. 韩卫平.我国的弱势群体问题.前进论坛,2006,1:14-16.
106. 韩喜平.我国农户投资行为特征分析.中共长春市委党校学报,2004,2:33-35.

107. 韩峥.脆弱性与农村贫困.农业经济问题,2004,10:8-12.
108. 何广文.从农村居民资金借贷行为看农村金融抑制与金融深化.中国农村经济,1999,10:42-48.
109. 何晓琦.长期贫困的定义与特征.贵州财经学院学报,2004,6:53-57.
110. 侯军岐,员晓哲.新阶段我国贫困与反贫困策略.西北农林科技大学学报(社会科学版),2006,5:10-14.
111. 胡彦成.农村贫困及扶贫对策研究:[博士学位论文].沈阳:沈阳农业大学,2003.
112. 黄安胜.国内外农户投资行为研究综述.经济研究导刊,2008,14:99-100,149.
113. 黄季焜,马恒运,罗泽尔.中国的扶贫问题和政策.改革,1998,4:72-83.
114. 黄小荣.我国农村贫困现状与反贫困策略分析:[硕士学位论文].武汉:华中师范大学,2007.
115. 黄颖,吴惠芳.贫困山区农户生计创新的社会整合分析——基于皖西南村庄的调查.农村经济,2008,1:112-114.
116. 黄宗智.华北的小农经济与社会变迁.北京:中华书局,1986.
117. 江少波.定西地区干旱气候特征分析.甘肃农业,2000,7:40-41.
118. 姜素红.弱势群体发展权的法理精神阐释.求索,2006,7:162-164.
119. 解垩.医疗保险与城乡反贫困:1989—2006,财经研究,2008(12).
120. 井润生.西方福利经济学的发展演变.学术研究,2002,8:12-15.
121. 康晓光.90年代我国的贫困与反贫困问题分析.战略与管理,1995,4:61-71.
122. 孔寒凌,吴杰.农户生计风险研究:以江西乐安县为例.广西民族大学学报(哲学社会科学版),2007,29(6):55-59.
123. 孔祥智,方松海,庞晓鹏,等.西部地区农户禀赋对农业技术采纳的影响分析.经济研究,2004,12:85-95.

124. 孔祥智.现阶段中国农户经济行为的目标研究.农业技术经济,1998,2:24-27.

125. 孔祥智,等,乡村旅游业对农户生计的影响分析—以山西三个景区为例.经济问题,2008,1:115-119.

126. 匡远配.中国扶贫政策和机制的创新研究综述.前进,2006,1:45-47.

127. 李斌,李小云,左停.农村发展中的生计途径研究与实践.农业技术经济,2004,4:10-16.

128. 李春.农户借贷行为演变趋势比较研究——以1986－2002年浙江10村固定跟踪观察农户为例.农业经济问题,2005,9:16-22.

129. 李定铁.论导致我国农民贫困问题的制度性因素.北京市经济管理干部学院学报,2006,1:28-32.

130. 李惠斌,杨雪东.社会资本与社会发展,北京:社会科学文献出版社,2000.

131. 李慷.农户生计经济消费行为探析——湖南省桃源农村社区调查.消费经济,1990,2:47-50,59.

132. 李琳一.农户生计与资产配置的发展学研究—以宁夏盐池县青山乡研究为例:[博士学位论文].北京:中国农业大学,2004.

133. 李锐.中国西部农村“教育反贫困”战略报告.北京:中国社会科学出版社,2006.

134. 李实. 中国城市中的三种贫困类型.经济研究,2002,10:47-58.

135. 李世平.失地农民贫困现状缘于中国农民权利贫困——换个角度谈征地补偿制度.农村经济,2006,1:27-30.

136. 李树茁,靳小怡,费尔德曼.中国农村子女的婚姻形式和个人因素对分家的影响研究.社会学研究,2002,4:102-116.

137. 李小云,董强,饶小龙,等.农户脆弱性分析方法及其本土化应用.中国农村经济,2007,4:32-39.

138. 李小云,唐丽霞.2006年中国贫困研究文献综述:研究报告,2007.
139. 李小云,唐丽霞,等.中国扶贫政策的演变.北京:中国财政经济出版社,2007.
140. 李小云,唐丽霞,等.参与式村级扶贫实施评估报告:[研究报告],2003.
141. 李小云,张雪梅,唐丽霞,等.财政扶贫资金的瞄准与偏离分析.北京:社会科学文献出版社,2006.
142. 李晓峰.我国失地农民贫困现象分析.山西财经大学学报,2006,6:17-22.
143. 李晓明,何宗干.传统农区农户借贷行为的实证分析——基于安徽省农户借贷行为的调查.农业经济问题,2006,6:36-38.
144. 李晓明.贫困代际传递理论述评.广西青年干部学院学报,2006,16(2):75-84.
145. 李兴江,窦开龙.转型期我国贫困问题研究综述.河西学院学报,2003,19(4):3-7.
146. 李延敏.不同类型农户借贷行为特征.财经科学,2008,7:23-30.
147. 李哲,陈玉萍,丁士军.贫困地区农户大病风险处理策略研究(一).生态经济,2008,6:32-39.
148. 李哲,陈玉萍,丁士军.贫困地区农户大病风险处理策略研究(二).生态经济,2008,7:33-36.
149. 廖西元,王志刚,朱述斌,等.基于农户视角的农业技术推广行为和推广绩效的实证分析.中国农村经济,2008,7:4-13.
150. 林卡,范晓光.贫困和反贫困——对中国贫困类型变迁及反贫困政策的研究.社会科学战线,2006,1:187-194.
151. 林南.社会资本——关于社会结构与行动的理论,上海:上海人民出版社,2005.
152. 林新.社会选择,福利和贫困.世界经济研究,1999,2:66-69.

153. 刘承芳.农户生产性投资行为研究——江苏省的实证研究:[博士学位论文].北京:中国农业科学院,2001.
154. 刘纯阳.贫困地区农户的人力资本投资:对湖南西部的研究:[博士学位论文].北京:中国农业大学,2005.
155. 刘福成.我国农村居民贫困线的测定.农业经济问题,1998,5:52-55.
156. 刘焕喜.农村人力资本投资问题研究:[博士学位论文].武汉:华中农业大学,1998.
157. 刘建平.贫困线测定方法研究.山西财经大学学报,2003,4:60-62.
158. 刘钧.西方福利经济学发展浅探.中央财经大学学报,2001,3:6-11.
159. 刘俊文.超越贫困陷阱——国际反贫困问题研究的回顾与展望.农业经济问题,2004,10:23-28,79.
160. 刘林.社会资本的定量研究及应用——对安徽省农村社区的分析:[硕士学位论文].北京:中国农业大学,2006.
161. 刘竹青.不同收入水平的农户的生计特征与脆弱性分析:[硕士学位论文].北京:中国农业大学,2008.
162. 卢彩珍.参与式贫困评估在中国的应用.贵州农业科学,2002,30(6):50-52.
163. 鲁静芳.为了发展的农业?一个西南山村农业生态系统对农户生计支持的案例研究:[博士学位论文].北京:中国农业大学,2008.
164. 吕文婧.贫困理论的系统分析:[硕士学位论文].大连:东北财经大学,2003.
165. 罗遐.1980 年代中期以来中国贫困问题研究综述.学术界,2007,6(127):247-257.
166. 麻国庆.分家:分中有继也有合——中国分家制度研究.中国社会科学,1999,1:106-117.
167. 马鸿运.中国农户经济行为研究.上海:上海人民出版社,1993.

168. 马小勇.中国农户的风险规避行为分析——以陕西为例.中国软科学,2006,2:22-30.

169. 迈克尔·谢诺登.资产与穷人.北京:商务印书馆,2005.

170. 苗齐,钟甫宁.中国农村贫困的变化与扶贫政策取向.中国农村经济,2006,12:55-62.

171. 纳列什·辛格乔,纳森·吉尔曼.国际社会科学杂志(中文版),2000,4:123-129.

172. 庞敏,屈艳芳.农户投资行为实证研究.上海经济研究,2002,4:17-27.

173. 彭静雯,胡华秀.弱势群体的平等受教育权与我国高等教育政策的调整.西安欧亚学院学报,2006,1:19-22.

174. 彭银祥.师范教育改革与农村人力资本开发.江西社会科学,1998,4:80-82.

175. 屈锡华,左齐.贫困与反贫困——定义、度量与目标.社会学研究,1997,3:104-115.

176. 戎刚,姚勇.农户消费行为分析.农业技术经济,2000,2:16-20.

177. 申志伟,蒋远胜.中西部地区农户风险应对策略研究——基于山西和四川100个样本调查.农村调查,2008,3:20-24.

178. 沈红.边缘地带的小农——中国贫困的微观解理.北京:人民出版社,1992.

179. 沈红.中国贫困研究的社会学评述.社会学研究,2000,2:91-103.

180. 世界银行.1981、1990、2000/2001、2008年世界发展报告.北京:中国财政经济出版社.

181. 史清华.农户家庭储蓄与借贷行为及演变趋势研究.中国经济问题,2002,6:66-78.

182. 史清华.欠发达地区农户借贷行为的实证分析.农业经济问题,2002,10:29-35.

183. 宋军,胡瑞法.农民的农业技术选择行为分析.农业技术经济,1998,6:36-44.

184. 孙丽.农村社区空间与农民社会资本的研究——以江西省H村为例:[硕士学位论文].北京:中国农业大学,2007.

185. 孙琼如.婚姻:农村女性迁移的翘翘板——农村女性婚姻迁移的社会学分析.青年探索,2004,6:20-23.

186. 谭琳,柯临清.目前中国女性婚姻迁移的态势和特点.南方人口,1998,2:41-45.

187. 谭明方.对二十年来我国社会学对象问题研究状况的思考—兼论"社会行为"与"制度文化"范畴.社会科学研究,2000,1:106-110.

188. 谭明方.社会学如何研究社会.学海,2002,2:74-49.

189. 唐钧.社会政策的基本目标:从克服贫困到消除社会排斥.江苏社会科学,2002,3:41-47.

190. 唐钧.中国城市居民贫困线研究.上海:上海科学出版社,1998.

191. 唐圣春.医疗消费的致贫研究.中国医院管理,2006,3:13-14.

192. 童星,林闽钢.我国农村贫困标准线研究.中国社会科学,1994,3:86-98.

193. 万江红,张远芝.农户借贷行为调查与特征分析.农村经济,2006(7):80-81.

194. 汪三贵,刘晓展.信息不完备条件下贫困农民接受新技术行为分析.农业经济问题,1996,12:31-36.

195. 汪三贵,王姮,王萍萍.中国农村贫困家庭的识别.农业技术经济,2007,1:20-31.

196. 王璧玉.我国农村贫困发生率变化趋势与贫困缺口率量化研究.商业研究,2006,3:50-152.

197. 王春萍.福利与贫困——贫困的内涵及其概念基础的演变.商业研究,

2007,4:108-110.

198. 王道勇.社会资本视角下的中国农民增收.甘肃理论学刊,2004,6:56-59.

199. 王富山.晋西北地区农民生计方式对征地补偿安置的影响分析.北京农学院学报,2008,23(3):57-59.

200. 王金凤.村民的互助——豫东一个村落的个案:[硕士学位论文].长沙:中南大学,2007.

201. 王琳.聚焦中国农村老年人贫困化问题.社会主义研究,2006,2:68-70.

202. 王铭铭.村落视野中的文化与权力:闽台三村五论.北京:生活·读书·新知三联书店,1997.

203. 王永成.中国反贫困战略评析.理论与当代,2006(6):19-23.

204. 王勇,骆世明.现代农业发展中的农户行为研究.广东农业科学,2007,12:109-113.

205. 王越.浅谈中国女性贫困问题.社会科学论坛(学术研究卷),2006(2):53-55.

206. 温晓琼,周亚雄.我国贫困研究的前沿问题综述.甘肃农业,2005,11:57.

207. 乌德亚·瓦格尔.贫困再思考:定义和衡量.国际社会科学杂志(中文版),2003,1:151-160.

208. 西爱琴,陆文聪,梅燕.农户种植业风险及其认知比较研究.西北农林科技大学学报(社会科学版),2006,6(4):22-28.

209. 夏振坤,唐龙.贫困问题研究视角转换的理论综述.华中科技大学学报(社会科学版),2004,4:61-65.

210. 辛翔飞,秦富.影响农户投资行为因素的实证分析.农业经济问题,2005,10:34-37.

211. 熊滨.中国农民贫困的制度性原因——权利贫困.中国市场,2006,Z2:

80-81.

212. 徐锋.农户家庭经济风险的处理.农业技术经济,2000,6:14-18.

213. 徐婕.贫困的测量与比较研究:[硕士学位论文].上海:复旦大学,2006.

214. 徐明凯,徐鹏,杜漪.对云南省彝良县农户生计资产现状的调查与分析.绵阳师范学院学报,2007,27(12):4-7.

215. 徐鹏,傅民,杜漪.绵阳市农户可持续生计策略初探——基于游仙镇长明村可持续生计资本整合与应用的案例研究.绵阳师范学院学报,2008,27(3):9-12.

216. 许经勇.我国现阶段农户投资行为剖析.经济经纬,1999,5:42-43.

217. 阎云翔.私人生活的变革:一个中国村庄里的爱情、家庭与亲密关系1949—1999年.上海:上海书店出版社,2006.

218. 阎云翔.家庭政治中的金钱与道义:北方农村分家模式的人类学分析.社会学研究.1998,6:74-84.

219. 颜延武.中西部地区农户经济行为与农村反贫困研究:[博士学位论文].武汉:华中农业大学,2005.

220. 杨华.农村婚姻市场中的结构性因素——基于湘南水村"光棍汉"的调查.江西师范大学学报,2008,2:7-9.

221. 杨嬛.社区层次上农业生产中农户间合作研究——以广西武鸣县一农村社区为例:[硕士学位论文].北京:中国农业大学,2007.

222. 叶敬忠.创造变化的空间——农民发展创新的原动力研究.中国农村观察,2004,4:37-45.

223. 叶敬忠.农民发展创新中的社会网络.农业经济问题,2004,9:37-43.

224. 叶普万.贫困经济学研究:一个文献综述.世界经济,2005,9:70-79.

225. 叶普万.贫困问题的国际阐释.延安大学学报(社会科学版),2003,25(1):68-72.

226. 叶普万.中国贫困问题研究大纲:[博士学位论文].西安:陕西师范大

学,2001.

227. 曾群,魏雁滨.失业与社会排斥:一个分析框架.社会学研究,2004,3:11-20.

228. 詹姆斯·斯科特.农民的道义经济学:东南亚的反叛与生存.南京:译林出版社,2001.

229. 詹姆斯·斯科特.弱者的武器.南京:译林出版社,2007.

230. 张丙乾,汪力斌,靳乐山,等.多元生计途径:一个赫哲族社区发展的路径选择.农业经济问题,2007,8:31-36.

231. 张尔升,蒋咏涛.分家制度对农村经济发展的影响.社会科学战线,2003,3:171-176.

232. 张改清.农户投资与农户经济收入增长的关系研究.北京:中国农业出版社,2005.

233. 张鸣鸣,杜鹃.贫困地区农户借贷行为初探.农村经济,2005,11:68-69.

234. 张佩国.制度与话语:近代江南乡村的分家析产.福建论坛(人文社会科学版),2002,12:43-48.

235. 张时飞.用参与式贫富排序方法识别农村低保对象:一项探索性研究.http://www.dajun.com.cn/pinfupaixu.html.

236. 张伟.制度权利失衡:农民贫困问题的制度根源探析.莱阳农学院学报(社会科学版),2006,1:17-20.

237. 张文宏,阮丹青,潘允康.天津农村居民的社会网.社会学研究,1999,3:108-118.

238. 张艳华.农村人力资本投资、积累、受益机制研究:[博士学位论文].北京:中国农业大学,2007.

239. 张艳萍.西部农村贫困和教育落后的相关性.中外企业家,2006,7:48-50.

240. 张琢,马福云.发展经济学.北京:中国社会科学出版社,2001.

241. 赵学增. 和谐社会中贫困与非制度因素的关系等. 贵州财经学院学报,2006,3:79-85.

242. 郑宝华. 风险、不确定性与贫困农户行为. 中国农村经济,1997,1:66-69.

243. 郑功成. 中国的贫困问题与从 NGO 扶贫的发展取向. 中国软科学,2002,7.

244. 郑丽霞. 滇西北香格里拉县托木南村农户生计分析. 云南省生物多样性与传统知识研究会社区生计部研究报告 5,2003.

245. 郑世忠,乔娟. 农户借贷行为的影响因素分析. 中国农业经济评论,2007,5:304-315.

246. 周长城,陈云. 贫困:一种社会资本视野的解释. 学海,2003,1:110-114.

247. 周小斌,耿洁,李秉龙. 影响中国农户借贷需求的因素分析. 中国农村经济,2004,8:26-30.

248. 朱明芬,李南田. 农户采用农业新技术的行为差异及对策研究. 农业技术经济,2001,2:26-29.

240. 朱乾宇. 我国政府扶贫资金的使用绩效分析. 科技进步与对策,2003,11:36-38.

250. 朱希刚,赵绪福. 贫困山区农业技术采用的决定因素分析. 农业技术经济,1995,5:18-21.